"十二五"职业教育国家规划教材
经全国职业教育教材审定委员会审定
（修订版）

汽车租赁业务与管理

第2版

主　编　张一兵
副主编　戈　刚
参　编　张新煜　盛桂芬
张　艳　邵　巍

机 械 工 业 出 版 社

本书是“十二五”职业教育国家规划教材修订版。内容包括：汽车租赁理论、汽车租赁业务、汽车融资租赁业务、汽车租赁经营管理、汽车租赁风险控制及法律事务、汽车租赁实操及案例等。

本书论述严谨，引用资料和案例详实，参编人员来自实践一线，可作为高等职业院校、高等专科学校、本科院校汽车营销与服务、汽车商务、汽车服务工程等相关专业的教学用书，也可作为社会从业人士及汽车租赁企业的业务参考书及培训用书。

为了便于读者自主学习、提高学习效率，本书配备了二维码视频资源，可通过手机扫码观看。同时还配有“示范教学包”，可在超星学习通上实现“一键建课”，方便混合式教学。

本书还配有电子课件，凡使用本书作为教材的老师可登录机械工业出版社教育服务网 www. cmpedu. com 注册后下载。咨询电话：010-88379375。另本书配有专门的 QQ 群以供读者和作者随时交流讨论，QQ 群号为 100464758。

图书在版编目（CIP）数据

汽车租赁业务与管理/张一兵主编．—2 版．—北京：机械工业出版社，2020. 4（2025. 1 重印）
“十二五”职业教育国家规划教材：修订版
ISBN 978-7-111-65205-2

Ⅰ．①汽…　Ⅱ．①张…　Ⅲ．①汽车管理-高等职业教育-教材
Ⅳ．①F540. 5

中国版本图书馆 CIP 数据核字（2020）第 051756 号

机械工业出版社（北京市百万庄大街 22 号　邮政编码 100037）
策划编辑：葛晓慧　责任编辑：葛晓慧　张　彤
责任校对：赵　燕　封面设计：严娅萍
责任印制：单爱军
北京虎彩文化传播有限公司印刷
2025 年 1 月第 2 版第 6 次印刷
184mm×260mm · 12. 5 印张 · 304 千字
标准书号：ISBN 978-7-111-65205-2
定价：39. 00 元

电话服务　　网络服务
客服电话：010-88361066　机　工　官　网：www. cmpbook. com
010-88379833　机　工　官　博：weibo. com/cmp1952
010-68326294　金　　书　　网：www. golden-book. com
封底无防伪标均为盗版　机工教育服务网：www. cmpedu. com

前言

本书第1版自2015年出版后汽车租赁行业发生了巨大的变化：一是互联网技术在金融领域的应用使包括融资租赁在内的金融业务普及化，汽车融资租赁业务下沉到汽车销售一线；二是无论是个人消费还是生产经营，“拥有汽车”转变为“使用汽车”的观念已逐步形成，汽车短期租赁、长期租赁正在成为人们出行和运输经营活动的主要方式。

为适应上述变化，编者广泛收集行业发展最新资料，结合近年来从事汽车融资租赁业务和交通出行领域工作的实际经验，对本书进行了修订，主要修订内容如下：

1）第2版基本保留了原书的结构与框架，版式由章节型调整为模块型。

2）在汽车租赁理论模块增加了融资租赁基础知识单元，着重介绍了本金与时间的关系，利率、融资租赁的主要参数等金融基础知识以及Excel相关的金融、财务公式的原理和应用。

3）在汽车融资租赁业务模块对相关业务流程进行了更为详细的描述，介绍了融资租赁业务中常用租金计算工具的使用方法。

4）在汽车租赁业务、汽车租赁经营管理模块，适当删减了部分业务报表样表、业务管理系统操作方法等比较具体的内容。

5）为贯彻党的二十大精神，加强教材建设，推进教育数字化，编者在动态修订时，对本书内容进行了全面梳理，增加了对学生的职业素养要求，配套了相应的视频资源（可扫二维码观看）。

在本书模块、单元的情景导入、学习指导部分，以学员“小张”通过学习最终成为汽车租赁、汽车融资租赁管理者经历的描述形式，为学生提供学习要点、路径和方法。

第2版由张一兵修订，张韵青制作本书主要图表。第2版很多修改内容来自作者在海尔融资租赁、民生金融租赁从事汽车融资租赁业务的实践经验，在此，对给本书编写工作予以支持的朋友表示由衷感谢。

编　者

二维码索引

目录

[模块一] 汽车租赁理论

概述

本模块学习租赁原理、融资租赁基础知识和汽车租赁基础知识等汽车租赁基础理论，掌握租赁与销售的区别、租赁的分类和名称、融资租赁租金计算原理等汽车租赁的基本概念，了解汽车租赁功能、汽车租赁的发展趋势、汽车租赁与信息化技术等知识和信息。

情景导入

小张做汽车销售工作，但公司除了卖车外，还有其他关联业务，如为客户提供临时替换用车或接送服务，为客户提供从车辆购买到残值处理全寿命周期或指定期间内运营服务、相关费用管理的车队管理服务。今天，一个客户向小张请教，分期付款与融资租赁有什么区别？买车合适还是租车合适？希望小张根据客户的用车特点、资金状况，结合车辆贬值率、资金使用成本、财务税务等因素，设计一个能反映在确定期限内全款买车、分期付款买车、融资租赁买车、全服务租赁、租车等不同选择下总体费用优劣的方案。小张意识到，作为一个合格的业务人员，除了本职业务技能外，还需要掌握包括所有权与使用权的区别、资金的时间价值等多方面知识。

单元一 租赁原理

学习目标

1. 了解租赁发展历史及现状、租赁与销售和融资的关系。
2. 熟悉租赁分类、租赁的特征和功能等基本概念。
3. 掌握租赁交易的架构、程序和要素。

学习指导

小张在对客户需求响应之前，必须自己清楚租赁的基本原理，本单元从租赁基本概念、租赁的名称和分类两个方面让小张了解租赁的基本知识并向客户解释销售与租赁在物权、法律责任、财务税收等方面的问题，引导客户正确选择租赁类型。

租赁交易对象是交易物的部分权属而不是交易物的全部，交易过程长、权益关系复杂；租赁是差异性较大的多个不同业务类别的集合，包括租赁服务、融资租赁等，行业类别跨度大，归属困难；租赁创新模式多、发展迅速，理论研究落后于实际经营活动，规则、概念、定义等存在一定矛盾和混乱。本单元具有一定难度，但也是同学们进入汽车租赁行业迈出的第一步。

相关知识

一、租赁的基本概念

（一）什么是租赁

租赁是经济社会中由买卖交易发展和衍生出的一种以实物为载体的交易形式，是出租人在一定时期内向承租人转移一项物品的使用权与收益权，同时获得相应租金收入的交易行为。

1. 租赁产生的基础

最初构成物权的所有权及其使用、占有、处分、收益的权利是不可分割的，人们为了获得标的物的任何一项权益，必须以购买交易的形式获得整个物权。随着社会的进步，人们细分物权，制定可以保证维护物权及其附属的各种权益的规则，将物权分割为所有权、用益物权、担保物权三部分，奠定了租赁的基础。

2. 租赁的本质

买卖、租赁都会造成物权的变化，只是变化的范围不同。买卖是整个物权随标的物由卖方转移到买方。租赁的本质是出租人向承租人授予用益物权，但出租人仍保留租赁物的所有权。比如出租人有权把在租的租赁物出售给第三方，只是上述交易行为不影响租赁关系，即“买卖不破租赁”。

（二）租赁的法律基础

《中华人民共和国物权法》（以下简称物权法）从法律上阐述了租赁原理。

（1）物权的定义　《物权法》**第二条**：本法所称物权，是指权利人依法对特定的物享有直接支配和排他的权利，包括所有权、用益物权和担保物权。

（2）租赁的法律依据及承租人的义务　《物权法》**第四十条**：所有权人有权在自己的不动产或者动产上设立用益物权和担保物权。用益物权人、担保物权人行使权利，不得损害所有权人的权益。

（3）用益物权的定义及承租人对租赁物行使权益的法律依据　《物权法》**第一百一十七条**：用益物权人对他人所有的不动产或者动产，依法享有占有、使用和收益的权利。

在租赁交易中，出租人即为“物权法”中的所有权人，承租人即为“物权法”中的用益物权人，租赁交易的对象即为“物权法”中的用益物权。

【拓展阅读】

物权法的来龙去脉

“风能进、雨能进、国王不能进”这句话源于英国首相老威廉·皮特1763年在国会的一次演讲，阐述私有财产，即使是百姓一间风雨飘摇的破屋也是神圣不可侵犯的精神。1804年资产阶级国家第一部民法典《法国民法典》颁布，其中第二部分是物法，即物权法（有些国家称为财产法）。该法典倡导的所有公民民事权利一律平等、私有财产无限制和不可侵犯、契约自由、过失责任四原则，构成了近代资本主义民事、商事法律的基础。

“普天之下，莫非王土；率土之滨，莫非王臣”出自3000年前西周《诗经·小雅·谷风之什·北山》，基本代表了封建社会民众人身、财产权利的弱势状况。直至1912年中华民国临时政府成立，《中华民国临时政府组织大纲》在中国历史上第一次以法律形式确认资产阶级共和体制诞生，民众包括财产权在内的公民权利得以提升。新中国成立后人民当家做主，宪法确定社会主义经济制度的基础是生产资料的社会主义公有制。总之，在我国相当长的历史阶段中财产关系相对简单，物权的概念及应用基础薄弱。1994年中国社科院法学所在修订《中华人民共和国合同法》的过程中意识到，交易不能只解决规则问题，交易对象和其到底该拥有什么样的权利，即物权规则迫在眉睫。从起草到颁布历经14年、八次审议（我国一部法律通常经过人大常委会三次审议即通过），《中华人民共和国物权法》终于问世。

商鞅在《商君书》：“一兔走，百人逐之，非以兔可分以为百也，由名分之未定也，夫卖兔者满市，而盗不敢取，由名分已定也”。物权法初始和直接的目的是明确“兔”的归属，体现为所有权。物权法部分内容与物尽其用——租赁有关，体现为用益物权。各国物权法已逐渐放弃了传统民法注重对物的实物支配，注重财产归属的做法，转而注重财产价值形态的支配和利用。传统的以物的“所有”为中心的物权观念，已经被以物的“利（收）用（益）”为中心的物权观念所取代。

（三）物权及其附属权利

在租赁、担保交易行为出现后，所有权已不能涵盖交易各方的权利义务，故此出现了物权这个概念，物权是由其附属的若干个不同层级权益的总称：

第一层是所有权，所有权人有权在标的物上设定用益物权、担保物权。

第二层是用益物权和担保物权。用益物权是现实的可行使权利，注重使用价值。担保物权是用益物权的对称，是担保人对债权人在被担保人（债务人）违约时获得标的物所有权的承诺。担保物权不以标的物的实体利用为目的，而是注重于其交换价值，即所有权，以确保债务的履行。

第三层是用益物权、担保物权的细分。用益物权由使用权、收益权构成，收益权附属于使用权，但两者不是必然关联。比如有些汽车租赁合同明确规定承租人不得使用租赁车辆从事运营活动，即除获得车辆的使用价值外不得谋求经济利益。而有些租赁合同的承租人就是道路运输企业，其租赁的目的就是获得经济利益。所以租赁合同也可允许承租人使用租赁车辆从事经营活动。担保有抵押、质押两种形式，抵押不转移对抵押物的占管形态，仍由抵押人负责抵押物的保管；质押改变了质押物的占管形态，由质押权人负责对质押物进行保管。与之对应，担保物权有抵押权、质权两种类型。

简而言之，物（财产）有三种交易形式：买卖、租赁、担保，其中买卖是租赁、担保的基础；物权包括所有权、用益物权、担保物权，它们分别对应买卖、租赁、担保的权益定义，其中所有权是用益物权、担保物权的基础。物权及衍生权利的关系如图1-1所示。

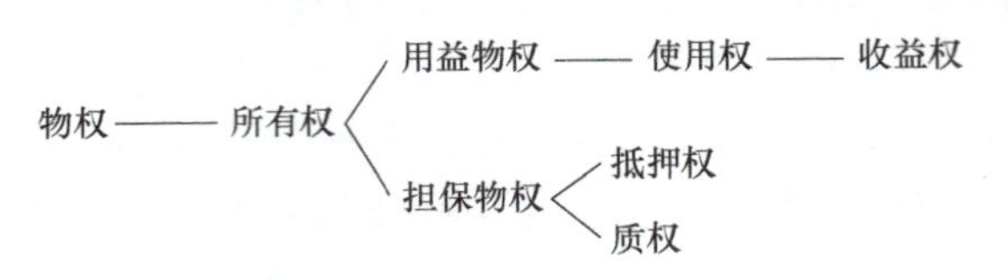

图1-1 物权及衍生权利的关系

（四）租赁物

1. 理论上租赁物的范围

根据《物权法》第四十条的定义，租赁物应当是动产或不动产。有关解释动产包括牲畜、企业产品和材料等，理论上上述物品都可租赁。此外动产包括无形资产，因此，专利、著作权、特许经营权、计算机程序和生产工艺等，理论上也可作为租赁物。但由于某些不动产，尤其是无形资产使用权和收益权的转移、租赁期间的收益难以确定，租赁物形态、性质的变化没有客观衡量标准，这些都给在租赁交易中确定交易各方的权利和义务带来很大麻烦，所以这些物品通常不作为租赁物。

业务实践中确有少数以奶牛、树木为租赁物的售后回租业务，实际是以租赁物作为实物质押担保的融资业务，已不是以获得租赁物用益物权为目的的常规租赁业务。也有少量专利、生产工艺、计算机程序作为租赁物的案例，但它们与有形资产，如生产设备、计算机等组成系统作为租赁物，是租赁物的组成部分之一。

2. 实际业务中租赁物的范围

租赁业务中常见的租赁物主要为：

1）不动产，如房屋、土地、生产设备。

2）动产，如飞机、轮船、车辆、小型设备、工具等。

二、租赁分类与名称

（一）租赁分类

1）租赁是以用益物权为交易对象的各种交易形式的统称。

2）租赁包括租赁服务和融资租赁两大业务类别，它们分属租赁与商务服务业、金融业两个有显著区别的行业。租赁服务的承租人仅以获得租赁物的用益物权为目的，出租人承担投资风险。融资租赁的承租人多以获得租赁物的所有权为目的，承租人承担投资风险。

3）租赁服务由短期租赁和长期租赁构成。短期租赁的租赁物为生活资料或便于移动的生产工具、设备，出租人购买后陈列待租。长期租赁的承租人为特定对象，租赁物主要为耐用生活资料和生产设备，虽租期接近租赁物的经济寿命，但由于残值的不确定，出租人仍要承担投资风险。

4）融资租赁包括经营性租赁、售后回租等。金融租赁是融资租赁的别称。

图1-2所示为租赁分类与名称的架构图。

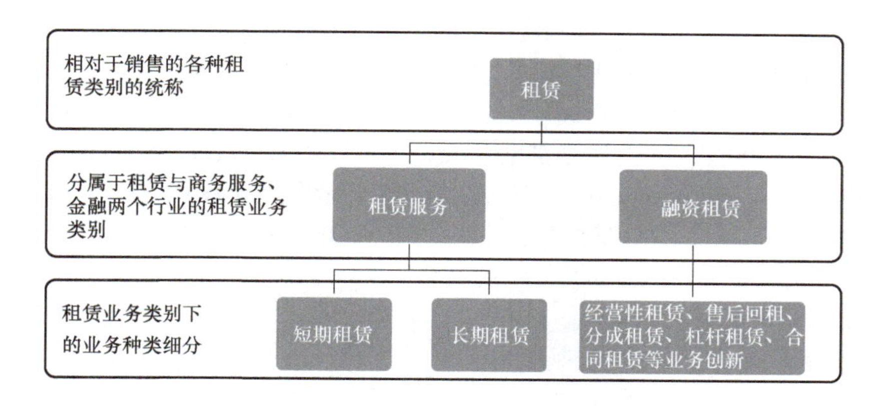

图 1-2　租赁分类与名称的架构图

【拓展阅读】

租赁分类与名称混乱

以下三个句子是经常看到的关于租赁的表述：

1）租赁具有激发潜在购买力的功能，发展汽车租赁可以拉动汽车消费；租赁具有提高使用效率的功能，发展汽车租赁可减少汽车数量，减少交通拥堵。

2）金融租赁指经中国人民银行批准以经营融资租赁业务为主的非银行金融机构的活动。

3）租赁分为融资租赁和经营租赁。

显然，第一句关于租赁功能的描述自相矛盾。第二句是循环定义：金融租赁 = 融资租赁。第三句中经营租赁是融资租赁的一个子业务，其错误为分类层级混乱。

2017 年毕马威发布《中国汽车融资租赁的制胜之道》(《Excelling in China's Auto Leasing Industry》)，对照中英版标题和内容，可以看到该文中融资租赁的英文是 Leasing，租赁服务的中文叫作“租用”，与之对应的英文是 Rental。不仅学术研究，我国租赁分类与名称的混乱也体现在法规等方面，《中华人民共和国合同法》有“租赁合同”和“融资租赁合同”两章，《企业会计准则——租赁》有“经营租赁”和“融资租赁”两类，从对应关系来看，人们通常认为前者的“租赁”即是后者的“经营租赁”。

造成上述混乱的原因一是中外行业管理及分类差异，如 Operating Leases（经营性租赁）是适应美国税收制度变形为 Leases 的融资租赁，金融租赁（Financial leasing）是我国金融监管体系下的融资租赁；二是中英文翻译方面存在问题，如租赁这个词内涵多、外延广，在不同层级分类中都被应用，造成概念混乱。

（二）中外租赁行业分类比较

所有经济活动的个体都可以根据其共性而聚为一类，而每一类经济活动又可以归纳出区别于其他类别的特性，这就是国民经济行业分类，它是国民经济核算和掌握国民经济形势的基础。比较典型的行业分类标准有我国的《国民经济行业分类》（GB/T 4754—2017）、联合国《全部经济活动的产业分类国际标准》（International Standard Industrial Classification of All Economic Activities，ISIC）、《欧盟经济活动统计分类》（Statistical Classification of Economic Activities in the European Community，NACE）、《北美产业分类体系》（The North American Industry Classification System，NAICS）等，这些分类标准略有差异，但分类层次一致，依次为门类、大类、中类、小类。租赁和其他经济活动一样，遵循国民经济行业分类标准，但租赁的行业分类比较复杂。

1. 租赁服务的行业分类比较

以汽车租赁为例说明租赁服务的分类情况。我国与日本、英国、联合国、欧盟、北美相同都把汽车租赁归入租赁业，只是名称有些不同。不同的是我国租赁服务没有分短期租赁和长期租赁，而国外将租赁分为短期租赁（Rental）和长期租赁（Leasing），见表1-1。

表1-1　中外租赁服务行业分类比较

	门类（Section）	大类（Division）	中类（Group）	小类（Class）
中国GB	租赁和商务服务	租赁业	机械设备租赁	汽车租赁
日本	不动产和物品租赁	物品租赁	汽车租赁	1. 汽车短期租赁 2. 汽车长期租赁
英国SIC	行政及辅助服务（Administrative and support service activities）	租赁活动（Rental and leasing activities）	汽车租赁服务（Renting and leasing of motor vehicles）	1. 小客车和轻型车短期和长期租赁（Renting and leasing of cars and light motor vehicles） 2. 货车短期租赁和长期租赁（Renting and leasing of trucks）
联合国ISIC	行政及辅助服务（Administrative and support service activities）	租赁活动（Rental and leasing activities）	汽车租赁服务（Renting and leasing of motor vehicles）	—
欧盟NACE	行政及辅助服务（Administrative and support service activities）	租赁活动（Rental and leasing activitie）	汽车租赁服务（Renting and leasing of motor vehicles）	1. 小客车和轻型车短期和长期租赁（Renting and leasing of cars and light motor vehicles） 2. 货车短期和长期租赁（Renting and leasing of trucks）
北美NAICS	房地产和短期长期租赁（Real estate and rental and leasing）	租赁服务（Rental and leasing services）	汽车租赁服务（Automotive equipment rental and leasing）	1. 客车短期和长期租赁（Passenger car rental and leasing） 2. 货车、挂车、房车短期和长期租赁（Truck，trailer，and RV rental and leasing）

2. 融资租赁的行业分类比较

融资租赁（Financial Leasing）有两种行业分类类型。

（1）注重形式类型　该分类将形式上符合某一标准的租赁视为非银行类金融业务，归入金融及保险（Financial and Insurance Activities）门类下的融资租赁中类，如我国、联合国、欧盟、英国。

（2）注重实质类型　注重实质型的分类解决了租赁分属两个行业这个令人困惑的问题，

因为该标准不承认融资租赁的存在，即一项租赁业务或是有条件销售租赁（Conditional Sale Lease）属于金融及保险业的销售融资（Sales Financing），或是真实租赁（True Lease），属于租赁服务业（Rental and Leasing Services）。执行这种分类标准的有北美、日本。《北美行业分类体系》首先在银行及保险门类中确定实质就是融资租赁的行业——销售融资，其定义是："向有抵押物担保的分期付款销售合同提供贷款的业务"，明确该行业包括"与租赁结合的销售融资（Sales Financing in Combination With Leasing）"；其次在租赁服务大类中强调"以长期租赁方式零售汽车的属于汽车经销商，结合长期租赁方式向买方提供贷款的属于金融与保险行业"。

（三）中外租赁名称比较

中外租赁的名称有较大差异，名称的使用规则也不相同。表 1-2 是国内外租赁名称对照，其中第一栏是国外所有与租赁有关的英文单词及翻译，第二栏是我国合同法、租赁会计准则、行业分类等法规、文件中英文版租赁相关词语的对照。从中可以看出中外租赁名称的主要差异：

1）我国没有短期租赁、长期租赁之分，也没有租赁服务这个名称。

2）我国有而国外没有"租赁"这个名称，经营性租赁名称的定义不明确，与租赁服务混用。

表 1-2　国内外租赁名称对照

国外	英文	Rent	Lease	Operating Leases	Financial leasing	Rental and Leasing	*
	翻译	短期租赁	长期租赁	经营租赁	融资租赁	租赁服务	*
我国	中文版	*	*	经营租赁	融资租赁、金融租赁	*	租赁
	英文版	*	*	Operating Leases	Financial leasing	*	Lease

1. Rental and Leasing Services（Activities）与租赁服务

国际上多数行业分类标准在第二大分类层级"大类"中都有"Rental and Leasing Services"或"Rental and Leasing Activities"这个共性是以用益物权为交易对象的行业，中文"租赁服务"非常贴切地反映了该行业的含义。

2. Rent、Lease 与短期租赁、长期租赁

《北美行业分类体系》对该行业 Rent、Lease 两个子行业的定义如下：

（1）出租设备和日用物品（Renting Consumer Goods and Equipment）　该行业典型经营模式是在店铺这类场所经营，具有零售特征，并且储备随时可以出租、适合短期出租的物品。出租物品主要是汽车、计算机和日用品等范围广泛的有形物品。

（2）出租商业经营常用的机械设备（Leasing Machinery and Equipment Often Used for Business Operations）　该行业典型经营模式是不在店铺做业务，无常备物品，只做长租期的出租业务。出租人直接面对客户，以便他们在出租的状况下掌握出租物品的使用技术和知识，或者在出租合同框架下出租人与租赁设备的供应方协商直接向客户提供出租物品。设备出租人通常在合同中确定客户对出租物品的特殊需要，并利用专业经验为退租的出租物品寻找其他潜在客户。出租物品主要是产业类机械设备。

考虑到国内已形成的相关概念，Rent 译为短期租赁，Lease 译为长期租赁为妥。此处所

说的短期租赁、长期租赁并不是指租赁期限的长短，而是代表一种业务类型，而且租期长短是租赁期限相对于租赁物品的折旧期限而言，并不是以一个具体值（如月、年）为划分界限。

3. Financial Leasing 与融资租赁、金融租赁

融资租赁、金融租赁这两个用语在我国并用，最为典型的是《国民经济行业分类》对金融租赁服务行业的定义就同时出现了这两个用语。中国银行业监督管理委员会有《金融租赁公司管理办法》，少部分公司名称是金融租赁公司；而我国《合同法》《会计准则》等法律和专业规章中只有融资租赁而无金融租赁。实际上，融资租赁、金融租赁是一个概念，英文都是 Financial Lease。它们的使用有这样的规则：行业术语是融资租赁，非银行金融机构涉及融资租赁的称为金融租赁。融资租赁用语内涵准确，使用比较广泛，推荐以融资租赁替代金融租赁。

4. Operating Leases 与经营租赁、租赁服务

经营租赁（Operating Leases）是指具有融资租赁基本交易特征（承租人选定设备、中长期融资），但出租人又一定程度上承担了租赁投资决策风险、租赁物的维护责任的非全额清偿的一种融资租赁。它在形式上是长期租赁，故联合国、欧盟、英国行业分类标准将经营租赁归入行政与辅助服务门类、短期与长期租赁大类。在我国，习惯用经营租赁称呼与融资租赁并列的另一类租赁——租赁服务。我国于 2019 年修订后实施的《企业会计准则第 21 号——租赁》规定“出租人应当在租赁开始日将租赁分为融资租赁和经营租赁”，并以排除法定义：“经营租赁，是指融资租赁以外的其他租赁”。显然，用一项业务的名字来命名包含这项业务的一类业务易造成分类、定义混乱，用租赁服务替代经营租赁更为合理。

5. Sale-leaseback 与售后回租，回租、直租

售后回租（sale-leaseback）是两项交易组合成的一种金融交易。第一项交易是出售资产获得资金，第二项业务是租赁已售出的资产而获得使用权。这项组合交易的真实目的是获得资金而不是租赁物的所有权，即资产。售后回租简称回租（Leaseback），是融资租赁众多子业务之一，但我国汽车融资租赁的回租业务超过 50% 且鲜有其他融资租赁子业务，因此将汽车融资租赁业务分为回租和直租两种，直租是回租以外的汽车融资租赁业务。

（四）租赁的发展历程

租赁发展进程是以长期租赁为主轴，在保持用益物权为交易对象的基本特性前提下，结合金融元素，以所有权转移方式为创新手段，不断出现新的业务类别和模式，新旧业务类别和模式共同存在的发展进程，如图 1-3 所示。

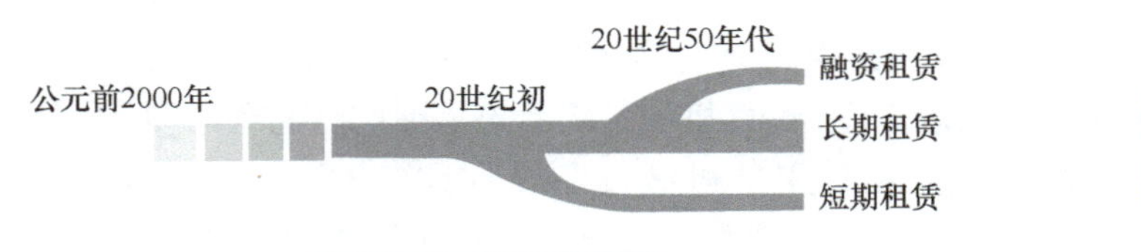

图 1-3 租赁发展历程

1. 长期租赁

租赁的最初形态是典型的长期租赁：

1）租赁物是不动产土地和动产中以生产资料为代表的大型设备（船、牛、车在当时是大型设备）。

2）租赁双方都明确交易对象是用益物权而不是所有权，因为土地等租赁物的所有权是国王、封建主、僧侣的特权，而且资源有限，出租方仅以用益物权牟利为目的，承租人没有权利和能力购买所有权。在中国，西周（约公元前 1046 年—公元前 771 年）时期就有土地租赁的记载。在国外，公元前 2000 年前巴比伦地区幼发拉底河下游苏美尔地区的神庙向当地农民出租农具、土地和用于耕种的牲畜。

直至 19 世纪工业革命 100 年后，工业设备广泛应用并相对过剩，长期租赁逐步成为促销手段，租赁双方都有意愿在租期结束时转让租赁物的所有权。

2. 短期租赁

近代，经济发展丰富了人类的物质和文化生活，出现了以满足人们生活用品和工具临时需求为主的短期租赁，其中最为典型的是汽车的短期租赁。近 50 年来，随着管理水平的提高，人们可以科学地规划生产经营活动，为提高设备的使用效率创造了条件，即经营者能够通过租用设备代替购买设备来适应生产规模的调整，于是移动的生产设备和工具的租赁繁荣起来。承租人寻求通过租用而不是购买设备，以尽量减少投资风险的主观意愿和现代信用体系的逐步完善，也是短期租赁得以快速发展为一个行业的重要基础。

3. 融资租赁

第二次世界大战后战时经济繁荣结束，导致工厂大规模停工、失业人口增加，社会问题严重。美国政府 1946 年通过《就业法》，提出“最大限度地提高就业、生产和购买力”，并出台了各种具体的经济政策，以加快军事工业转为民用工业的步伐和对复员军人的安置。

在军转民的过程中，很多中小企业缺乏更新设备的资金，同时银行机构又因中小企业信用不足、无抵押资产，不愿意提供贷款。另外政府不愿以现金方式向退伍军人提供创业所需贷款和补贴，以防挪为他用。在此背景下，有政府政策和税收支持的机构就承担了这种中介的角色，向银行贷款购买了设备后再租给中小企业。此外，租赁还可以将潜在市场转化为现实市场，很多制造企业借助租赁方式销售产品。20 世纪 50 年代，在租赁注入金融、销售等新因素后，融资租赁诞生了。

融资租赁发展后期，由于竞争的加剧，出租人不得不在融资租赁的基础上，推出一些有利于承租人的方案，如经营性租赁、合同租赁和分成租赁等。这些业务租赁物在期末的处理方式由原来单一的购买变成可以在留购、退还、续租方式中选择；租金支付方式由原来的定期、定额变成更灵活的方式，如先少后多或按照营业额比例支付租金；出租人放弃通过租金实现全额清偿，降低租金和减少租期，通过在二手市场销售收回租赁物品的方式谋求实现全额清偿，并因此承担投资风险；出租人对租赁物品提供维修维护、升级换代等附加服务。

现阶段租赁的特点是租赁的金融功能被充分发挥，并衍生出很多新的融资租赁业务。从租赁的市场渗透率（租赁总额占固定资产投资总额的比率）看，融资租赁已成为仅次于资本市场、银行信贷的第三大融资方式，在设备投资领域，设备租赁成为仅次于银行信贷的第二大投资方式。

但随着银行业务下沉至融资租赁市场、新租赁会计准则的实施，融资租赁开始向两个方向分化：一是遵循美国、日本行业监管模式，完全脱去租赁外衣，回归为“向有抵押物担保的分期付款销售提供贷款”的金融业务；二是去融资性质，回归以服务为核心的长期租赁，租赁双方皆不以所有权为交易目标。

学习小结

租赁是一个复合型行业，交易各方关系比较复杂，租赁的分类、名称存在一定的混乱并影响到相关经济活动。本单元通过对物权等租赁原理、租赁的发展历程、中外租赁分类比较的介绍，可使学生正确使用租赁的名称等术语，否则会对其后各项业务的沟通造成一定障碍。

思考题

1. 物权的构成是什么？
2. 租赁和销售的区别是什么？
3. 租赁的分类，短期租赁、长期租赁、融资租赁是在租赁的发展历程中根据社会经济发展需要客观形成的，请分析租赁三种类型形成的原因。

单元二 融资租赁基础知识

学习目标

1. 了解融资租赁的本金、租金、利息、名义利率、实际利率与时间在金融方面的相关基础知识，了解融资租赁交易双方在不同融资租赁业务结构中与融资租赁资产的法律、财务关系及其对交易双方财务、税收的影响，了解融资租赁在财务、税收利益最大化方面的应用。

2. 熟悉现值、终值、折现率、净现值、内部收益率、名义利率的概念及与融资租赁相关概念的对应关系。

3. 掌握计算融资租赁租金、本金、内部收益率的公式和原理及相关Excel财务函数的使用。

学习指导

小张一直从事汽车销售工作，金融和财税知识比较欠缺，但是随着汽车融资租赁客户的增加，小张必须掌握金融、财税的基础知识，才能和客户进行相关业务的基本沟通。

金融知识貌似复杂，但掌握了资金初值与终值关系后其他内容就好理解了。从财务看，融资租赁实质是分期偿还贷款，是若干个期限不同的初值到终值的资金组合，也可以看作零存整取储蓄的逆过程。考虑到同学及本课程特点，本单元以比较简单的金融方案a、b、c、d的应用为线索，引导非金融和财会专业的同学掌握金融、财会的基础知识。

本单元以销售为对照，通过分析融资租赁与所有权、投资风险的关系，让学生了解融资租赁在税收方面的基础知识和应用。

相关知识

一、融资租赁金融基础知识

（一）资金的时间价值

某人需要一台价值1000元的设备，他准备借钱购买并在10年内偿还借款，年利率是

10%。一家网络互联网金融公司按照复利计算向他提供的金融方案见表 1-3。

表 1-3　以复利计算的四个金融方案　　（单位：元）

序号	租金支付次数	每期租金	租金总额	利息总额
a	1 次（10 年期满还款）	2593. 74	2593. 74	1593. 74
b	2 次（第 5、10 年末还款）	993. 58	1987. 16	987. 16
c	10 次（每年末还）	162. 75	1627. 45	627. 45
d	120 次（每月末还）	13. 22	1585. 81	585. 81

这个方案的最后一栏利息总额实际是借款人占用这笔融资款所付出的代价，可以看出随着还款频率的增加，所付出的代价越少。因为还款由本金和利息两部分组成，相对于 a 整还款，b、c、d 分期还款因本金的递次减少，利息也逐步减少。虽然还款的最终期限都是 10 年，但由于借款人每一个时间节点占用资金的数额不同，他最终还款总额递次减少，这就是时间价值。

资金的时间价值由三个因素决定：一是投入或占用本金或融资额多寡，二是占用它们时间的长短，三是资金利率的高低。融资方案就是通过上述三因素的调整、组合，满足借款人对资金时间价值的综合需求或边际价值要求。

（二）现值与终值

1. 现值与终值在实际金融业务中的具体应用

在资金的时间价值中，有两个概念：现值 PV、终值 FV，它们是金融业务中资金计算的基础。现值 PV = 贷款中的本金或融资租赁中的融资额，终值 FV = 贷款中的本金 + 利息或融资租赁中的租金。包括融资租赁在内的金融业务，都是融资额（现值）以利率的速度通过时间（从合同起始到终止）积累，扩大为租金（终值）的过程，即以现值求终值的过程。图 1-4 从现值、终值的关系图解金融方案 a 的资金变化。在融资租赁中，融资租赁合同生效时出租方支付融资款购买租赁物交付承租人，承租人在租期结束时向出租人支付租金，租金由融资款和租赁期间融资款所产生的利息构成。

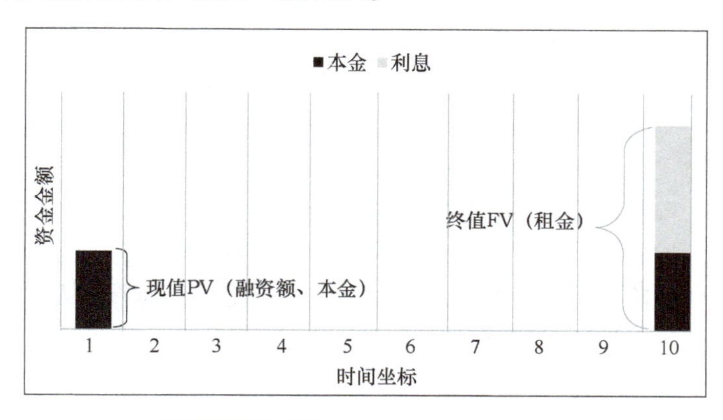

图 1-4　资金的时间价值—现值与终值

2. 现值、终值的计算原理

首先说终值，金融方案 a 的终值是租期结束时支付的租金，第一年末的应付租金是融资

额 + 利息，以后每年末的租金都是前一年积累下的租金 + 由其产生的利息，即第一年末的租金 $FV_1 = 1000$ 元 $+ 1000 \times 10\%$ 元 $= 1000 \times (1 + 10\%)$ 元，第二年末的租金 $FV_2 = FV_1 + FV_1 \times 10\% = FV_1 \times (1 + 10\%) = 1000 \times (1 + 10\%)^2$ 元…，终值的完整计算过程见表 1-4。

表 1-4 金融方案 a 租金计算过程 （单位：元）

期数 n	租金（FV_n）	计算原理
1	1100.00	$= 1000 \times (1 + 10\%)^1$
2	1210.00	$= 1000 \times (1 + 10\%)^2$
3	1331.00	$= 1000 \times (1 + 10\%)^3$
4	1464.10	$= 1000 \times (1 + 10\%)^4$
5	1610.51	$= 1000 \times (1 + 10\%)^5$
6	1771.56	$= 1000 \times (1 + 10\%)^6$
7	1948.72	$= 1000 \times (1 + 10\%)^7$
8	2143.59	$= 1000 \times (1 + 10\%)^8$
9	2357.95	$= 1000 \times (1 + 10\%)^9$
10	2593.74	$= 1000 \times (1 + 10\%)^{10}$

如果设定参数如下：PV 为现值，r 为利率，n 为租赁期数，根据表 1-4 可以归纳出终值的计算公式为

$$FV = PV \times (1 + r)^n$$

现值是终值的逆运算，即

$$PV = \frac{FV}{(1 + r)^n}$$

大家可以使用 Excel 中 PV、FV 函数，对上述计算结果进行验证。在 Excel 中，有非常强大的财务函数，包括在融资租赁中常用到的内部收益率 IRR、等额本息每期租金 PMT、等额本息每期利息 IPMT、等额本息每期本金 PPMT 等函数。这些函数都使用 PV、FV、Rate、Nper、Per Type 等参数，理解上述参数的含义，是正确使用这些函数的基础。

（三）现金流方向、时间坐标、利率

实操中的融资租赁业务比方案 a 复杂，主要表现在以下几个方面：

（1）租赁期限、租期　通常租赁期限不少于 1 年，租期即还款次数不少 2 次。

（2）利率　基础利率是年利率，但由于租期的时间单位不同，会有月利率、季利率。也由于计算规则不同，有名义利率、实际利率、年化（期化）利率或费率等。

（3）还款方式　除等额本息外，还有等额本金、不等额、不等期等方案。

（4）资金项目　除租金外，还有保证金、手续费、期前息、罚息（滞纳金）、违约金等。

从原理上可以理解各类型融资租赁都是由上述因素确定的若干个从初值到终值过程的组合。在现金流方向和时间坐标规则下，可以运用现值、终值原理解决每期租金、利率等融资租赁方案的核心问题。

1. 资金的流入与流出

（1）融资额、每期租金的现金流方向⊖　现金流的方向在财务上体现为资金的支付与收

⊖ 流动的资金就是现金，为了与相关财务概念对接，这里以现金流动代指资金流动。

入，即支出为现金流出，收入为现金流入。对于融资租赁公司，该项业务首先为一笔1000元的现金流出用于支付购买设备的货款。在设备交付承租人后，融资租赁公司有 n 笔现金流入，即承租人支付的租金。

（2）保证金等资金现金流方向　如果融资租赁期初费用中包括承租人支付的保证金，在出租人支出融资款的时间节点前还会有保证金的现金流入。在租赁合同结束时，应有一笔与收取保证金等额的现金流出——向承租人退还保证金。

（3）现金流方向标记规则　现金流入的数值标记为正（+），现金流出的数值标记为负（−）。Excel 函数进行计算时把“+、−”作为显示现金流方向的符号而不是运算指令，是相对符号，所以在给 Excel 函数赋值时，一定记住在输入的金额参数前加“−”，这样运算结果才是正数，否则，会得到每期租金、本金、利息是负值这样的结果。

如果同一时间既有现金流入又有现金流出，在利用函数公式计算前，可以合并为一个数据参数。

2. 资金的时间坐标

图1-5所示为方案c每期租金现值的气泡图，从图中可以看出，虽然每期租金相等，但由于其所处时间坐标位置不同，其折现的价值也不同。第一期租金的支付时间离时间坐标原点最近，其现值最大，以此类推，最后一期的租金离时间原点最远，所以它的现值最小。各期租金在时间原点的现值之和等于租赁期初出租人支付的融资款的融资额。

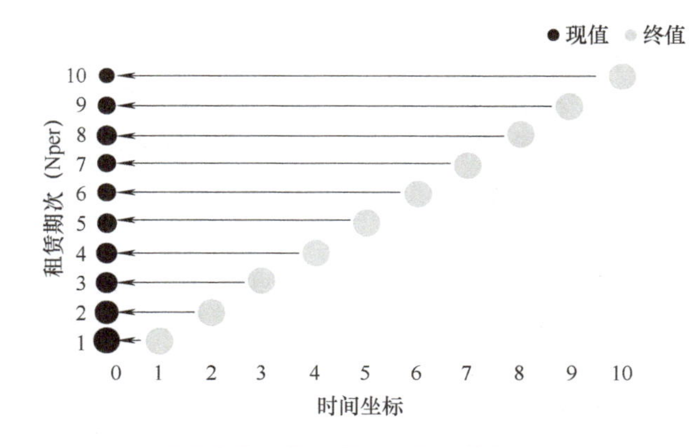

图1-5　等额本息各期租金现值与终值

（1）基于时间坐标的资金计算原则　从图1-5中能直观地看到金融和财务方面的资金计算原则：

1）两个时间坐标点的金额比较大小时，必须将第一笔资金的时间设为坐标原点，使用时间、利率两个参数折现后方可比较。

2）多笔不同时间坐标点的资金之和不是准确的资金之和，必须按照（1）的原则设立时间原点，将各笔资金折为这个时间原点现值后的和，才是准确的多笔资金之和。

模块六、单元三、六、经济效益分析，附表6-15：“全部投资现金流量表”中“5. 现金流量现值、6. 累计现金流量现值”两项就是上述原则的体现。投资方为了准确核算预期收入是否能覆盖期初投资产生利润，必须将每年现金流的终值折为现值并求和后才能与期初投资比较盈亏。

（2）租金计算参数及支付方式与时间坐标的关系　图 1-6 中，时间坐标的原点是融资款支付的时间点，数值为零。时间坐标的终点为最后一期租金的支付时点，数值为租赁期数（Nper），Nper＝租赁期限/每期租赁时间。时间坐标的数字是租赁期次（Per）及该期租金支付的时间坐标。时间坐标的刻度（相邻数字间隔）为每期租赁时间，如方案 a 为 10 年，方案 b 为 5 年，方案 c 为 1 年，方案 d 为一个月。虽然租期没有时间单位，但它的数值由租赁期限和每期租赁时间的单位决定，因此租赁期限同样是 10 年，但三个租赁方案的租赁期数 Nper 分别是 2、10、120。

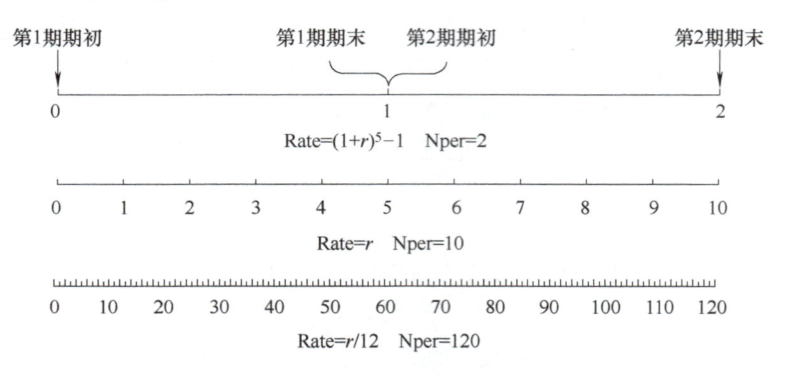

图 1-6　租金计算参数和支付方式与时间坐标的关系

租金的支付方式有期初支付和期末支付两种，期初支付指每期租金是在租期的启始日支付，期末支付指每期租金在租期的结束日支付。显然，虽都是同一期租金，但期末支付的租金需要比期初支付的租金多付利息。因此，PV、FV、PMT 函数有租金支付方式参数 Type，参数为 1 时是期初支付，参数为 0 或忽略不计时是期末支付。

3. 利率

利率是资金变化的速率，通常是指资金增长的速度，即从现值到终值的速度。如果方向相反，从终值到现值，则使用折现率这个词。我们将年利率作为基准利率。

如图 1-6 所示，相同租赁期限（10 年）、年利率（10%），各融资租赁方案的利率 Rate 和租赁期数 Nper 却不同，这是因为使用 PMT 等函数时，其参数 Nper、Rate 进行调整使其在时间单位上匹配的结果。

（1）利率的正折算　当还款周期大于计息周期（即利率的时间单位）时，出现复利情况，则需要使用利率折算公式 $R=(1+r)^q-1$ 将计息周期的年利率折算为还款周期的利率，

式中　R——还款周期利率；

r——计息周期利率；

q——还款周期是计息周期的倍数。

如方案 b 的还款周期为 5 年，则利率也需要折算为以 5 年为时间单位的利率，即利率 $R=(1+10\%)^5-1=61.05\%$，其中 $q=5/1$。$\text{Nper}=\dfrac{\text{租赁期限}}{\text{每期租赁时间}}=\dfrac{10}{5}=2$。赋值 PMT 的计算参数 Rate＝61.05%、Nper＝2，即可得出计算 PMT＝993.58。

（2）利率逆折算　如果还款周期小于计息周期，需将利率折算为与还款周期匹配的利率，如还款周期为季，季利率＝年利率/4；还款周期为月，月利率＝年利率/12。

如方案 d 的每期租赁时间为 1 个月，则需将年利率折算为月利率：$R = 10\%/12 = 0.83\%$，即月利率 = 0.83%。但如果把月利率还原为年利率并不是乘 12，而是年利率 = $(1+0.83\%)^{12}-1=10.43\%$。所以在复利计算的情况下，如果年率 10% 的借款按照月利率计息，实际年利率是 10.48%，这个利率也称为年化利率：把月利息折算成年利率。

（四）融资租赁租金计算原理

1. 融资租赁计息规则

首先说明融资租赁不采用复利计息，在同等情况下，融资成本低于复利类型的金融方案。当还款周期大于计息周期时，融资租赁的利率折算方法如下：

$$还款周期的利率\ R = qr$$

式中　q——还款周期是计息周期的倍数；

　　　r——计息周期利率。

例如方案 a 的利率 $R=(10\times10)\%=100\%$，方案 b 的利率 $R=(5\times10)\%=50\%$，而以复利计算时，方案 a 和方案 b 的利率分别为 159.37%、61.05%。

2. 租金计算基础方法

虽然 Excel 函数功能强大，但租金计算，特别是不等额、不等期的需要使用试算、验算的方法。方案 c 的测算、验算的依据如下：

1）每期租金的现值之和等于融资额：$\sum PV_n$ = 融资额 = 1000 元。

2）每期租金等于每期终值，数值不变：PMT = FV。

根据上述条件设计使用现值函数 PV（Rate，Nper，PMT，FV，Type）的 Excel 表格见表 1-5。设定单元格 D3 为输入终值 FV 的试算单元，单元格 B13 为验算每期现值合计是否等于融资额的验算单元。不断调整 D3 的数值直至 B13 的输出值为 1000.00 元，此时 D3 的数值就是每期租金 PMT。

表 1-5　等额本息租金 PV 计算原理　（单位：元）

	A	B	C	D
1	等额本息租金PV计算原理			
2	期数n	每期现值PV_n	B列各单元计算函数	FV试算
3	1	147.95	公式：=PV(10%,A3,,$D$3)	–162.746
4	2	134.50	公式：=PV(10%,A4,,$D$3)	
5	3	122.27	公式：=PV(10%,A5,,$D$3)	
6	4	111.16	公式：=PV(10%,A6,,$D$3)	
7	5	101.05	公式：=PV(10%,A7,,$D$3)	
8	6	91.87	公式：=PV(10%,A8,,$D$3)	
9	7	83.51	公式：=PV(10%,A9,,$D$3)	
10	8	75.92	公式：=PV(10%,A10,,$D$3)	
11	9	69.02	公式：=PV(10%,A11,,$D$3)	
12	10	62.75	公式：=PV(10%,A12,,$D$3)	
13	$\sum PV_n$验算	1000.00	公式：=SUM(B3:B12)	

3. 租金计算的基本原则

融资租赁对现金流入的记账基本原则是优先计算租金，其次计算本金，这是融资租赁的宗旨所在：将本求息。当然，如果出现坏账时，当务之急是核算本金损失，因此租金的计算原则变为优先计算本金。

Excel 等额本息租金计算也遵循上述原则，即每期租金由两部分构成，优先计算应还利息，其次是应还本金，如第一期租金首先要还融资款 1 年的利息 100，其次才是归还本金 62. 75 元 = 每期租金 − 第 1 期利息。那么第二期租金中的应还利息为 93. 73 元 = (1000. 00 − 62. 75) ×10% 元，应还本金 69. 02 元 = (每期租金 − 第 2 期利息)。各参数彼此的计算关系见表 1-6 中的“前列公式”。

表 1-6　PMT 计算等额本息租金原理

	A	B	C	D	E	F	G
1	PMT计算等额本息租金原理						
2	期数	期初本金(元)	前列公式	每期本金(元)	前列公式	每期利息(元)	前列公式
3	1	1000.00		62.75	公式：=$D$14-F3	100.00	公式：=B3×10%
4	2	937.25	公式：=B3-D3	69.02	公式：=$D$14-F4	93.73	公式：=B4×10%
5	3	868.23	公式：=B4-D4	75.92	公式：=$D$14-F5	86.82	公式：=B5×10%
6	4	792.31	公式：=B5-D5	83.51	公式：=$D$14-F6	79.23	公式：=B6×10%
7	5	708.80	公式：=B6-D6	91.87	公式：=$D$14-F7	70.88	公式：=B7×10%
8	6	616.93	公式：=B7-D7	101.05	公式：=$D$14-F8	61.69	公式：=B8×10%
9	7	515.88	公式：=B8-D8	111.16	公式：=$D$14-F9	51.59	公式：=B9×10%
10	8	404.72	公式：=B9-D9	122.27	公式：=$D$14-F10	40.47	公式：=B10×10%
11	9	282.45	公式：=B10-D10	134.50	公式：=$D$14-F11	28.24	公式：=B11×10%
12	10	147.95	公式：=B11-D11	147.95	公式：=$D$14-F12	14.79	公式：=B12×10%
13			$\sum PV_n$ 验算	1000.00			
14			PMT试算	162.746			

表 1-6 中的测算、验算依据：

1）每期租金 PMT = 每期本金 + 每期利息 = $PPMT_n + IPMT_n$。

2）每期本金之和等于融资额：$\sum PV_n$ = 融资额 = 1000. 00 元。

通过不断在单元格 D14 输入每期租金 PMT 的估值，让单元格 D13 本金合计的验算值最终等于 1000. 00 元时，即可得到每期租金 PMT。

使用 Excel 等额本息租金计算公式 PMT、PPMT、IPMT 得出的结果可以验证表 1-6 中计算的正确。

(五) 内部收益率 IRR 与名义利率

1. 实际利率与名义利率产生的原因

到目前为止，方案 a − d 的计算并没有涉及名义利率 r、实际利率 IRR 这两个概念，为了便于说明融资租赁的相关金融原理和租金计算方式，这些例子省略了融资租赁实际业务中的手续费、保证金两个参数。计算中加入这两个参数后，名义利率和实际利率的概念不可回避。

如果没有手续费、保证金的影响，融资租赁的收益来自融资额按照利率和时间增长形成的利息。但引入手续费和保证金后，首先手续费并不是由融资额按照利率和时间产生的收益，其次保证金是源自承租人的现金流，但它带来的与本金同等形式的收益却属于出租人(无本受利)。这两项收益都无法继续用最初的利率衡量，而且实际利率要大于计算由融资额带来收益的利率。因此出现了以下两个利率：

1）用于计算由融资额（本金）按照现值、终值原理带来收益的利率——名义利率。

2）用于计算包括 1）的收益和由手续费、保证金等其他融资租赁资金项目带来的收益的总体收益的利率——实际利率。

2. 实际利率的指标——内部收益率

内部收益率（Internal Rate of Return，IRR），就是资金流入现值总额与资金流出现值总额相等时的折现率，即净现值（资金流入现值总额与资金流出现值总额之差）等于零时的折现率。比如你借给别人（现金流出）100 元，一年后收回（现金流出）150 元，则利率是50%。如果你逆过程理解：150 元的终值折现为投入的 100 元的现值的折现率 50% 就是该笔金融业务的内部收益率。

由于内部收益率可以衡量所有现金流入、流出形成的收益，自然包括手续费、保证金带来的收益，所以用内部收益率来代表实际利率。

（六）融资租赁方案的主要参数

名义利率、内部收益率、费率、万元还款系数都是衡量资金成本的指标，也是客户了解融资租赁方案首先要掌握的参数。有时，融资租赁业务人员从销售策略的角度，首先以费率向客户介绍资金成本，而刻意回避使用其他参数。通常内部收益率是融资租赁公司对金融方案考核的指标，不是向客户介绍融资租赁产品使用的参数。万元还款系数虽不是利率类参数，但能直观地反映租金成本，适合作为针对个人和中小企业的融资租赁产品报价参数。

这些参数没有统一的使用规则，即使融资租赁同行之间相互沟通，也经常因“利率”之不明确造成混淆。以下通过一个融资租赁方案的分析来说明这些参数的差异。

【实例分析】

融资额 10 万元，名义利率 10%，租期 2 年，月末付款，承租人需要签订合同时支付融资额 2% 的手续费和 5% 的保证金，保证金期末退还承租人充抵当期租金。需要根据这些条件，按照要求对每期租金 PMT 函数的参数进行调整：

1）租赁期限 Nper：租赁期限 2 年，每月付款，则 $\text{Nper}=2\Big/\left(\dfrac{1}{12}\right)=24$。

2）利率 R：租赁期限 Nper 的时间单位是月，与之匹配的利率 $R=10\%/12=0.83\%$。

将上述参数赋值每期租金函数 PMT，得到每期租金为 4614.49 元。24 期的租金总额 = 每期租金 ×24 = 110747.82 元。

合同生效时，出租方需要支付 10 万元融资款，核减承租方支付的手续费和保证金，出租方实际支出 93000.00 元，即租赁期次为 0 时，现金流出 93000.00 元，以后每个月份承租方支付租金 4614.49 元，即租赁期次 1 ~ 24 各有 4614.49 元的现金流入。但第 24 期租金充抵退还承租人 5000.00 元保证金后，实际现金流为 −385.51元。以上计算过程可见表 1-7（租赁期次 4 ~ 21 过程省略），计算公式见表中的说明，其中 $B $8 就是单元 B8，$ 符合的作用是单击下拉生成系列公式时该单元的数值不变。根据计算规则，得到不同的衡量资金成本的融资租赁方案参数：

1）内部收益率。利用内部收益率公式对表中的现金流求出的值为月内部收益率 = 1.10%（单元格 B38），年内部收益率 = 月内部收益率 ×12 = 1.10% ×12 = 13.23%（单元格 B39），也就是年内部收益率 = 13.23%。

2）费率。费率$=\frac{利息}{本金}\times100\%=\frac{租金总额-融资额}{融资额}\times100\%=\frac{110747.82-100000}{100000}\times100\%=10.7478\%$，年费率$=\frac{费率}{租期（年）}=\frac{10.7478\%}{2}=5.37\%$，计算过程见单元格C41。这个指标的计算没有考虑资金时间价值这个原则，所以它的数值最低。

3）万元还款系数。在实际业务中，为了避免名义利率、实际利率、费率各指标造成歧义，有时汽车融资租赁企业也会使用万元还款系数这个参数，这个参数的用途是直接从融资额计算每月还款额：每月还款额＝融资额（以万元为单位）×万元还款系数。本案例的万元还款系数为461.449元（表1-7 B41），则每月还款额$=\frac{100000}{10000}\times461.449$元$=4614.49$元。

万元还款系数的计算公式$=\frac{100000\times（1+费率）}{租期（月）}=\frac{10000\times（1+10.7478\%）}{24}$元$=461.449$元。

如果算上名义利率，一个融资租赁方案可以有4个衡量资金成本的参数，它们是名义利率、内部收益率、费率、万元还款系数。

表1-7　使用Excel计算等额本息租金各项参数的方法

	A	B	C
1			一、参数
2	融资额	100000.00	
3	租赁期限	2	年
4	还款方式	月末支付	租赁期次Nper=2/(1/12)=24
5	**1.名义利率**	10.00%	年利率
6	手续费	2000.00	融资额的2%，期初支付。
7	保证金	5000.00	融资额的5%，期初支付，最后一期充抵当期租金。
8	每期租金PMT	4614.49	公式：=PMT(B5/12,24,-B2)
9	租金总额	110747.82	公式：=B8*24
10			二、现金流
11	租赁期次	现金流	说明
12	0	-93000	公式：=-(B2-B6-B7)
13	1	4614.49	公式：=$B$8
14	2	4614.49	公式：=$B$8
	⋮	⋮	⋮
35	23	4614.49	公式：=$B$8
36	24	-385.51	公式：=B35-B7
37			三、利率计算
38	月IRR	1.10%	公式：=IRR(B12:B36)
39	**2.实际利率（年IRR）**	13.23%	公式：=B38*12
40	**3.年费率**	5.37%	公式：=(B9-B2)/B2/2
41	**4.万元还款系数**	461.449	公式：=10000*(1+B40*2)/24

二、融资租赁财务税收基础知识

（一）融资租赁在财务税收方面应用的基础

世界上没有任何一种交易形式，可以像融资租赁那样设计交易双方在资产所有权方面的角色，而所有权角色不同，则是利用财务和税收利益的重要条件。融资租赁在这方面作用之巨大，以致美国有融资租赁经纪公司这样的机构，他们根据资金方、承租方的条件，设计可以让各方利益最大化的融资租赁方案，在这个方案中，避税或享受税收优惠的利益已超过资金成本降低的利益，以至于资金方甚至不是专业的融资租赁公司，仅是有享受税收抵免或优惠的资格企业而已。

1. 销售的所有权和投资风险

销售，包括全额付款和分期付款两种形式，都是购买方所得标的物的所有权并承担投资风险。在资产负债表中，标的物购置价值记在资产项下，如果是分期付款，未支付款项总额记在负债项下。

2. 租赁服务的所有权和投资风险

租赁服务包括短期租赁和长期租赁，都是出租方拥有租赁物的所有权并承担投资风险，承租人只获得租赁物的用益物权。租赁物计入出租方资产项下并由出租方计提折旧，承租方的租金计入费用项下。

3. 融资租赁的所有权和投资风险

如图 1-7 所示，融资租赁是租赁服务与销售的不稳定状态，它依据融资租赁方案设计，即可以像销售一样由承租方拥有所有权，承担投资风险，也可以经营租赁的形式像租赁服务一样由出租方拥有所有权，承担投资风险。这一特性是融资租赁在财务、税收方面为交易双方谋求利益最大化的基础。

所有权不转移，出租人承担投资风险	短期租赁	长期租赁	融资租赁	分期付款	全额付款	所有权转移，承租人承担投资风险

图 1-7　从所有权及投资风险看各类业务的关系

（二）融资租赁在财务方面的应用

资产规模、资产负债率等是衡量企业融资能力的主要指标，通过融资租赁方案设计，能够让不同类型企业有针对性地改善某些财务指标。

1. 重资产型企业

重资产公司企业主要依靠设备和原材料的投入制造出的产品带来利润，所以资产规模是其盈利能力的重要指标，资产负债率的重要性相对下降，此类企业倾向作为租赁物的所有权人，将资产记在资金名下。另外一个重要原因计提折旧的税收好处。

2. 轻资产型企业

轻资产型企业主要为新技术、服务型、创新型企业，这类企业的如下特征，使其更倾向于经营性租赁：

1）盈利不来自于大批量制造的产品销售，如高科技产品、服务类企业，所以不需要投入大量生产制造设备。

2）产品更新换代快，制造设备和技术更新快，租赁是避免设备和技术落后的最好选择。

融资租赁的一个类别——经营性租赁主要的功能是表外融资，即虽然承租人获得租赁物的使用权且租赁期限接近租赁物的经济寿命，事实上拥有租赁物，但由于其并没有在法律上拥有租赁资产，所以也就不承担未来的债务，也就是说企业的资产负债率并没有因资产增加而增加。但这恰恰违反了财务制度真实性、唯一性的原则。2008 年爆发的全球金融危机归根到底是对各类经济活动状况的失察，即财务报表可以被人为地修饰，以至和真实差之千里，补救措施之一就是修改国际会计准则。为此，2013 年国际会计准则理事会（IASB）与美国财务会计准则委员会（FASB）公布有关租赁会计准则改革提议：除短期租赁外，租赁合同签订时承租人在资产负债表中确认一项资产——租赁资产的使用权和一项负债——租金支付义务。也就是说，在租赁期开始日，不论经营租赁还是融资租赁，承租人的资产负债表中都将增加一项资产以及一项负债。这行这一原则的我国《企业会计准则第 21 号——租赁》2019 年实施后，融资租赁表外融资功能丧失了。

（三）融资租赁在税收方面的应用

为了对经济活动进行调整，各国在不同时期都有阶段性的税收抵免、税收奖励等政策，比如 1962 年，肯尼迪政府为刺激美国经济复苏，鼓励投资，实行了投资税收抵免制度，规定在设备投资的当年，投资者可按设备法定耐用年限从企业应纳税额中直接扣除投资额一定百分比的税收。此外，还有所得税、税前税后抵扣等多种机会，可以让融资租赁发挥最大化利用税收优惠的作用。

1. 退税优惠

所有的税收优惠政策并不是普惠性质，都有一定限制，比如投资额达到一定限额才能享受抵免，而且如果缴纳的税款少，抵免所获得的利益也少，比如当年纳税 10 万元，而以政策可以抵免 50 万元，实际情况是只能获得 10 万元的退税优惠，浪费了 40 万的抵免指标。融资租赁可以安排符合条件、能够最大效益的享受税收优惠政策的一方作为投资方，则可以获得 50 万元的退税优惠。

2. 折旧的增值税税前抵扣

作为资产所有权人，可以租赁资产的折旧作为增值税的抵扣项，以减少应缴纳的增值税，但对于收入少或亏损的企业，增加抵扣额没有降低增值税的作用或者降低幅度有限。在这种情况下，融资租赁可以将收入高的一方安排为租赁资产的所有人，充分发挥租赁资产折旧降低所得税的效益。

直租和回租也有同样功能，比如一家盈利水平低的企业要租车，通常可以采取直租的方式，即车辆发票开具给出租方，出租方可用于增值税进行抵扣，其增值税减免按一定比例以租金优惠方式分享给承租方。如果情况相反，则可以采取回租方式，将车辆发票开具在承租方名下。

3. 费用的所得税税前抵扣

有些税收政策可以将租车费用在所得税税前抵扣，这种情况下经营性租赁可以让承租人获得有关税收优惠。

4. 资本利得与销售税

美国在税法上将租赁区分为“有条件销售”（融资租赁）和“真实租赁”（经营租赁）两种。税务部门对不同的租赁交易做出是销售还是租赁的判断，进而明确不同租赁业务的税收适用主体和适用税种。出租人租赁业务如果被界定为销售，将对其销售收入征收普通所得税。如果被界定为真实租赁，适用资本利得税，资本利得税比普通所得税率偏低。

学习小结

通过学习，小张掌握了融资租赁相关金融基础知识和财务税收基础知识，可以向客户解释融资租赁方案，并从合理避税角度向客户提出直租、回租和租赁服务等不同方案。

思 考 题

1. 结合本单元学习内容掌握 Excel 函数 PMT、PPMT、IPMT、PV 的意义和使用方法，根据表 1-8 提示的方案 a 等额本息租金计算过程及公式，在 Excel 中重建该表格并理解 PMT、PV 两种方式计算租金原理的差异。

表 1-8　等额本息租金 *Pv* 计算原理

	A	B	C	D	E	F
1	一、主要参数					
2	融资额(元)	1000.00	年利率	10%		
3	融资年限(年)	10	每期租金(元)	162.75	公式：=PMT(D2,B3,-B2)	
4	二、每期租金计算过程					
5	(1)期数	(2)期初融资额(元)	1.PMT公式计算每期租金		2.PV公式折现计算每期租金	
6			(3)每期融资额(元)	(4)每期利息(元)	(5)每期现值(元)	(6)每期利息(元)
7	1	1000.00	62.75	100.00	147.95	14.80
8	2	937.25	69.02	93.73	134.50	28.25
9	3	868.23	75.92	86.82	122.27	40.47
10	4	792.31	83.51	79.23	111.16	51.59
11	5	708.80	91.87	70.88	101.05	61.69
12	6	616.93	101.05	61.69	91.87	70.88
13	7	515.88	111.16	51.59	83.51	79.23
14	8	404.72	122.27	40.47	75.92	86.82
15	9	282.45	134.50	28.25	69.02	93.73
16	10	147.95	147.95	14.80	62.75	100.00
17	第10期各项指标计算公式		公式：=PPMT($D$2,A16,$B$3,-$B$2)	公式：=IPMT($D$2,A16,$B$3,-$B$2)	公式：=PV($D$2,A16,,-$D$3)	公式：=$D$3-E16
18	合计(元)		1000.00	627.45	1000.00	627.45

2. 融资租赁的资金支付程序是这样的：首先由承租方向出租方支付首期款项，这些款项除了手续费、保证金之外还可能有首付款，然后出租方支出用于购买汽车的融资款，虽然融资款的数额没有变，但出租方的现金流 = 融资额 – 首付款项。如本单元【实例分析】所示：首付款项越高，实际利率越高，出租方收益越高。

请按照本案例方式，计算增加首付款为融资额 10% 时的每月租金、租金总额、实际利率和费率。

单元三　汽车租赁基础知识

学习目标

1. 了解汽车租赁的基本概念、汽车租赁的发展趋势、汽车租赁与信息计算、汽车租赁与收益管理等汽车租赁基础知识。
2. 熟悉汽车租赁的特征和功能。
3. 掌握汽车租赁的分类、结构及发展现状，掌握租赁与汽车租赁的概念。
4. 重点掌握与实际工作相关的汽车租赁管理知识。

学习指导

小张是一个汽车销售人员，某天看到一则消息：国产汽车三巨头一汽、东风、长安分别出资16亿元，与苏宁等具有互联网背景的企业共同成立注册资金97.6亿元的出行服务企业，该企业“先期立足网约车业务，未来将涉及长短租、分时租赁业务”。

小张想起父辈一代自行车、缝纫机是家庭的重要资产和生活资料，现在人们仍然需要出行、穿衣，但却不再拥有它们。是否有一天汽车也是这样，从拥有变成使用？随着经济发展和社会进步，汽车租赁将成为人们出行乃至物流运输等经营活动提供车辆及保障的服务供应商，以及车辆资产的所有者和管理者。小张非常期待走入汽车租赁这个广阔天地，了解更多信息，掌握更多知识。本单元从汽车租赁基本概念、汽车租赁发展趋势、汽车租赁与信息计算、汽车租赁与收益管理四个方面帮助小张实现自己的愿望。

相关知识

一、汽车租赁的基本概念

（一）汽车租赁主要分类

1. 汽车短期租赁

（1）定义　汽车短期租赁是指租赁企业根据用户的要求签订合同，为用户提供短期内（一般以小时、日、月计算）的用车服务，收取短期租赁费，解决用户在租赁期间各项服务要求的租赁形式。

国家标准《汽车租赁服务规范》的相关定义是：短期汽车租赁服务（Short-term Car Rental Service）是连续30日（含）以内的汽车租赁服务。

（2）行业属性　汽车短期租赁主要解决客户交通方面的一时之需，租赁车辆为众多承租人使用，属于交通服务范畴，且公共交通服务特性明显，据此部分地方《道路运输条例》将汽车租赁列为“道路运输辅助服务”，纳入道路运输行业进行管理。随着分时租赁的普及，汽车短期租赁公共交通的属性更为突出。

（3）经营特点

1）常规短期租赁。多数在商业区、居民区、交通枢纽设立门店，实行柜台式营业和异地租还车的连锁服务，租赁车辆陈设在营业场所供客户挑选。租期较短，租期一般以天、小时为单位。出租人为客户提供车辆维修、救援和保险理赔等服务，但不负责车辆使用过程中发生的费用。需要签订租赁合同，租赁费用预付，租赁双方当面交接租赁车辆。承租人的租金支出只能记入成本项目，不能列入资产项目。

2）分时租赁。将车停放于路边停车场等人流密集区，以小时或更小单位计时的自助租车。车型多为小型、经济型汽车，大量应用无线互联、车联网技术，实现自助租、还车，网上结算。

（4）盈利模式　汽车租赁企业根据经验设定某车辆经营周期内的出租率，根据成本、出租率和经营周期计算出一个保证租金收入与成本基本持平的租金标准，按此标准收取租金。经营周期结束时销售租赁车辆的收入即为该租赁车辆在经营周期内的盈利。由于实际出租率和二手车销售价格的不可预测性，汽车租赁企业承担汽车租赁的经营风险。

（5）经营主体 经营主体有以下两类：

1）常规短期租赁。国内代表性企业有：神州租车（中国）有限公司、上海一嗨汽车租赁有限公司、深圳市至尊汽车租赁股份有限公司；国际代表性企业有：企业号控股（Enterprise Holdings）、安飞士巴基特集团（Avis Budget Group）、赫兹全球控股（Hertz Global Holdings）、欧洲汽车（Europcar）、美元繁荣汽车（Dollar Thrifty Automotive，2012 年被赫兹收购）。

2）分时租赁。初期分时租赁由一些汽车租赁公司经营，后期汽车制造企业直接参与分时租赁，如国外戴姆勒的 CAR2GO、大众的 QUICAR、标致的 MU、宝马的 DRIVENOW 等。

2. 汽车长期租赁

（1）定义 汽车长期租赁是指租赁企业与用户签订长期（一般以年计算）租赁合同，按长期租赁期间发生的费用（通常包括车辆折旧、维修维护费用、各种税费开支、保险费及利息等）扣除预计残值后，按合同月数平均收取租赁费用，并提供汽车功能、税费、保险、维修及配件等综合服务的租赁方式[⊖]。

国家标准《汽车租赁服务规范》的相关定义是：长期汽车租赁服务（Long-term Car Rental Service）是连续 30 日以上的汽车租赁服务。

（2）行业属性 汽车长期租赁的销售特征更明显，在欧美国家已成为汽车销售比较重要的渠道。虽然它和短期租赁同属于一个门类，但在租赁车辆使用模式、承租人目的等方面明显不同于短期租赁。

（3）经营特点 汽车长期租赁的定义与不转让所有权的融资租赁业务“经营性租赁”（operating lease）相同，为了适应市场需要，发展出更为丰富的长期租赁业务品种：

1）车队管理。为承租人提供包括车辆更新、维修保养、油料管理、保险理赔、车辆调度、驾驶人管理等服务。客户主要是使用商用车的物流、运输企业和使用乘用车用于自身业务的企业。

2）定位乘用车的全服务租赁（Full Service Leasing）。租赁期间提供维保、救援服务，租期结束时可以选择留购、退租、续租租赁车辆。客户主要是个人。

（4）盈利模式 出租方在租期结束后清算租赁车辆的残值，即为租赁期间的利润，只是和短期租赁相比，不存在出租率不确定的因素，经营风险低于短期租赁。

（5）经营主体 我国早期的汽车租赁企业其实都是以长期租赁业务为主，代表性企业有首汽租赁有限责任公司、安吉（ANJI）汽车租赁有限公司（使用安飞士品牌）等。国外的长期租赁企业主要有美国罗利兹车轮公司（Roleez Wheels Inc.）、通用电气资本车队服务公司（GE Capital Solutions Fleet Services）、全美汽车租赁公司（Auto Nation）、法国法兴汽车融资租赁（ALD Automotive）和荷兰租赁计划（LeasePlan）等。

3. 汽车融资租赁

（1）定义 汽车融资租赁是一种买卖与租赁相结合的汽车融资方式。一般而言，汽车融资租赁需具备一定的条件，否则不属于汽车融资的范畴，而只是汽车租赁服务。这些条件包括：

⊖ 引用原国内贸易部 1997 年《汽车租赁试点工作管理暂行办法》（废止）定义。

1）如果承租人支付的费用（包括租金及相应赋税）已经相当于或者超过汽车本身的价值，依照汽车租赁合同，消费者有权获得该汽车的所有权。

2）如果承租人在租期届满时所付租金总额尚未超过汽车价值，承租人享有对租赁汽车以下列任何一种方式处理的选择权：

① 在补足租赁合同中事先约定的相应余额后成为汽车的所有权人。

② 销售此车。如果汽车现值高于约定的余额，则向零售商偿还该余额，保留差价从中获利；如果汽车现值低于约定的余额，则向零售商补足余额。

（2）行业属性　汽车的流通可分为全额付款、分期付款和融资租赁三种方式，第一种属于销售行业，后两种也被称为汽车金融，属于金融行业。汽车融资租赁企业的设立需获得行业许可。承租人可将支付的租金计入应付资本账户，待合同终止时转入资本账户。

（3）经营特点　与汽车租赁服务相比，设立门店、陈设租赁车辆并不是汽车融资租赁业务的必备条件。通常都是由承租人选定车型甚至供应商后，由出租人购买并办理完车辆所有手续后交付给承租人。除融资租赁的共同特点外，汽车融资租赁的特点是一般由汽车销售商为承租人提供维修、救援和保险理赔等服务。汽车融资租赁的租期较长，一般在两年以上。由于出租人是在首先确定了承租人并签订租赁合同后才开展经营活动，所以汽车融资租赁的出租人不承担投资风险，出租人承担的只是承租人的是否履行租赁合同的信用风险。

（4）盈利模式　如果抛开租赁的形式，将出租人出资购买租赁车辆、承租人支付租金并最终获得租赁车辆物权的过程看作贷款，其实汽车融资租赁的盈利模式就是获得资本交易的利差，即出租人收取承租人支付的租金与购买租赁车辆支出的差额，这个差额包括利润、经营成本和资本成本。所以，注重本质的监管类型，如美国、日本不承认融资租赁的存在，而将其归为以抵押担保为条件的对分期付款销售合同的贷款。

（5）经营主体　开展汽车融资租赁的经营主体有以下四类：

1）专业汽车融资租赁公司。这类公司属于只做汽车业务的融资租赁公司，一般都具有汽车销售公司的背景，它们和汽车金融公司的区别是所经营的汽车没有特定品牌。根据审批依据的不同，这类公司分为内资的融资租赁试点企业和外商投资融资租赁企业。代表型企业有先锋国际融资租赁有限公司、庞大欧力士汽车租赁有限公司和法兴（上海）融资租赁有限公司。

2）汽车金融公司。这类公司由汽车制造企业出资设立，为本企业产品的销售服务，主要也是分期付款，但同时也做融资租赁业务。代表企业是各大品牌汽车的汽车金融公司，如大众汽车（中国）金融有限公司。

3）汽车零售企业。国内的广汇汽车服务集团股份公司、庞大汽贸集团股份有限公司等，美国的全美汽车租赁。

4）汽车租赁服务和车队管理企业。一些规模比较大的汽车租赁服务企业兼营汽车融资租赁业务，如国内的首汽租赁有限责任公司、安吉（ANJI）租赁有限公司，国外的安飞士巴基特集团等。

实际上，在欧美国家的汽车租赁领域，融资租赁仅是长期租赁中确定承租人在租期结束时获得租赁车辆所有权或者承担资产清偿责任的一种业务类别，加上注重实质型监管将融资租赁归为销售融资，所以，欧美国家极少有专业的汽车融资租赁公司，这些公司的主要业务是车队管理，融资租赁仅是车队管理诸多业务之一。

（二）汽车租赁的功能

1. 交通运输服务的功能

汽车作为交通运输工具使用，是汽车租赁最本质的特点，即汽车租赁具有交通运输服务功能，其服务特性主要表现在以下两个层面：

（1）交通服务功能　短期租赁服务于人们的临时性出行需要。在欧美国家和地区，客车租赁服务的规模仅次于自驾车，超过了轨道及地面旅客运输、出租车等，成为人们主要的交通方式之一。

（2）运输服务功能　一是长期租赁在金融、集中采购、专业管理等方面服务于道路运输、物流企业，以提高其经营效率，同时部分长期租赁企业直接参与道路运输经营，如美国最大货车租赁企业雷德公司也是美国第二大货运和物流公司。二是带驾驶人汽车租赁是客运和货运服务的新形式，丰富现有的包客车客运、货运零担运输业务。随着无车承运人、叫车平台的出现，汽车租赁企业成为资产（运输车辆）持有者、管理者和驾驶人的管理者，事实是运输企业。

2. 融资功能

汽车租赁兼具租赁业的功能，而租赁最突出的功能就是融资功能，这种融资功能主要表现在对中小企业及个人消费者提供融资服务方面。特别是对于资本短缺的中小企业来说，利用租赁汽车的方式，可以节省固定资本投资，增加流动资本，不但可以改善企业的现金流，扩大生产经营规模，还可增强企业再生产能力和占有市场的能力，对于个人消费者则可以借助租赁方式增强汽车购买能力，提前将潜在的汽车消费需求转换为现实需求。

3. 渠道功能

（1）短期租赁　汽车短期租赁的直接功能是满足消费者的交通需求，这要求经营者尽可能使用新车，以提高出租率。由于租赁汽车的更新周期比较短、更新量大，因此汽车租赁是汽车销售的重要市场。此外，从经营模式看，汽车租赁的利润通过租车和销售退役车辆两个环节实现，即汽车租赁本身就是汽车流通渠道。世界上主要的汽车租赁企业都开展二手车的销售业务，甚至建立独立的汽车销售公司，如赫兹汽车销售公司、安飞士巴基特汽车销售公司等。

（2）长期租赁（含融资租赁）　在促进潜在消费上，长期租赁与分期付款的功能相同，区别在于对于承租方（购买方）而言，财务报表上租赁不体现负债，也没有增加资产；而分期付款既体现为负债也体现新增资产。如果不考虑这一差异，长期租赁是与分期付款同样重要的汽车流通渠道。

4. 资源配置功能

汽车租赁公司作为一个租赁交易平台，可以使运输设备需求企业通过租赁方式吸收各方资本形成最终的运输投资，这种投资是通过租赁公司在货币市场与资本市场采取借贷、拆借、发债和上市等融资手段来实现的，从另外一个角度讲，实际是在全社会进行了资本资源的自动配置。

租赁资源配置的功能可以减少企业引进先进设备和技术的资金压力，有利于新技术的推广和节能减排，比如英国租赁车辆平均 CO_2 排放量从 2012 年的 123g/km 下降到 2018 年的 112.7g/km，低于非租赁车辆 2012 年的 151g/km、2018 年的 122.3g/km。

二、汽车租赁发展趋势

（一）交通服务（Mobility Service）

1. 交通服务的概念

《2012年毕马威全球汽车业高管人员调查》首次提到交通服务这个概念，该调查前言摘录如下：设想一个居住在北京、圣保罗、纽约、伦敦或孟买这类超级大都市的居民某天走出公寓，在智能电话的引导下，找到最近的可共享电动汽车，打开车门并起动发动机。进入车厢，交通情况报告、列车时刻表、来自邮箱的语音信息和心爱乐队的新专辑样带便源源送上。开车到车站，乘火车到机场，登机，一切都环环相扣，因为这个旅程的每个环节都已通过单一“交通服务供应商”预订和付款。到达目的地后，乘坐另一辆共享汽车继续旅程。

根据此描述可以确定交通服务的定义：为客户实现门对门出行提供的服务，包括提供各类运输（飞机、火车、汽车、轮船等）的预定与行程安排等信息服务，为客户提供衔接运输的汽车租赁服务等。交通服务就是一个订单、一张发票、全程动态调整的出行服务，所以交通服务也称为出行服务。

2. 汽车租赁与交通服务

单一的任何一种运输都不是交通服务，若干形态的运输用汽车租赁组织起来才是交通服务。所以汽车租赁主要是分时租赁、短期租赁，是交通服务的重要组成。随着服务内涵的增加，汽车租赁企业直接参与交通服务业务的趋势明显。

鉴于随着交通服务的普及，人们从拥有汽车转为使用汽车的趋势，北美、欧洲的部分城市，主要的汽车厂商已开始自主品牌汽车的分时租赁业务，如戴姆勒的CAR2GO、大众的QUICAR、标致的MU、宝马的DRIVENOW等。

【拓展阅读】

汽车租赁占汽车产业链的比重

图1-8所示为全球汽车产量增长速度和分时租赁增长速度的比较。分时租赁，也称为共享汽车（Car Sharing），主要为汽车租赁公司提供的基于移动互联技术的自助、短租汽车租赁。根据维基百科记载20世纪70年代早期出现了第一个全系统汽车共享项目，2000年以后安飞士、企业号、赫兹等汽车租赁公司陆续开展分时租赁业务，2010年以后宝马、奔驰、标致等汽车厂商也开始涉足分时租赁业务。从图1-8中可以看出未来车辆使用效率提高，共享汽车（分时租赁）在人们交通出行的比例逐步提高。

据麦肯锡2016年《汽车革命——展望2030》，汽车产业的收入由汽车销售、汽车后市场收入、持续性收入三部分构成，其中持续性收入包括分时租赁等用车服务、数据接入服务。随着人们对汽车观念的改变，收入池（Revenue Pool）三部分的比例从2016年的78.57%、20.57%、0.86%改变为2030年的59.70%、17.91%、

22.39%，其中持续性收入在收入池中的比例大幅增加，说明短期租赁从汽车使用这个角度在扩大其交通运输的功能。

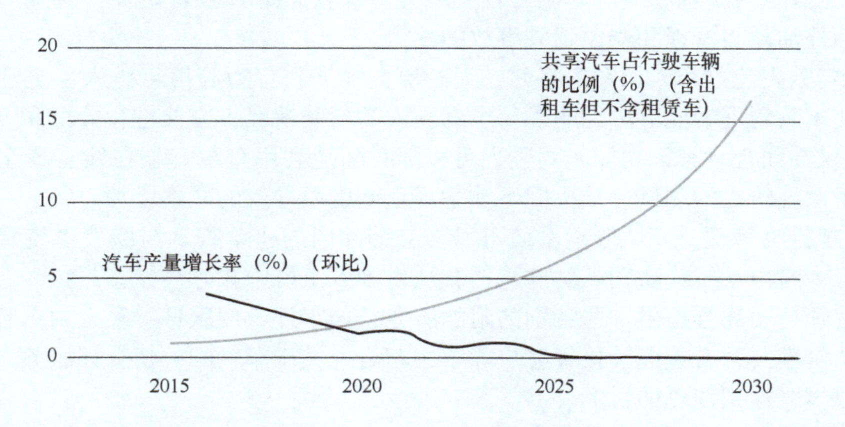

图 1-8　全球汽车产量增长速度和分时租赁增长速度的比较

来源：英国《经济学家》杂志 2016（The Economist）

汽车制造企业在车辆上预装基于车联网技术、自动驾驶技术的车辆使用系统、费用结算系统直接参与交通服务，租赁公司作为交通服务的车辆管理者或车辆资产的所有者作为汽车制造企业交通服务的一环。目前部分主要的汽车制造企业已开始自主品牌汽车的初级交通服务业务——分时租赁。

（二）车队管理（Fleet Management）

1. 什么是车队管理

车队管理就是为车队拥有者提供的一系列管理服务，包括车辆更新、维修保养、保险理赔、油耗管理、驾驶人管理等服务在内的一体化解决方案，其目的是让车队拥有者，比如物流运输企业将精力全部放在其主营业务上，减少在车辆本身上投入的精力和成本。车队管理业务主要包括：

（1）车辆管理　车辆管理这一部分主要借助车载远程管理系统（Telematics）实现，由远程管理系统从车辆上收集数据和信息并反馈给中央系统，实现实时监控和分析优化。车辆管理服务包括如下：

1）油耗（电耗）管理。通过数据分析车辆状况，通过规划运输线路、规范驾驶人驾驶习惯，提高单位油量（电量）行驶的里程数。

2）车辆维护管理。由专业技术人员负责车辆的维护和维修，定期进行预防性维护，避免车辆出现严重故障。此外，车队管理公司也会与汽车零件厂商达成合作，以较低价格获取维修零件，降低维修成本。

3）事故管理。为车队建立事故档案，及时通知相关部门安排技术人员进行维修，帮助客户向事故责任方要求补偿。

4）车辆管理与出售。车队管理公司可以帮助客户将报废或老旧的车辆进行出售，以获得一定收益。

（2）驾驶人管理　车队管理公司对驾驶人进行规范化管理，从人的角度降低运营成本和事故损失。驾驶人管理服务包括如下：

1）安全教育与培训项目。车队管理公司会对驾驶人进行教育培训，减少因驾驶行为不当导致的额外油耗与磨损和避免驾驶事故的发生。

2）为驾驶人建立个人档案。将驾驶人的历史数据和行为等信息导入系统建立档案并进行评估，使车队管理者能够更加明确每个驾驶人的驾驶情况，方便进行分配和业绩考核等。

3）提供在线规章查询功能。驾驶人可以随时随地利用车载终端在线查看车队的管理规定，并接受系统给出的测试，减少因不熟悉规章制度而导致的成本增加。

4）违规行为管理。车队管理系统可以与交警部门的违章查询与缴费系统相连接，在查询到违章行为时由系统代缴罚款，并将罚款从驾驶人工资中扣除。

车队管理公司还会提供一些特别的附加服务，如审计合规服务、私人用车管理等。总而言之，车队管理公司希望能够接管客户除了用车之外关于车辆的一切管理服务，通过专业化优势降低成本，达到双赢的目的。

2. 汽车租赁与车队管理

汽车租赁中以获得所有权为目的的逐步减少，融资租赁业务以获得使用权为目的的长期租赁业务逐步增加。这一趋势的直接成因有三：一是汽车作为资产的要素的减少，将汽车列为资产的需求下降；二是从融资成本——利率看，融资租赁高于贷款、按揭，融资租赁企业需靠服务与金融机构争夺客户；三是国际会计准则的调整使融资租赁在财务方面相对贷款的优势（表外融资）丧失。

鉴于此，长期租赁、融资租赁逐步推出车队管理业务创新，其特点是：客户不再谋求获得租赁车辆所有权，也不承担残值风险；汽车租赁企业提供包括车辆更新和调度、驾驶人管理等，以确保客户获得以车辆使用功能为核心的服务。

目前，车队管理服务在国外已经形成了较大的规模。根据全球第二大市场研究咨询公司Marketsand Markets的研究报告估计，截止到2020年，全球车队管理市场规模将从2016年的95.4亿美元增长到279亿美元，平均年增长率预计为23.9%。

作为车队管理业务的进一步延伸，一些租赁公司演变为物流运输公司，2018年美国500强按行业分类排行榜中共有71个行业，货运及卡车租赁行业有两个企业进入美国500强而位居行业排名64位，赖德系统公司是货运及卡车租赁行业全美500强的第387位。

【拓展阅读】

美国汽车租赁与交通运输

潘世奇货车租赁公司（Penske Truck Leasing）1969成立时仅做轻型卡车的租赁服务业务，1995年收购了一家运输公司后开始了物流业务。其后通过不断的收购，物流业务与租赁业务同步发展。2018年潘世奇货车租赁公司运营和维护着超过31.6万辆货车，在北美745个地方有超过2400个货车租赁地点，为物流运输企业商业运输和普通客户生活消费提供货车的全方位租赁服务、车队管理及二手货车销售。

1997年潘世奇货车租赁公司成立子公司潘世奇物流（Penske Logistics），该公司在北美、南美、欧洲和亚洲包括中国拥有415个分支机构。潘世奇物流的供应链和物流解决方案包括专用合同运输、配送中心和仓库管理、运输管理、主要物流、货运经纪和咨询。2018年潘世奇货车租赁和物流的收入约为84亿美元，在全球拥有超过36000名专职员工。

美国赖德系统公司（Ryder System）是美国最大的从事货运车辆租赁的企业，客户有从事货运业务的个体从业者、物流或货运公司，也有因搬家等临时需要的一般客户。该公司除了为一些在全球都有业务的跨国公司提供全球物流解决方案外，还为不同类型的客户提供为他们量身而做的各类业务，如车队解决方案（Fleet Management Solutions，FMS），为货运企业提供运输车辆的租赁，包括运输业务的订单、运输设备的维护等；供应链解决方案（Supply Chain Solution，SCS），为制造企业提供从原材料的采购、运输、半成品中转到最终产品交付到用户手中的全部服务；交单运输（Dedicated Contract Carriage，DCC），为一般客户提供的包括驾驶人、车辆、运输线路安排、装卸等所有运输过程的服务。

“9500名专业驾驶人、55ft^{2}的仓库空间、99%的准时交货率”。作为货车租赁企业，赖德系统公司管理着27.2万辆租赁车，但看到其介绍中的上述信息，你不认为它也是运输公司吗？

三、汽车租赁与信息技术

（一）汽车租赁信息技术的构成

汽车租赁信息化由以下三部分组成：

1）以互联网、各类通信平台为媒介，向客户提供信息查询、预订、结算等汽车租赁服务的电子商务系统。

2）汽车租赁企业建立在互联技术基础上处理各类信息和业务的信息管理系统。

3）给租赁车辆写入或提取相关信息并将其纳入汽车租赁信息系统的物联网技术，具体如图1-9所示。

1. 汽车租赁电子商务

汽车租赁电子商务交易对象是汽车租赁服务，交易双方是汽车租赁企业和承租人。自1996年赫兹开通第一个汽车租赁网站以来，汽车租赁电子商务迅速发展，现在客户可以通过互联网在家里或宾馆、机场等查询汽车租赁信息，预订租赁车辆，办理结算手续。也有类似于银行ATM的自动租车服务系统，如美国赫兹公司在很多机场建立了自动服务亭，通过该系统，客户可预订机票、旅馆和租赁汽车，还可以得知美国的天气信息、道路交通指南和重大新闻。欧洲汽车的网站经过升级，可以满足旅行社等汽车租赁代理商日益增长的通过互联网进行在线预订和信息搜索的需求。

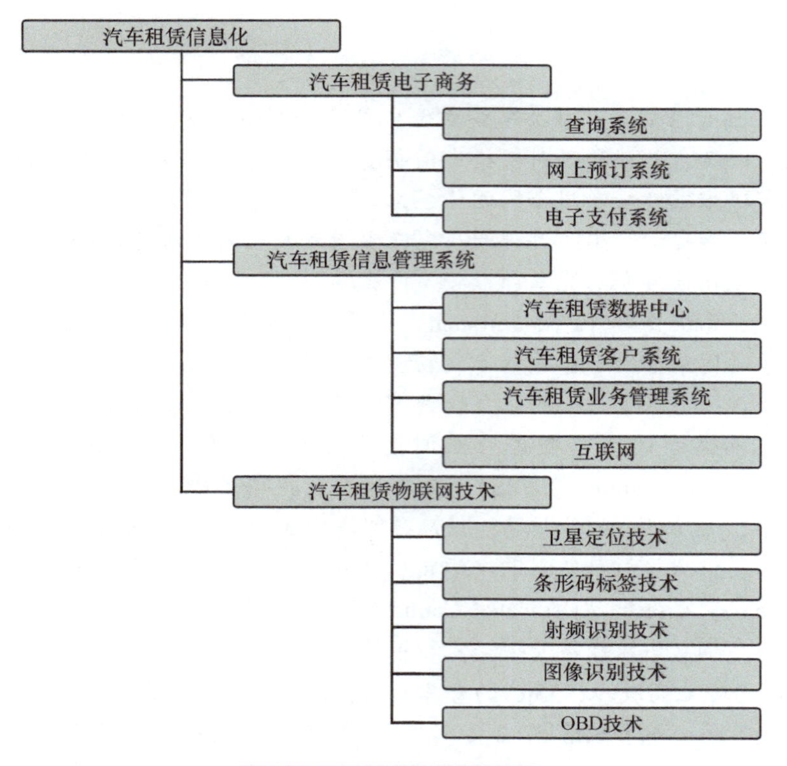

图1-9　汽车租赁信息化构成

汽车租赁电子商务在国外已经发展为第三方预订平台，国际比较知名的汽车租赁电子商务平台有Auto Europe，另外，Expedia、Travelocity、Orbitz等大型在线旅游电子商务平台也将汽车租赁作为其业务之一。

（1）汽车租赁电子商务发展的原因　汽车租赁具有可以预订、服务产品易于展示、交易过程简便等适合电子商务的特性；通过互联网与银行结算系统、公众信用数据系统的连接，汽车租赁可以实现网上租赁费用结算和信用审核，方便快捷效率高；汽车租赁电子商务为汽车租赁与关联业务，如航空、旅游和宾馆的融合提供了技术条件。汽车租赁与电子商务这些契合的关系使汽车租赁成为最早利用电子商务开展业务的行业之一，也是应用电子商务最成熟、最成功的行业之一。

（2）汽车租赁电子商务的功能

1）查询。通过互联网获得汽车租赁信息已成为汽车租赁的主要业务来源。多数汽车租赁企业都有自己的网站，也有从事汽车租赁中介业务的第三方网站，汽车租赁客户可以直接或者通过搜索引擎查到汽车租赁服务供应商，尤其是在第三方网站，可以对众多的汽车租赁信息进行比较、选择。

2）网上预订。网上预订和登记送车是电子商务对汽车租赁业务最重要的贡献之一，加上网上电子支付，汽车租赁可以实现网上虚拟门店，即客户通过汽车租赁电子商务，在互联网上选择租赁车辆和支付租赁费用、在家门口交接租赁车辆，足不出户完成租车全过程。

网上预订包括订制行程、选择车型、预订服务、最后确认四个步骤。客户在订制行程界面可以通过下拉菜单选择取车、还车城市和具体门店以及取车方式和租赁期限，通过日期列表和下拉菜单确定取车日期和时间后单击“下一步”进入选择车型阶段，依次完成上述四个步骤后即可提交租车订单。客户在接到汽车租赁企业的订单确认后，可以通过网上支付系统交纳送车定金和完成授权、结算等租金支付操作。

3）电子支付。汽车租赁企业常用的电子支付方式主要有网上支付、电话支付、移动支付和刷卡支付等。以汽车短期租赁业务为主的大型汽车租赁企业已经全面实现租车费用的电子支付。

与传统的支付方式相比，电子支付能够为客户节省时间、提供便利。通过电子支付，汽车租赁企业在资金管理上可以做到收支两条线，减少汽车租赁门店财务人员的配置，实现财务工作的集中管理，汽车租赁企业总部对各门店的管理手段得以强化，对各门店资金可以做到有效管理，避免资产的流失和浪费，有助于规模化汽车租赁企业的资金风险控制。

2. 汽车租赁信息管理系统

（1）汽车租赁信息管理系统架构　汽车租赁电子商务技术构架主要包括汽车租赁数据中心、汽车租赁客户系统、汽车租赁业务管理系统和互联网四大部分。图 1-10 所示为汽车租赁电子商务工作基本原理示意图。

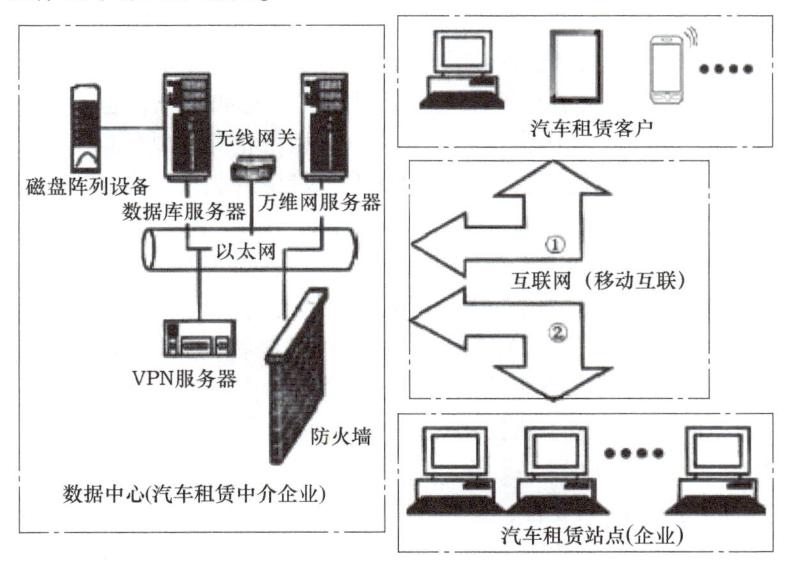

图 1-10　汽车租赁电子商务工作基本原理示意图

1）汽车租赁数据中心。汽车租赁数据中心主要有三个功能：①储存和处理租赁车辆、租赁客户、租赁合同内容等基础数据和动态数据；运行各种管理程序，计算和分析经营数据。②接受客户系统的查询和预订，并对已储存的信息处理后与客户确定最终预订（过程①）。③将最终预订信息传输给汽车租赁站点，并在租赁站点与客户签订租赁合同后记录该合同的动态信息；为汽车租赁经营人员提供各种经营数据查询和分析（过程②）。

2）汽车租赁客户系统。汽车租赁客户系统就是任何一台与互联网相连的终端如计算机、信息服务亭、智能手机等，客户通过该终端登录公开的汽车租赁网站，即可进入客户与汽车租赁企业互动的界面获得汽车租赁信息并进行汽车租赁预订、还车和结算。

3）汽车租赁业务管理系统。汽车租赁业务管理系统是汽车租赁业务人员使用的汽车租赁管理软件，其可处理汽车租赁日常业务并与数据中心进行数据交流。

4）互联网。随着现代科技的进步，包括移动互联、云计算等新技术，信息传输速度和数量大幅提高，是汽车租赁信息管理系统不断提升的基础。

（2）汽车租赁信息管理系统的功能　汽车租赁信息管理系统的主要功能通常包括以下七个模块：

1）租车、还车业务管理。租车、还车业务管理包括合同建立、结算以及合同执行过程中各种变动（如合同延续等）的信息更新。基于网络的租车、还车业务管理系统，通过租车信息、合同信息和结算信息的网上交换，可为客户提供异地还车服务。

2）租赁车辆管理。租赁车辆管理包括租赁车辆基本信息的建立与维护，车辆状态信息记录、检修安排以及车辆调度管理等。

3）交通违法行为信息管理。交通违法行为信息管理是指对车辆租赁期间发生的交通违法行为信息的记录与维护。

4）车辆安全监控管理。车辆安全监控管理是指基于车载卫星定位设备回传的信息对车辆的行驶轨迹、位置等进行监测，并在异常情况下报警。

5）门店管理。门店管理主要包括汽车租赁门店（含提车点）信息的采集、维护和管理。

6）客户管理。客户管理主要包括客户的基本信息、信用信息和车型爱好等。

7）统计分析功能。汽车租赁业务管理系统积累了大量的信息，包括客户信息、租车业务单证信息、各种事件信息和合作伙伴信息等。汽车租赁企业可以根据积累的信息资源进行各种数据挖掘和分析，为汽车租赁服务产品的开发、价格的制订与调整、市场宣传、车辆的购买和配置以及租赁网点布局的拓展等提供决策支持。

3. 汽车租赁物联网技术

（1）汽车租赁物联网技术的概念　物联网是新一代信息技术的重要组成部分，其英文名称是“The Internet of Things”。顾名思义，“物联网就是物物相连的互联网”。物联网的概念包括两层含义：①物联网的核心和基础仍然是互联网，是在互联网基础上的延伸和扩展的网络。②其用户端延伸和扩展到了任何物品与物品之间，进行信息交换和通信。具体来讲，物联网是通过射频识别（RFID）设备、红外传感器、卫星定位系统、地理信息系统（GIS）、激光扫描器等信息传感设备，按约定的协议，把任何物品与互联网相连接，进行信息交换和通信，以实现对物品的智能化识别、定位、跟踪、监控和管理的一种网络。物联网在汽车方面的应用被更具体地命名为车联网。

（2）物联网在汽车租赁中的主要应用　物联网在汽车租赁中的应用有以下五个方面：

1）卫星定位技术。卫星定位技术主要用于租赁期间的车辆跟踪。汽车租赁企业在租赁汽车内安装卫星定位设备，便于实时掌握车辆位置所在，提高应急救援和安全防范能力。

2）条形码标签技术。条形码标签技术主要用于对租赁车辆的身份识别。汽车租赁企业在其租赁汽车上粘贴一张条形码标签，在客户取车、还车的过程中，用手持式读卡器扫描该条形码标签，即可获取该车辆的身份信息，并与该车辆的订单关联，从而立即获取客户身份、租车时间等信息，达到简化取车、还车手续的目的。

3）射频识别技术。射频识别技术作为一种全新的自动识别技术，具有信息容量大、防伪性强、可重复使用等优点，呈现出逐渐取代条形码技术的趋势。国外大型汽车租赁企业通常将射频识别技术用于客户管理，如在汽车共享租车中，客户凭会员卡可打开车辆门锁，即可起动车辆，安装于车内的计时系统通过会员卡接收客户信息，客户将车还到指定地点，刷卡锁车后，计时系统识别会员身份后自动根据租车时间结算租车费用。

在汽车租赁机场门店等停车区域较大的网点，汽车租赁企业还可利用租赁汽车的射频标识，主动引导承租人停放车辆，进行规范的停车管理。

4）图像识别技术。图像识别主要是采用数学技术方法，对一个系统前端获取的图像按照特定目的进行相应的处理、分析和对比等。国外大型汽车租赁企业通常在车辆交接区域装有“360°汽车全景摄像”装置，用于租车、还车过程中的车况记录和对比，能有效避免汽车租赁企业与承租人之间不必要的纠纷。

5）车载诊断系统。车载诊断系统能随时监控发动机的各种工作状况，急加速和制动、急转弯等车辆驾驶情况。通过移动互联技术把工作状况数据、重力加速度数据上传到控制中心，一旦发现发动机工作状况、驾驶状况不正常，系统会马上发出警示。同时系统会将故障信息存入存储器，通过标准的诊断仪器和诊断接口可以以故障码的形式读取相关信息。根据故障码的提示，维修人员能迅速准确地确定故障的性质和部位。

（二）信息技术在交通服务（乘用车租赁）的应用

1. 短期租赁

首先，客户需要方便快捷地在信息海洋中寻找到自己需要的租车信息，包括时间、地点、车型、价格和租赁公司信息等。其次，汽车租赁的预订、客户、租车和还车、租金的结算等一线业务信息，以及车辆、车辆维修、救援等租后服务信息组成了海量动态数据，传输到汽车租赁业务管理系统后，需要及时并按照一定规则处理。所有这些，必须依赖电子商务和信息化的支撑。以下是美国赫兹租车的程序：

租车的第一步是预订，并冻结信用卡与租金等额的信用额度。第二步是在门店的取车信息 LED 屏查到自己的姓名及对应的号码，该号码也是停车位号。图 1-11 所示为赫兹租车信息电子公告栏及订车单信箱。第三步是在旁边的展板对应号码处取到自己的租车单。第四步是到停车场相应位置取车，车钥匙就在车内，车场出口有服务人员根据租车单复查所取车辆是否为所订车辆。

图 1-11　赫兹租车信息电子公告栏及订车单信箱

由于预订可以让汽车租赁企业及时、合理地调配租赁车辆，获得最大租赁率，所以企业以价格优惠、简化手续等方式鼓励客户预订，纽瓦克机场的客户95%都通过电话或互联网预订租赁车辆。

还车时，工作人员用手持装置扫描车窗上的条形码，获取系统中传来的车辆及客户信息后，手动输入公里数、油量及其他信息后打印收据，客户凭此到前台结账，同时业务人员即可检修车辆、加油、清洁以备下次出租。图1-12所示为业务人员使用手持装置办理车辆交接业务的照片。

图1-12　业务人员使用手持装置办理车辆交接业务的照片

柜台旁还设有自助式设备，已下订单客户到店后直接通过该设备扫描驾驶证并打印租车单，然后按相关信息在停车场自助取车。还车时，客户扫描驾驶证并在自助还车机上完成还车手续，钥匙可留在车内，也可放入营业厅的钥匙箱内。图1-13所示为赫兹汽车租赁公司自助取车、还车装置。

图1-13　赫兹汽车租赁公司自助取车、还车装置

2. 分时租赁

分时租赁的车辆多停在居民区、办公区、商业区的路边或公用停车场而没有专用站点，

其最大的特点是租车、还车、结算自助完成不与业务人员面对面办理业务手续。分时租赁的基本过程如下：

1）注册。通过手机 APP 或网站注册登记，成为其会员。

2）寻车。客户通过手机 APP 或网站寻找待租车辆并对该车提出预订。

3）上车。找到已预定的车辆后通过手机 APP 或会员卡打开门锁，车内有车钥匙（图 1-14）。

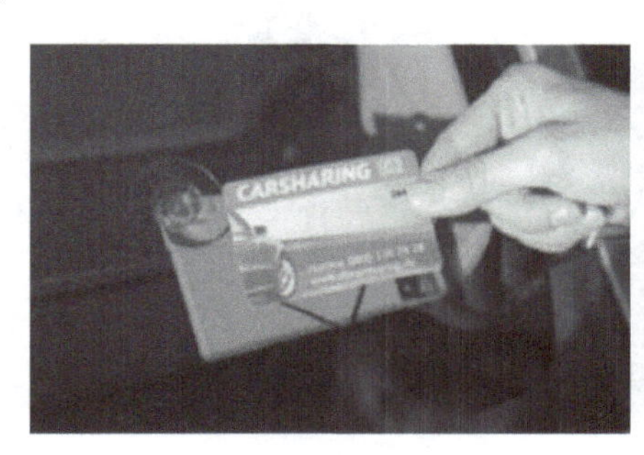

图 1-14 分时租赁开车过程

4）出发。向车内控制系统输入密码并起动汽车，车上的电子系统启动记录并向管理中心传输租赁车辆行驶里程、行驶时间等信息并可保持车辆与管理中心的通信联系。

5）停车。到达目的地后，将车停在指定的停车位，熄火。锁好车并将车钥匙留在车内，用手机 APP 或会员卡感应装置自动锁车。管理中心通过车内电子系统记录租车过程和租车费用并结算。

上述业务的车辆定位、订单分配、租金计费和收付、行驶状态监控等业务环节都是在无人值守状况下完成的。分时租赁的业务完全建立在汽车租赁信息技术的基础上。

（三）信息技术在车队管理（商用车租赁）的应用

目前欧美等地区的商用车融资租赁、长期租赁主要以车队管理形式开展业务，上述服务主要依赖于以卫星定位、车载诊断系统（OBD）为基础的车联网技术。

车队管理的定义是：为车辆使用方提供包括车辆更新、维修维护、保险理赔、车辆调度、驾驶人管理等车辆全寿命周期资产管理和驾驶人管理服务。通过车队管理可以为车辆使用方降低车队运营成本，提高管理效率。车队管理的主要业务如下：

（1）位置控制　车辆位置控制系统即 GPS 定位系统，能解决“我在哪里”的定位问题。包括车及货物安全、电子围栏和区域控制功能。

（2）状态管理　状态管理功能可以对车辆的燃油、科学行车、规范操作、出勤考评信息记录并反馈。

（3）远程诊断　远程诊断是提高车辆出勤率的常见手段。系统通过远程诊断，判断车辆故障点、故障模式，提前预判车辆可能发生的故障，缩短救援与故障维修的时间，记录维护信息。

（4）驾驶人行为规范　通过对急加速、急制动、急转弯、百公里急制动次数等驾驶行为的监测规范驾驶人行为，减少交通事故隐患，减少不良驾驶造成的成本增加。

图 1-15 所示为信息技术在车队管理业务方面应用的框图。

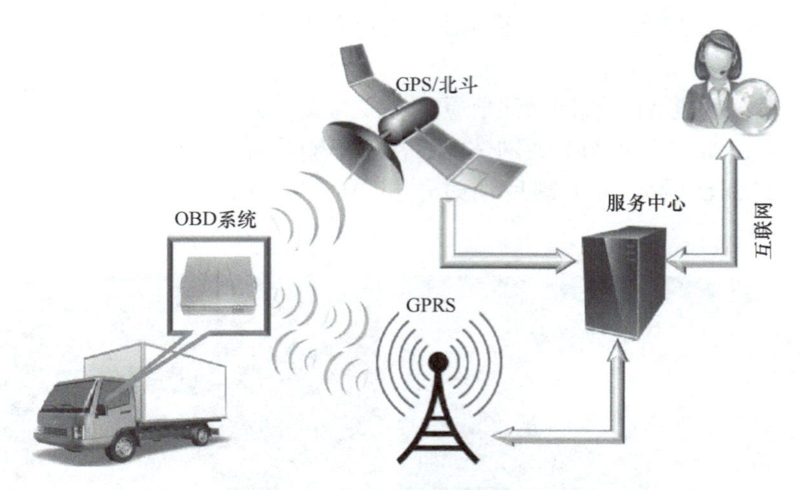

图1-15　信息技术在车队管理业务方面应用的框图

四、汽车租赁与收益管理

（一）什么是收益管理

收益管理（Revenue Management 或 Yield Management）最早起源于20世纪80年代，美国允许航空公司自行定价后，航空公司发现如果定价高了，往往会有一些空座位白白浪费，如果价格定低了，虽然满员，总收入却有限。如何将空座位在起飞前卖出去成为航空公司要解决的问题。简单思路是首先预测出在标准定价下会产生多少空座位，其次以提前预订等限制条件，向特定的顾客以较低的价格销售空座位。这就是收益管理的基本原理：细分市场、建立价格藩篱、以不同价格向不同客户销售基本相同的服务。

收益管理是一种用于制订最佳定价方针的手段，而最佳定价方针能够使销售或服务产生最大利润。收益管理也称为“效益管理”或“实时定价”，它主要通过建立实时预测模型和对以市场细分为基础的需求行为进行分析，确定最佳的销售或服务价格。收益管理实际上是一个很复杂的系统，它包括了多种管理策略。收益管理开始由航空公司开发，目的是以最大赢利方式分配一趟航班的座位，以达到固定能力来匹配各细分市场的潜在需求。

收益管理在目前高度竞争的环境中在商业领域得到了广泛应用，特别是在航空、宾馆和汽车租赁行业。任何一个汽车租赁公司，都不会僵化地执行一成不变的价格标准，例如，车辆状况相近的帕萨特，对客户甲的租金是4500元/月，对客户乙的租金是4000元/月，对客户丙的租金可能是2500元/月。这种对同一车型实行不同甚至差别较大的定价办法十分普遍，它既可留住某些肯付高租金的客户，又可以一定限制条件用优惠价格招揽更多客户，通过不同租金的组合，获得最佳收益，这就是汽车租赁行业对收益管理的朴素理解和原始应用。

（二）收益管理的核心

收益管理的核心是价格细分，也称为价格歧视（Price Discrimination），就是根据客户不同的需求特征和价格弹性（Price Elasticity）向客户执行不同的价格标准。这种价格细分采用了一种客户划分标准，这些标准是一些合理的原则和限制性条件，如租期的长短（日租、月租、年租）、租金的支付方式（先付、后付、一次性支付、分期支付）等。这些标准一方面使那些价格弹性高（High Price Elasticity）的客户在某些限制条件下享受低价；另一方面那些价格弹性低（Low Price Elasticity）的客户愿意付全价。这种划分标准的重要作用在于：通过价格藩篱将那些“愿意并且能够消费得起的客户”和“为了使价格低一点而愿意改变自己消费方式的客户”区分开，最大限度地开发市场潜在需求，提高效益。

在未实行价格细分之前，仅有一个价格，在需求曲线上表现为点 A，其纵坐标 P 和横坐标 Q 分别是租金价格及其对应的客户数量，则此时的收益为租金标准和客户数量的积，如图 1-16 所示。

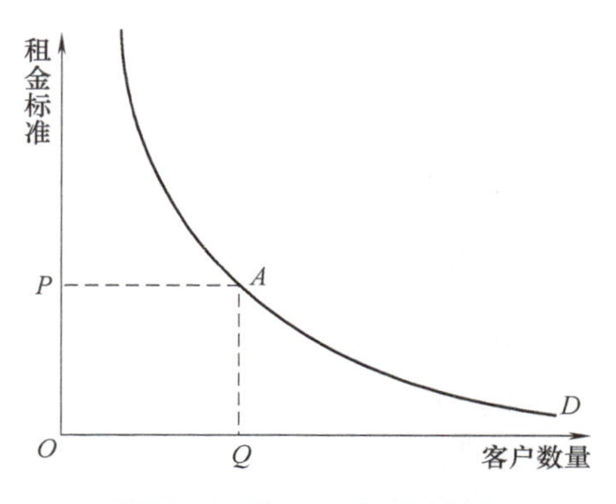

图 1-16　汽车租赁需求曲线

结合图 1-16 解释价格细分：同样以帕萨特为例，4500 元/月的租金（P）确实令租赁公司满意，但只有外企等少量客户（Q），所以租赁公司的收益为需求曲线下的面积 $PAQO$。这就是未进行价格细分的收益。

但是，如果在保持 4500 元/月（P_1）的租金、Q_1 个客户这个市场外，进行价格细分，开发能够接受 3500 元/月租金（P_2）的个人客户市场，获得 Q_2 个客户。那么公司的收益就是需求曲线下的面积 $P_1BQ_1O + P_2CQ_2O$。显然，同样是帕萨特，经过价格细分后的收益比未价格细分要高。当然，价格细分越充分，收益越高。收益管理原理示意图如图 1-17 所示。

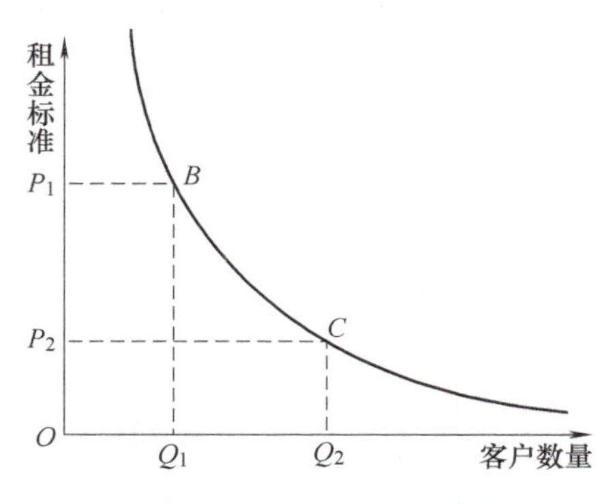

图 1-17　收益管理原理示意图

价格细分存在于某一销售商按照不同价格销售同一产品时。需要强调的是，产品是指包括非具体形态物质在内的各类服务。从理论上讲，价格细分是市场垄断的特征。如果没有垄断市场，那么必须具备防止价格细分导致折扣市场形成的手段，比如利用价格藩篱（Rate

Fence），将原来只有一个价格的市场分割成若干个彼此独立的市场，每个市场的价格不同。价格藩篱实际上是确保顾客难以比较价格或严格控制价格信息的手段，具体而言就是会员制、特定条件的优惠租车等。

收益管理至今已经形成比较成熟的管理工具，其通用和专业的相关软件广泛应用于民航、饭店、汽车租赁的销售、预订系统。使用汽车租赁收益管理软件时只要输入某些参数，软件就会提供具体的某辆车的定价方案，汽车租赁企业不再为如何确定租金、如何把握优惠程度等耗费精力了。

（三）适用收益管理行业的特征

并不是所有行业都适合使用收益管理理论提高收益，只有具备以下几个特征的行业，才能通过收益管理有效地提高收益。

（1）存货时效性强　存货时效性强的企业销售的是一过保质期或超过某一时间限制就没有任何价值的产品或服务，同时通过销售产品获得收益的机会也随之永远消失了。没有预订的飞机座位或假期宾馆在航班起飞或假期过后没有任何剩余价值；虽然汽车停放在停车场没有形态上的任何变化，但没有租出去，就没有任何收益。这就是“零营业额库存”的概念。最具代表性的行业就是服务业，不可储存性是服务业最重要的特性之一。

（2）需求随时间而变化　需求曲线随时间、日期和季节的不同而不断波动。汽车租赁在春季，“黄金周”需求高涨；在其他季节需求低迷，其市场波动曲线非常稳定和鲜明。相反，粮油、日用品等生活必需品就极少随时间而波动。

（3）可变的需求和不可变的生产能力　市场需求频繁波动，或低于或高于生产能力。但生产能力的资源基本恒定，生产能力是刚性的，在短期内无法根据供求情况改变自己产品的产量。如果要调整生产能力，需要付出很大代价。

（4）固定成本高，运营成本低　最初的投资十分巨大，但是每额外销售一单位产品，可变成本却很小，甚至可以忽略不计。在这类部门，通常可以用在价格不变的前提下额外赠送的办法吸引客户，赠送的部分最高可达总值的20%。因为产品或服务的成本受销售数量的影响很小，比如饭店行业，额外奉送的房间所消耗的成本（如房屋清洁和相关服务的成本）占总成本的比例可以忽略不计，而总成本中的主要部分人员工资、房屋建筑的折旧是固定的，与销售数量的关系不显著。据北京饭店协会统计，五星级酒店房价上千元，一个房间的单日成本只有100元，其中毛巾和床单的清洁费用为30元，供暖、照明、磨损折旧费为15元，房间服务员的工资大约是每打扫一间房12元，而清洁用品只要3元钱。汽车租赁也同样如此，相对于计提折旧、保险和场地费用等固定成本，车辆租赁所发生的营业费用、车辆磨损和里程损耗等运营成本几乎微不足道。

（5）价格是强有力的杠杆　基于上一个因素，经营者具有充分利用价格作用的空间，通过价格调控对增加营业收入有非常巨大的影响。通常价格的1%变化，就会放大成为总收入10%～20%的变化。多数情况是单价下降，总收入上升，或单价上升，总收入下降。

（6）可以细分的市场（Segmentable市场）　产品的购买者可以根据对产品特性的需求或价格敏感程度的不同而细分为不同的群体。

（7）产品或服务可以提前预订　产品和服务的规格比较少、性能指标比较明确，便于客户用简单的名称确定产品和服务。此外，客户的需求有计划性，便于企业安排产品或服务供应。

（四）收益管理系统

1. 什么是汽车租赁收益管理系统

汽车租赁收益管理系统是利用收益管理原理提高汽车租赁租金收益的计算机应用程序，它可以是可独立使用的软件，也可以是汽车租赁信息管理系统的一部分。它根据预先输入的主要参数和一定规则、程序，对汽车租赁信息系统的大量业务数据进行处理，生成各类报告、图表。这些报告、图表是一系列价格及与之对应的销售条件，如在某阶段对某些客户提供某种价格，在某时刻取消某种价格的建议。由于这些建议都是基于对汽车租赁信息管理系统的大量数据分析提出的，自然，这些建议也是动态的，如每天或者每周，收益管理系统会在规定时间提出建议报告。总之，汽车租赁收益管理系统是在大量数据分析的基础上，细分市场并设置销售条件，使租金收益最大化的工具。

当收益管理系统是汽车信息管理系统的一部分时，通过收益管理调整的经营数据，如各种车型的定价、租金收入等会自动进入信息管理系统。如果收益管理系统是独立的软件，那么调整后的信息需要人工输入信息管理系统。

收益管理系统和汽车租赁信息管理系统构成一个信息闭环，调整后的经营数据反馈到数据库后再作为收益管理系统的分析数据，这个信息闭环有一个开口，由操作人员输入修正参数。操作人员通过衡量汽车租赁收益管理效益的实际指标验证其输入参数的正确性，并不断调整参数，使收益管理逐步达到最大化。

2. 汽车租赁收益管理系统的主要功能

（1）定价　收益管理在定价方面有以下两个应用：

1）挂牌价。收益系统经过运算后提交一个公共报价，这个价格是没有条件限制的公开价格，相当于门市价，也是汽车租赁企业对外广告宣传所用的价格。一般而言，挂牌价也是最高价格。

2）细分价。根据设定的参数，收益管理系统会提交若干个细分价及其对应消费条件和客户条件。细分价格是以挂牌价为基础的优惠价格。

以上报价都是阶段性的，只要操作人员输入新的参数，收益管理系统都会给出新的报价。

（2）预测　收益管理系统能根据数学模型和各种参数，推算未来市场的需求。预测的内容包括未来某时间节点或阶段的宏观市场和各细分市场的需求、预订变化情况、租期和租赁车型变化情况、出租率、租金收入等经营指标。收益管理系统还可以编制每日、每周、每月的收益管理效益的预期目标，如出租率、平均租金标准、租金收入等，以便管理人员掌握收益管理定价策略的实施效果，及时调整定价策略。预测准确度对收益管理的效果有很大影响，如果预测误差能减少 20%，则收益管理能使收益增长 1%。

3. 汽车租赁收益管理系统基本运行程序

收益管理的计算机应用程序已经商品化，有类似用友那样的财务通用软件，也有定制的专用软件。这些软件都有比较友好和方便的界面，操作人员只要按照一定程序输入所要求的参数，即可运行定价和预测功能并生成所需要的报告和图表。

（1）输入主要参数　在收益管理系统执行定价功能之前，操作人员需要首先向系统输入修正标准数学模型运算结果的参数和根据企业需要设定的参数。而这些参数是在收益管理系统提供的相关报告、图表的基础上确定的。这些参数如下：

1）影响需求变化的重要事件及等级。如类似“非典”、灾害性地震这样的负面最大影响为0，奥运会这样的正面最大影响为10，其他如节假日、重要活动和经济事件、政治事件等可以将其影响程度设为相应等级。参数越细，分类越准确，收益管理系统的结果越准确，有些参数甚至包括竞争对手的主要变化，如主要管理人员、门店和车型的调整等。

2）市场需求等级。根据历史数据，把市场需求按照出租率的不同，分为若干个等级，如5个等级：高峰季的出租率为100%～85%，常季的出租率为85%～70%，淡季的出租率为70%～55%，低谷季的出租率为55%以下，特别事件期间出租率为0。

3）各市场需求等级的挂牌价。根据收益管理系统的报告和相关图表，企业确定与市场等级对应的挂牌价。例如，某车型高峰季的租金为450元/天，常季的租金为350元/天，淡季的租金为250元/天，低谷季的租金为150元/天。

4）细分市场及条件。根据收益管理系统提供的数据，尽可能地细分市场，并制定科学的销售条件（价格藩篱），防止细分市场价格成为无条件的销售价格。

5）各细分市场最高出租率和最高平均租金。当收益管理系统分析预订、库存、市场价格等情况后，将该参数、距离订单执行日的天数作为调整各细分市场车辆供应量的重要指标。例如，某价格高的细分市场出租率高时，就减少某价格低的细分市场的供应量，甚至关闭该细分市场。

6）市场价格。由于汽车租赁市场透明度极高，定价必须在市场价格的一定范围内浮动。故市场价格和主要竞争对手的价格是重要参数。

7）距离订单执行日天数。对于比较常用的以预订时间为限制条件的细分市场，距离订单执行日天数是非常重要的参数。一般距离订单执行日天数越短，可租车辆越少，当达到临界值时，系统会提高挂牌价或关闭某细分市场。

8）租赁车库存量。“物以稀为贵”说明了价格和数量的关系，所以租赁车库存量是收益管理系统定价的最直接参数。当然，准确预测未来某时段库存量才是收益管理系统的重要所在。

上述参数中，2）、6）、7）、8）四项参数对收益管理系统准确度影响最大。7）、8）两项参数是收益管理系统自动生成的，不需要人工输入。

（2）调入并分析数据库数据　收益管理系统自动从汽车租赁信息管理系统的数据库调入各类信息，运行数学模型进行分析。

（3）执行分析结论　执行分析结论主要有两部分，一是为企业确定参数提供依据，如报告、图表，二是根据数学模型、设置参数、预订数据和历史数据，结合输入的各种参数，启动价格触点，自动或建议调整根据市场等级设定的价格，关闭或启动某个细分市场。当起点价格预订数量的目标达到后，挂牌价会自动提升一个等级。

图1-18所示为计算机收益管理系统运行框图。

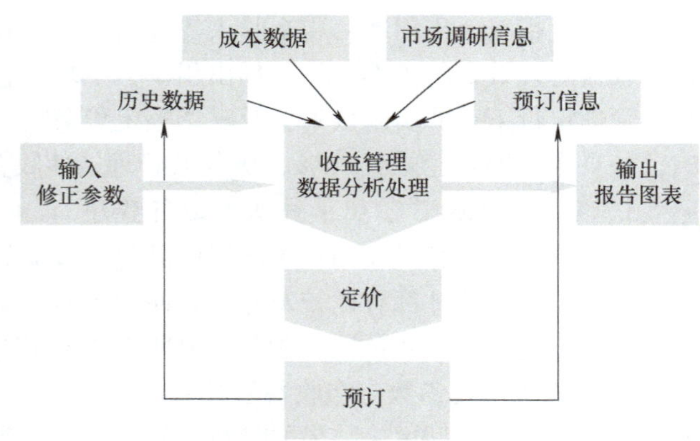

图1-18　计算机收益管理系统运行框图

学习小结

通过对本单元相关知识的学习，小张知道汽车租赁的运用场景包括消费者、物流和运输企业、企事业单位业务的购车、用车、出行。小张可以根据不同用户的不同需求向客户提出不同的汽车租赁解决方案。

思考题

1. 为什么开展融资租赁业务的汽车租赁企业不享受投资税收减免？
2. 未来汽车长期租赁发展的主要特点是什么？原因是什么？

[模块二] 汽车租赁业务

概述

本模块介绍汽车租赁服务的业务流程和业务操作内容，考虑行业惯例，以下简称汽车租赁服务为汽车租赁。

汽车租赁涉及风险控制、道路救援和保险理赔等方面，包含资格审核、合同签订、费用收取、车辆交接、租赁管理、租后服务、终止合同和车辆整备等环节，双方权利、责任界定复杂，因此严格缜密的业务程序十分必要。本模块从汽车租赁业务程序操作内容、车务管理、汽车租赁合同及管理三个方面向大家介绍汽车租赁的业务工作内容。风险控制、法律事务同样也是汽车融资租赁的重要操作程序，将在本书模块五作为独立章节介绍。本模块所引用的参数（如计费标准等）虽引用于部分企业，但基本反映行业平均水平。

通过本模块的学习，学生基本能够胜任汽车租赁服务的业务工作。

情景导入

小张作为一家具有汽车租赁服务、汽车融资租赁等多领域业务的大型汽车租赁集团公司的新员工，首先在汽车租赁服务业务的短期租赁业务部开始实习。部门领导告诉小张，汽车租赁服务的基础是短期租赁，只要掌握了这个部门的所有业务，基本就可以胜任汽车租赁服务的所有业务工作了。

单元一 汽车租赁业务程序操作内容

学习目标

1. 了解组成汽车租赁流程的各业务程序及其关系。
2. 重点掌握汽车租赁主要业务程序的内容和技能。
3. 能根据各业务程序的描述完成汽车租赁业务流程的各项业务工作。

学习指导

汽车租赁的特征是向承租人交付使用权，即将汽车租赁公司的资产——车辆置于承租人的控制之下，其潜在风险就是车辆被非法处置、车辆受损。同时汽车租赁也是服务过程，也需要保证服务质量。上述两点需要建立严格的业务操作程序和严谨、完善的业务操作内容。

图 2-1 所示为汽车租赁业务流程图。

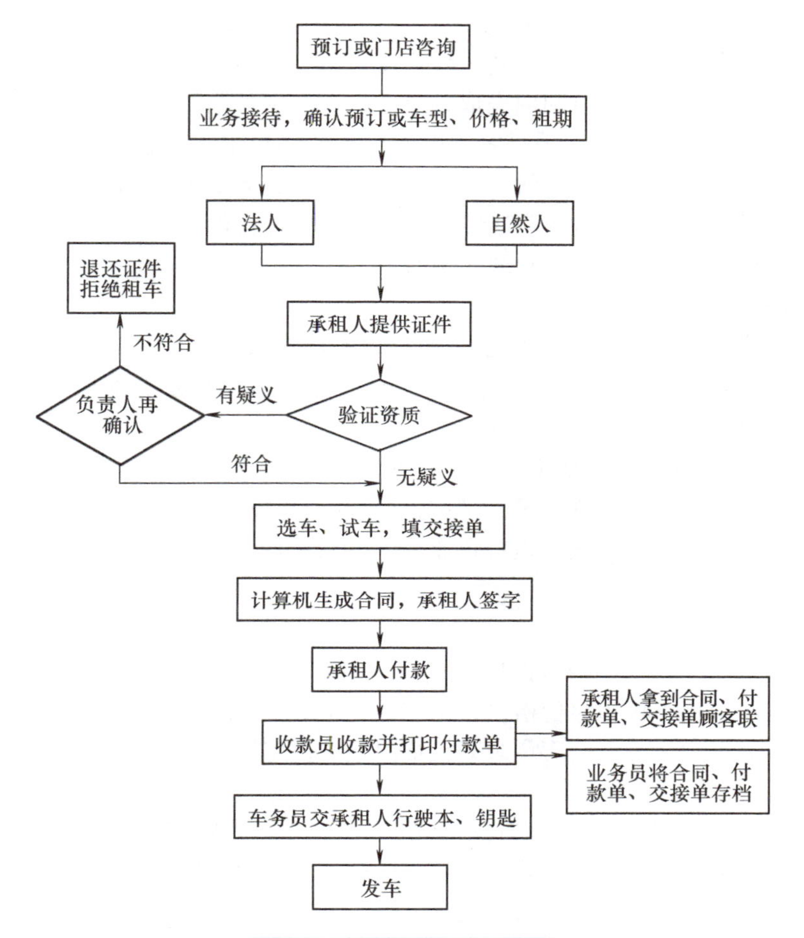

图 2-1　汽车租赁业务流程图

相关知识

一、预订

（一）预订方式

（1）在线预订　在线预订是指客户登录汽车租赁企业的网站，按网页提示进行预订。也有第三方汽车租赁预订网站（如携程、美团，滴滴），为不同汽车租赁企业提供面向客户的预订渠道。

（2）手机客户端预订　下载客户端，通过手机租车客户端或者直接用手机访问租车公司网站，进入手机预订系统，按首页提示进行预订，会员登录即可。

（3）门店预订　客户可在租车门店由门店人员协助预订，或直接选租车辆。

（4）电话预订　客户可致电汽车租赁企业预订中心或客户服务中心，由客服人员协助预订。

（二）预订规则

（1）预订费　通常预订不收预订费。但部分优惠价格租车项目或预订重点节假日期间用车，一般则需要客户支付部分预订费，约为租金的10%～30%，结算时预订费冲抵租金。个别特殊订单需要客户在约定时间内完成预付操作，否则订单将自动失效。

（2）订单生效　通过网站、手机客户端预订的，客户单击“确认”键后，订单立即生效。到门店预订的，签订订单后生效。一般仅对会员开放电话预订，对于非会员或初次租车客户，一般只能通过网站、手机或门店预订。订单生效后，汽车租赁企业为客户预留所订车辆，并在取车前短信、电话提醒客户取车事宜。

（三）订单取消规则

（1）无预订费订单　汽车租赁企业应有相应的优惠政策，鼓励客户按时执行订单。如果承租人在没有通知汽车租赁企业的情况下取消订单，汽车租赁企业应向客户提出违规告诫，并取消该客户的相应优惠待遇。

如果订单生成后2h内客户取消订单，不视为违规。

（2）有预订费订单　非汽车租赁企业原因导致订单取消或未履行的，一般情况下预订费作为违约金不予退还；如因汽车租赁企业原因取消预订，预订费退还客户。

（四）订单修改规则

1. 于取车前修改订单

（1）无预订费订单　订单修改时间距离取车时间在6h以上的，有剩余车辆的情况下可以修改，但将重新计算车辆租金价格；订单修改时间距离取车时间不足6h的，订单不可以修改；但在门店取车时，可视门店剩余车辆情况经协商修改订单信息，车辆租金价格将重新计算。

如订单生成时间距离预计取车时间不足6h，在订单生成后2h内，在有剩余车辆的情况下，客户可修改订单，同时重新计算车辆租金价格和订单总金额。

（2）有预订费订单　原则上不能修改。

客户在预订取车时间前取车的，租期按实际的取车时间起算。

2. 取车后修改订单

客户可修改的项目有还车时间、变更还车门店和变更还车方式。上述变更应于预计还车前24h告知汽车租赁企业。

3. 提前或延时取车

提前或延时取车超时0.5h的，取车时间按照实际取车时间计算；超过预订取车时间0.5h或已过门店营业时间仍未取车的，汽车租赁企业应主动联系客户，根据联系结果取消订单或保留车辆。保留车辆的，视为修改订单。

（五）因汽车租赁企业原因调整订单

汽车租赁企业因自身原因无法向已成功预订的客户提供车辆时，按以下规则处理：

（1）沟通　就车辆安排情况和客户电话沟通，协调订单修改事宜。

（2）替换　向承租人提供同等或高一等级的其他类型车辆，或建议客户到其他门店提车。

（3）补偿　如通过各种方式仍然无法提供车辆，业务人员应及时向客户电话说明、致歉，并按以下方式进行补偿：

1）已预付租金的，退还客户已预付金额。根据各公司情况，酌情给予其他补偿，如消费积分、免费用车天数等。

2）未预付租金的，根据各公司情况，酌情给予相应的补偿。一般为赠送免费或优惠用车天数。

（4）注意事项　如多位客户需要替换高一等级车辆，优先给租期短、会员等级高的客户替换。

坚决杜绝客户上门时才发现没车的情况，如出现这种情况，先满足已上门客户，再通过其他办法，处理后续订单。

二、客户接待

（一）业务人员的要求

接待服务员工需要经过岗位培训，掌握必要的礼仪和业务知识，上岗时应该统一着装，佩戴标志，仪表整洁，举止文明，礼貌待客。

（二）接待工作的主要内容

1. 确认客户身份和订单

首先确认客户是否预订，核实客户与预订人身份是否一致。其次确认客户预订内容，如租赁车型、租期、租金和付款方式等，如客户没有预订，进入下一步骤。

2. 介绍服务项目和内容

全面准确地介绍经营服务项目、价目和租车手续。在介绍租车价格时，特别要向客户说明，常规租金标准和额外收费项目。同时要帮助指导客户选择车型、测算费用，确定租用车计划，涉外接待服务要遵循涉外礼仪，提供租车咨询外语服务，配备外文查询资料。

3. 达成租赁意向

经与客户沟通，达到租赁车型、租期、租金和付款方式等合同主要内容的一致，进入下一步骤。

三、承租人身份核实

（一）主要工作

1）通过查询、验证等方式确定承租人提供资料的合法性和真实性。

2）准确记录承租人提供的联络方式，如营业地址、住址和电话等信息。

（二）审核证件

1. 承租人为自然人

承租人为自然人时，应年满20岁，并提供身份证明、信用卡和驾驶证。设置承租人年龄限制，主要是汽车租赁企业为确保驾驶人具有一定的驾驶经验，减少交通事故和车辆损坏的概率。

（1）身份证明　承租人根据身份的不同，分别提供有效身份证明。

1）境内客户提供中华人民共和国居民身份证。

2）港澳客户提供港澳居民来往内地通行证（回乡证）。

3）台湾客户提供台湾居民来往大陆通行证（台胞证）。

4）外籍客户提供护照、签证/居住证（需在国内办理国内有效驾驶证）。

（2）租车人国内有效驾驶证　驾驶证应准许驾驶所租车辆并在年检有效期内。

（3）本人有效信用卡　有效信用卡是指有效期内的中国国内银行发行的信用卡，或国外银行发行的带有 VISA、Master Card、JCB 标志的外卡。

也有汽车租赁企业接受承租人使用借记卡。

2. 承租人为法人

汽车租赁的承租人可以是企业、事业单位等法人单位，也可以是国家机关等非法人团体。

1）身份证明。法人单位提供三证合一的营业执照副本、社团法人登记证。非法人单位提供上级单位的介绍信。

2）经办人身份证明。租车单位开具的委托经办人办理租车事务的委托函、经办人身份证、法定代表人身份证。

3）租赁车辆驾驶人驾驶证。

（三）身份核实方法

其他身份核实的注意事项详见“模块五　汽车租赁风险控制及法律事务”。

如客户已通过预订提交了相关身份信息，并且是会员，可以简化身份核实手续，仅核对身份证或驾驶证即可。

四、计价

在签订合同前，业务人员应向客户详细介绍租车费用的构成和计算方法。

承租人租赁汽车需要支付的费用包括租金、保险费用、超时费、超程费、增值服务费和其他费用。

1. 租金

租金是承租人为了获得租赁车辆使用权及相关服务而向汽车租赁经营者所支付的费用。通常包括车辆使用费、折旧费、保险费、维护费和企业预期利润等；非承租人责任导致的维修费、替换费、救援费和合同约定的其他服务项目的服务费等。

租金金额为租金标准（单价）乘以租期。租金标准为单位时间租车价格，租金标准的单位为元/年、元/月、元/天、元/h。

租金具体定价的有关内容见“模块四　单元四　汽车租赁定价营销调研”。

注意，此处的保险费是指租赁车辆投入运营时，汽车租赁企业投保机动车交通事故责任强制保险（以下简称为“交强险”）、车辆损失险、机动车辆全车盗抢险（以下简称为“盗抢险”）所支付的保险费，这三个险种是行业通行的最低投保标准。

2. 保险费用

通常，汽车租赁企业仅给租赁车辆投保交强险、最低保额的第三者责任险、有免赔的车辆损失险和盗抢险。发生意外时这些基本保险难以分担承租人损失，如交强险对第三方的财产损失赔付上限为2000元，医疗费最高赔偿为10000元。车辆损失险只赔偿所有应赔偿总金额的80%～95%，盗抢险仅赔付车辆实际价值的80%。为了弥补基本保险的不足，汽车租赁企业可投保赔偿额度高和可全额赔付的保险，当然，客户需要支付额外的保险费用，一般是按天计算，如 50 元/天。

3. 超时费

超时费是指租赁汽车的使用时间超过合同约定的租期但不足一个收费周期，承租人依照合同约定标准，向汽车租赁经营者支付超时部分的费用，金额为超时费率乘以超时时间。

4. 超程费

超程费是指租赁汽车的行驶里程超出合同约定数额，承租人依合同约定标准根据超出部分的里程数，向汽车租赁经营者支付的费用，金额为超程费率乘以超出行驶里程的数值。

5. 增值服务费

增值服务费是指承租人由于需要异地还车服务、儿童座椅等个性化增值服务而所应支付的费用。

6. 其他费用

（1）交通违章费用　车辆租赁期间产生的违章，由客户自行负责。客户还车时，需按一定标准支付违章押金，还车后 30 天并结清违章等所有费用后，退还剩余押金。

（2）燃油费　客户归还车辆时，油量不低于出车时油量。如果还车时油量高于出车时油量，汽车租赁企业应以现金按多出油量的市价退还；如果还车时油量低于出车时油量，客户除需按当地油费标准支付燃油费用外，还需另外支付一定数额的加油代办费。

（3）加速折旧费　若车辆发生严重事故（第三方全责造成的事故除外），维修费用金额超过一定数额，客户需另付车辆维修费总额的 20% 作为加速折旧费。

（4）随车物品损失　车辆归还时，车辆及随车物品应完好无损，对因客户租车期间所造成的随车物品损坏或遗失，客户需照价赔偿。

五、签订租赁合同与告知

租赁合同是租赁双方就租车、用车、收费以及相应权利、义务签订的合同，双方租赁意愿和约定事项必须通过签订租赁合同予以确认。告知是指企业向客户交付车辆时以书面和口头形式说明承租人的车辆正确使用、安全驾驶和检测、维护救援等租后服务事项，以及需要特别声明的其他问题，是必须履行的程序和义务。

业务人员请客户共同确认合同内容与客户需求或预订确认单内容相符、租金标准、承租人信息等条款无误后请客户签字。

【实例分析】

签订合同话术举例

“您好。”

“您好。”

“这是合同和验车单。合同是市工商局和市运输管理局联合制定的汽车租赁合同的范本，请您看一下，前面是细则的内容，后面有条款，这里面主要规定了车辆保险、救援服务和需要注明的内容，您看一下，这是保险、救援还有违约的内容。请再核实一下合同和验车单中您、车辆、租金和租期等信息。”

“好的，没问题。”

“如果您没有其他问题的话，咱们去看车。”

“车辆还满意吗?”

“满意。”

“这里还有一份租赁车辆的租用告知书，里面主要规定了车辆的驾驶安全、使用说明、车辆保险和救援情况，您详细看一下。”

“好。”

“可以吗?”

“可以。”

“一式两份，请您在这边签个字，还有告知书也要签字。”

“好的。”(客户在合同和告知书上签字)

“那我们这个合同就生效了，合同请您留好。还有这份告知书，两份请您留好。”

“可以了。”

“谢谢。”

企业应当完整保存已经签订的租赁合同、书面告知书和增补条款以及担保书、授权经办书等附件资料，在合同履行过程中，还可能出现合同事项变更、续签或提前终止等情况，相应的资料也应当完整保存，这些资料的数据、信息都要录入计算机，实行信息化管理。

六、收取租金和保证金

汽车租赁租金和保证金的收取有两种方式：

1. 预收费

预收费有三种情况：

1）承租人为法人或长期租赁业务。

2）承租人为自然人但不使用信用卡结算。

3）部分以先付款为条件的汽车租赁优惠产品。客户以现金或支票等方式支付租金和保证金，待租期结束时根据实际结算金额，多退少补。

2. 冻结与租金和保证金等额的信用额度

对于自然人客户，多数企业采用信用卡结算，并通过POS系统按照保证金、租金总额进行第一次预授权，冻结承租人信用卡的相应信用额度。待租期结束结算租车费用时才实际支付。

业务人员根据计价按照上述两种方式收取租金和保证金，有关 POS 机的使用及注意事项，见“模块六 汽车租赁实操及案例”。

七、发车交接

发车交接是租赁双方现场交车、试车和清点行车牌证、随车物件的重要程序，是租前阶段的最后一个环节。租赁双方在验车后没有异议的情况下，双方需要在发车交接单上签字确认。

1）车务人员带承租人选车，介绍使用性能及防盗措施。

2）确认车况，登记公里数、存油量（满箱）、随车工具，填写车辆交接单。

3）承租人对汽车租赁合同内容予以确认，业务员上机操作，打出汽车租赁登记表、付款单。

4）由承租人凭付款单到收款处办理交款手续。

5）承租人凭收款员签字盖章的付款单与业务员签订汽车租赁合同、汽车租赁登记表、车辆交接单等相关文件。

6）车务人员将车辆及车钥匙、行驶证等相关证件交给承租人，并确认下次维护里程。

【实例分析】

发车交接话术举例

“先生您看这就是您租的帕萨特 B5，您先看一下外观，给您发车交接单，您看一下前翼子板这里有蹭伤，在单子这里已经标示出来了，请看前门没有伤，前门没问题，您看这里有一个小坑，在这里已经标示出来了，后翼子板、后保险杠没有问题，带您看一下行李舱的工具，这里有警示牌、灭火器、千斤顶和套管，这些都是随车工具，您看这是备胎，备胎没问题，已经检查过了。再带您看一下车的仪表、灯光，您看车的仪表，行驶里程是 × × ×，油量是 × × ×，杂物箱里有一个随车小包，请您看一下，这个是提示卡，里面有我们的救援电话、维护记录卡、保险卡、投诉电话，这个是行驶本，还有一些活页，提示您关于这辆车的一些驾驶注意事项。您看一下前风窗玻璃的右上角，有检字标、交强险标、环保标，没有问题。这里有一个消毒提示卡，说明这辆车今天已经消过毒了。您看，您对这辆车有问题吗？如果没有问题，请您在这里签一下字。”

车辆交接程序如图 2-2 所示。

八、还车交接

还车交接包括以下内容：

1）业务人员按汽车租赁登记表和车辆交接单核对还车日期，收行驶本，核对车号。

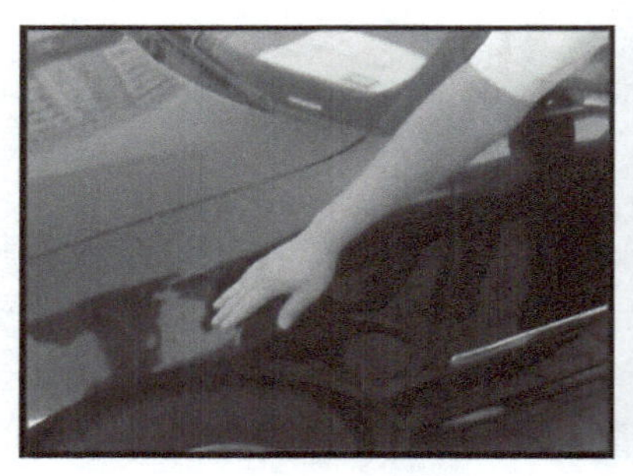
a) 指示车身蹭痕

b) 检查仪表盘核对里程

c) 核对行李舱工具、器具

d) 办理交接车辆手续

图 2-2　车辆交接程序

2）车务人员按车辆交接单逐项查验车辆。

① 查看车辆外观，登记有无损伤。

② 查看车厢内仪表、收音机、烟灰缸、点烟器、空调、暖风机、玻璃升降器、座套、脚垫和防盗器是否齐全有效。

③ 查看发动机、发电机、空调泵工况，检查冷却液、发动机机油有无滴漏，底盘有无磕碰。

④ 查看备胎及随车工具。

3）车务人员检查底盘，路试检查车辆行驶状况。

4）确认有无车损及超公里、超时使用，超时、超程的按公司租车价格的有关规定执行；确认车辆存油是否满箱，承租人未满箱油还回的，需按市场价格支付所差油价并支付一定服务费。

5）请承租人在车辆交接单签字。

6）上机查询顾客租车期间是否有违章记录，并按相关业务程序处理，违章处理后返还押金。

7）将超时、超程收费以及车辆损伤赔付收费录入计算机。

8）从计算机中打出合同结算单，根据结算单收取费用。收款员办理收款手续。

9）需修理的、保险理赔的等执行相关流程。

上述还车交接的业务流程如图 2-3 所示。

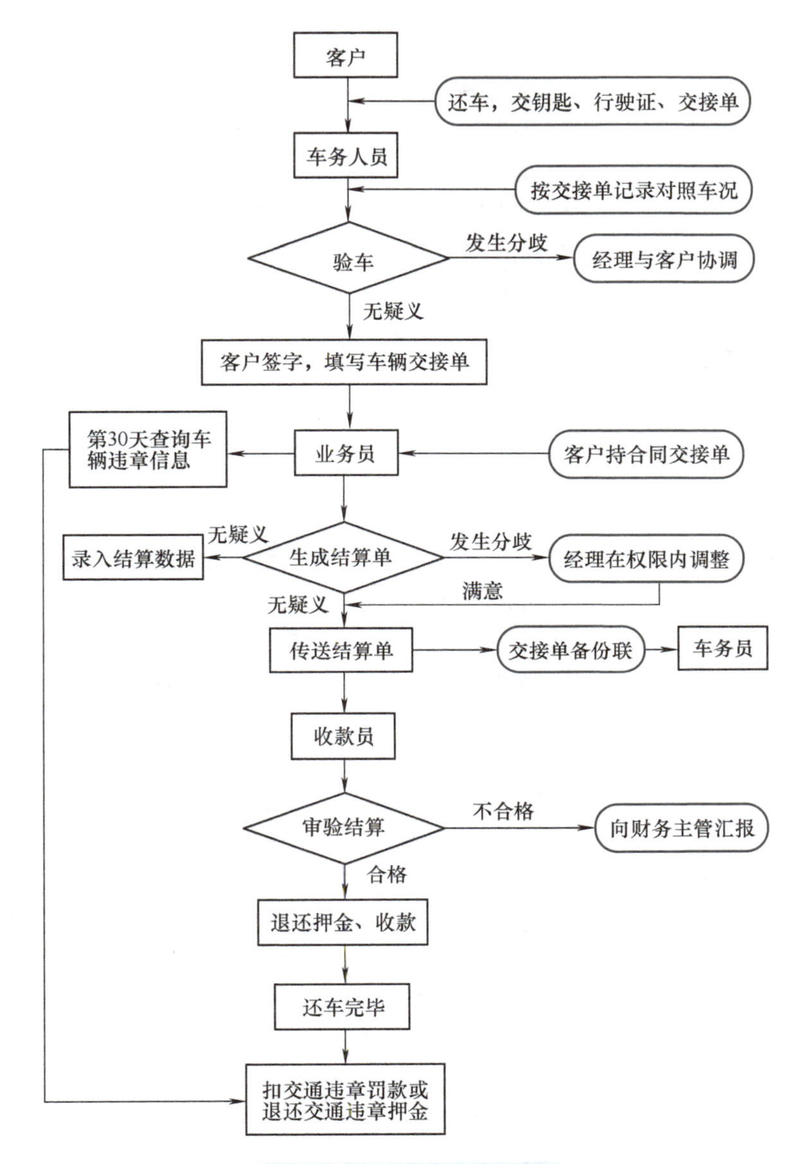

图 2-3　还车交接的业务流程

九、结算

结算是租车业务最后也是最重要的环节，主要工作是计算和收取费用，业务人员根据相关单据，汇总客户消费项目，进行结算。

1. 计算费用

根据本节“四、计价”的项目和计价方法，计算客户租用车辆所需支付的费用，如租金、增值服务费和超程费等。此过程一般由计算机自动完成并生成结算单。

2. 核实单据

业务人员核对并与客户确认结算单及其他单据项目和数额无误。

3. 结算收费

（1）收费　按照POS机的操作程序刷卡，收取结算单“实际应收”合计栏显示的数额并解除“六、收取租金和保证金”操作程序所冻结的预收租金，此过程也称为完成预授权。

（2）第二次预授权　刷卡冻结交通违章保证金和预期承租人需要支付的费用。交通违章保证金30天后自动解除预授权。期间如发生交通违章且客户未接受处罚或其他应付项目，可进行无卡操作，通过银行收取客户的相关费用。

4. 开具发票

结算完成后将付款单客户联交给客户，如客户需要发票，应收回付款单。如当时无法开具发票，应按承诺时间将发票邮寄客户。

十、救援服务

道路救援主要程序如下：

（1）申请救援　车辆发生故障或交通事故后，客户打电话向出租方请求救援，并提供具体地点、联系方式和车辆状况等相关信息。

（2）确认信息　业务员收到求援信息后，详细记录承租人救援请求内容及实施救援所需信息，如故障、事故发生时间、地点，故障、事故主要情况；车辆状况、车损程度、是否需要替换车辆，被救援人员联系方式等事项。

（3）通知关联部门　及时通告并将有关信息转达给车辆管理、救援保障等相关部门。如果是事故，提醒被救援人员及时拨打“122”通知相关部门处理，保险业务人员应在24h内向保险公司报险。如果车辆故障因人为原因产生，业务人员估损后报相关部门，根据合同条款按收费管理程序向承租人收取费用。

（4）救援派遣　车辆管理、救援保障等相关部门尽快安排救援，准备救援车辆、随车修理工具、通信工具，或准备拖车等，并根据客户要求派遣替代车辆。

（5）检查定责　救援人员到达事故现场后，应进行认真检查，与客户共同确定事故原因、责任方及车辆损坏程度，并及时报警，双方应在救援单据上记录情况并签字确认。如可立即进行现场维修，则抓紧进行现场维修；如无法立即进行现场维修，则应将车辆拖回修理，并根据客户要求决定是否提供替换车辆服务。

（6）救援返回　如现场维修完毕，救援人员返回公司后提供救援相关单据；如无法进行现场维修，应将事故车辆拖回，则还需办理车辆交接手续，交由维修部门处理。

（7）其他事项　由于车辆本身故障引起的救援，救援费用一般应由出租方承担；若在出租方网点覆盖城市范围内，承租人发生事故后可到就近门店处理，更换同级别车辆，租金一般按原车型计费；或根据双方协商，选择其他级别车辆并相应调整费用。

上述救援服务的流程如图2-4所示。

十一、保险理赔

租赁车辆发生事故时，保险理赔的主要流程如下：

（1）事故报告　车辆发生交通事故后，应立即拨打“122”报警，等待交警判定事故责任方，同时通知出租方以及车辆所投保的保险公司。车辆发生非道路交通事故（如被盗、

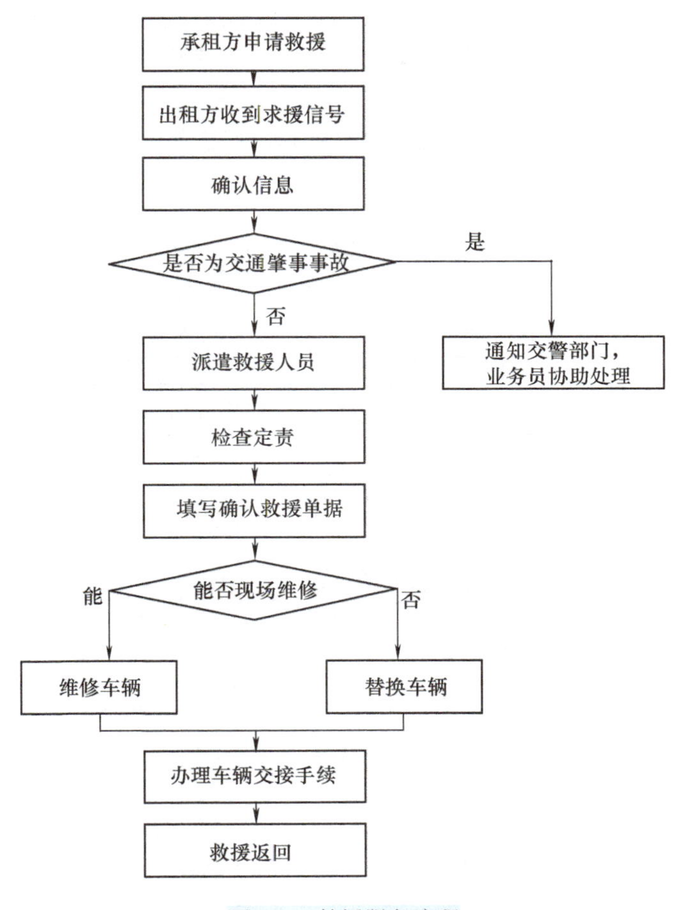

图 2-4　救援服务流程

被纵火等）后应及时向事故发生地所属派出所报案，并通知出租方以及车辆所投保的保险公司。

（2）提交资料　出租方业务员应积极协助承租人从公安交通管理部门获得保险索赔所需必要文件；客户应尽快将保险理赔所需事故材料完整地提供给出租方；承租人所提供的资料应齐全、清晰，以避免保险公司拒赔。

（3）车辆维修　发生事故后，客户不应擅自维修事故车辆，以避免承担赔偿损失等违约责任。车辆损失应先由保险公司进行定价（定损）后再修理。

（4）保险理赔　车辆维修完毕后，应备齐各项单证文件，进行保险理赔。其中，未造成人身伤亡的交通事故，保险理赔应当提供交通责任认定书、当事人驾驶证、车辆行驶证和修车发票等；涉及人身伤亡的交通事故除前述材料外还应提供伤者诊断证明、评残法医鉴定证明、死亡者死亡证明、抢救和治疗费用发票、伤者或死亡者工资收入证明、家庭情况证明、保险公司针对特殊情况要求的其他必要证明文件等。

（5）费用垫付　事故损失费用的垫付应由出租方与客户协商确定或按照合同约定执行。如由客户对事故损失情况进行垫付，在保险公司理赔结束后，出租方应及时将所得理赔款中承租人已垫付部分返还。

（6）不予理赔情形　根据保险公司相关规定和双方约定，当出现以下情况，一般不予理赔：不可抗力；被保险人、驾驶人或受害人主观故意导致事故发生；驾驶人有违反《中华人民共和国道路交通安全法》的行为，如酒驾、超速、逆向行驶、无照驾驶等；驾驶人利用车辆进行犯罪活动；承租人无法提供完整的理赔所需单证。

上述保险理赔事故处理流程如图 2-5 所示。

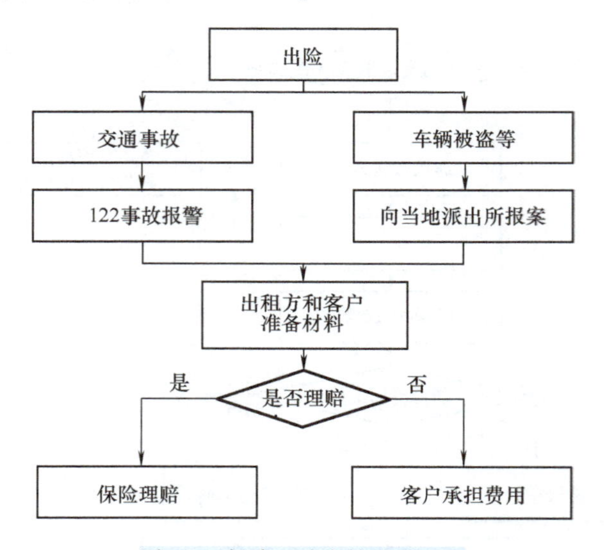

图 2-5　保险理赔事故处理流程

十二、服务质量监督和投诉处理

（一）服务质量监督

服务质量监督是指汽车租赁企业通过服务质量调查、分析，找出服务缺陷，主动采取措施提高服务质量，主要包括以下程序：

1. 服务质量调查

（1）调查范围　调查范围包括顾客对汽车租赁、车辆保修、车辆救援、事故索赔和会员办理的服务过程的满意度。

（2）调查方法　每月以当面或电话回访的形式对部分新增租车客户和经历车辆修理、救援、替换的客户进行抽样调查。全年调查样本量应不少于新增客户的 60%。调查方式为先询问客户对刚经历服务的满意度，再询问对其他服务项目的满意度，并将客户主要意见记录在客户满意度回访表中。

2. 服务质量分析和改进

相关部门对客户满意度调查进行分析，写出客户满意度分析报告，依据客户满意度分析报告中的不满意项，填写纠正预防处理单，责成有关部门限期改进。

3. 业务程序调整

如服务质量问题是业务程序缺陷造成的，相关部门应及时调整业务程序和操作规程，消除造成服务质量问题的隐患。

（二）投诉处理

客户对服务质量的投诉及处理是服务质量改进的另一重要方式。

1. 投诉处理的主要步骤

（1）预测需求 业务人员首先要根据投诉客户的最初信息，如语气、初步陈述预测客户的信息需求、情感需求。信息需求是指客户希望更多地获得有助于其解决问题的信息，情感需求是指客户希望受到重视和尊重。

（2）满足需求 业务人员在对客户的需求做出初步判断后，应尽量满足其需求，如果是出租方问题应及时道歉，注意不要与客户争辩，以各种交流方式引导客户接受解决方案。提问是准确、有效地掌握客户意图的交流方式，提问有以下两种方式：

1）封闭式提问。封闭式提问的回答方一般只有“是”与“不是”两个选择，如“您的油表指针是否在空的位置？”在业务员比较准确和全面地掌握了客户投诉需求的情况下，可以采取封闭式提问的交流方式，引导客户尽快获得其期待的信息。

2）开放式提问。开放式提问可以让客户比较自由地陈述自己的观点，对问题的描述更详细。在业务人员需要更多地了解客户需求时，可以采取这种交流方式。开放式提问多以“为什么”“怎么样”“是什么”开始发问。

业务人员可根据情况，交替使用这两种提问方式与客户交流，直到能够准确判断客户需求为止。

（3）达成共识 根据客户投诉问题的性质（谁的责任）、问题大小、急迫程度，向客户提供解决方案。如果确为出租方责任，应当尽可能满足客户的需求，如果不是出租方责任，可在充分表达出租方立场的前提下，予以投诉客户适当安慰和解释。

（4）保持联系 与客户达成解决问题的共识后，要与客户随时联系，将投诉问题的处理情况随时告知客户。

2. 投诉处理原则

（1）基本原则 第一时间处理客户投诉，采用首问负责制，承诺期限内必须向客户反馈处理进度或结果，认真执行企业的销售和服务管理政策及管理流程。

（2）顺序原则 首先处理情感，然后处理事情；必要时带客户离开现场到安静的地方（休息室）；尽快让客户恢复平静；让客户感觉到受重视；不做过度承诺。

（3）以不被媒体曝光为最高原则 对于恶意或问题严重的投诉，依循以下原则处理：向主要领导汇报，事先采取“善意安抚”，必要时向公安部门报案。

学习小结

汽车租赁业务的12个业务程序基本都需要直接和客户接触，业务操作的原则核心是保证资产安全，其次是服务质量。由于涉及使用权转移，租赁双方权利、义务比较复杂，相关权益的确认、告知非常重要。在本单元学习过程中，一定要结合“模块六 汽车租赁实操及案例”，掌握汽车租赁业务管理系统、身份证识别仪、北斗/GPS定位系统的使用。

思考题

1. 汽车租赁业务流程包括哪些部分？
2. 汽车租赁业务操作的原则是哪两点？

单元二 车务管理

学习目标

1. 了解车务管理在汽车租赁业务中的作用。
2. 熟悉车务管理各业务程序的主要工作内容。
3. 掌握车辆验收、车辆登记、车辆档案、车辆维护、车辆购置和退役、车辆年检工作的主要工作技能和要求。

学习指导

车务管理指确保车辆符合租赁条件的工作，除技术方面的维修维护外，还有车辆登记、牌照管理等工作。车务管理一方面是服务质量保障的重要工作，另一方面也是资产保值的重要手段，它和一线汽车租赁业务同等重要。在车务管理岗位实习期间，小张应当注意与一线业务人员的协作。

相关知识

一、新车验收

新车是指车辆管理部门接受的用于汽车租赁经营的新购置车辆。新车接收后、投入租赁经营前应完成如下工作：

1. 检查随车资料

随车资料包括购车发票或其他车辆来历证明、车辆合格证、三包服务卡保修单、车辆使用说明书、其他文件或附件等。有些车辆发动机有单独的使用说明书，有些车辆的某些选装设备有专门的要求或规定。

2. 核对铭牌

核对铭牌上的排气量、出厂年月、车架号和发动机号等内容，合格证上的号码必须要与车上的发动机号、车架号一致。

3. 核对车辆附件及随车工具

核对随车附件和工具等是否与合同、说明书、装箱单等标注相符。

4. 车况检查

静态检查项目包括车体外观、油漆、风窗玻璃、轮胎、车内各部件、行李舱、发动机舱、底盘部分。主要检查各部分是否完整、有无修补痕迹、有无油液泄漏。

动态检查项目包括点火、怠速、制动、离合、灯光等各项操作。主要检测发动机，传动、行驶、制动等各系统是否正常。

其他项目包括检查仪表盘、灯光、后视镜、车窗、天窗、刮水器、空调、音响和影音系统等各系统是否正常。

除以上项目外，还需检查车辆 GPS 卫星定位装置或防盗锁、防盗器等其他安全装置是否正常。

二、车辆上牌登记

从购买新车到领取车辆牌照、行驶证，具备在道路上行驶的合法手续，需要在若干部门办理若干手续，初次办理车辆登记手续，耗时 1 ~ 2 天的并不少见。我国不同城市办理车辆登记手续的要求各有差异，下面是上海、北京两地的车辆上牌登记办理程序。

1. 上海市

1）上牌前办理的事项。首先竞拍车辆牌照或通过招标获得道路运输管理部门分配的牌照，缴纳费用后拿领照单、IC 卡；然后缴纳购置税；缴纳费用后领取收据、上牌用的车辆购置税证明副联、上牌后持行驶证去取购置税缴纳凭证的通知单。

2）上牌程序。首先按照要求填写有关表格并将所有文件交车管部门审核、登记，然后使用计算机给车辆选号并交费后领取车辆牌照，安装车辆牌照后给车辆照相并办理车辆行驶证。

办理上牌需要下列文件：户口本、车主身份证、代理人身份证原件和复印件、竞拍牌照的 IC 卡，新车发票第四联、车辆购置税凭证、机动车参数表原件、出厂合格证原件，机动车注册登记申请表、办理程序表，保单原件和复印件。

3）上牌后办理事项。办理投保和缴纳车船税。

2. 北京市

1）上牌前办理的事项。通过服务质量考核，获得道路运输管理部门分配的小客车指标。凭该指标，按照营运车登记程序办理上牌手续。然后办理工商验证，工商部门在发票和合格证上盖验证章；缴纳购置税；携带所需证件并驾驶车辆到车辆检验场验车，填写验车表，验车合格后车辆检验场在验车表上盖章并发“检”字；办理交强险和第三者责任险的投保。

2）车辆登记领取牌照事项。携带所需证件及上一步获得的文件并驾驶车辆到车管所办理车辆登记和领取牌照手续，依下列步骤办理：领取、填写车辆注册登记表并盖章；随机选择车号，领牌照车牌；安装车牌，照相；领取行驶证和车辆登记证书。

3）上牌后办理事项。携带行驶证、发票办理投保手续。

办理上牌需要下列文件：车辆所有人三证合一的营业执照副本复印件、公章、车主身份证，经办人的北京市身份证原件和复印件，车辆的发票、合格证、技术参数表。

三、建立车辆档案

1. 基本要求

汽车租赁企业应当建立租赁车辆管理档案，并依托计算机管理软件，完备租赁车辆管理数据信息。租赁车辆从购置到退役销售全过程的技术状况等应计入车辆档案。技术档案应及时、认真、准确地填写，妥善保管，车辆办理过户手续时，车辆技术档案应完整移交。

2. 档案排序规则

车辆技术档案以车号为第一检索参数，按照时间、车型、部门等顺序建立和存放。

3. 档案内容

车辆技术档案的主要内容应包括车辆基本情况和主要性能、运行使用情况、主要部件更换情况、检测和维修记录、事故处理及保险理赔情况等。具体包括如下：

1）车辆购置、赋税、入籍、保险、备案、转籍、注销等原始凭据。

2）车辆行驶里程以及维护、修理、换件、检测、整备等累计情况和资料。

3）车辆事故损坏、修复等情况和资料。

4）车辆的其他情况和资料。

四、车辆维修维护

用于租赁的车辆应当具有良好的车辆性能及安全状况，保证车辆的可靠性，因此应对租赁车辆进行符合标准的维修和维护。

（1）维修　维修包括常规维修和故障维修。常规维修是指进行车辆功能整备恢复、一般故障的修理。故障维修主要指业务人员对车辆租赁中发生的故障或交通事故进行诊断，如不能自行修理的，填写修理报告送专业修理厂。

（2）维护　对每辆租赁车辆建立档案，记录公里数及每辆车的维护状况。当接近或达到需进行维护的公里数时，业务人员应通知客户将车辆召回，填写维护单据并由有资质的指定的修理厂实施维护。维护检验合格后，业务人员接收车辆并交回客户。租赁车辆应按公里数进行强制维护，此外每年进行一次冬季维护。应按照 GB/T 18344—2016 的规定，对租赁车辆进行周期性技术维护，包括日常维护、一级维护和二级维护。技术维护的间隔里程（间隔时间）一般按原车使用说明书的规定进行。车辆使用环境恶劣或使用强度较大的，应当相应缩短技术维护的间隔里程（间隔时间）。

五、车辆整备

租赁车辆应当在经过一个租用合同期后及时进行车辆整备。车辆整备的基本内容是：全面检查车辆技术状况，进行必要的调试、紧定、润滑、清洁，补充发动机燃油、机油、冷却液和其他油、液，清点和备齐随车附件、工具、行车牌证，使车辆恢复完好的待租状态。租赁车辆整备后应符合以下要求：

1. 技术状况良好

1）发动机、底盘运转稳定、正常、无异响。

2）制动系统、转向系统、离合器、变速器操纵灵敏，工作可靠。

3）发动机润滑油、冷却液和蓄电池电解液加注量符合规定，通气阀（孔）畅通。

4）车架、车身、悬架、轮毂和各传动杆（件）完好无损，紧固部位紧固可靠，油脂润滑部位润滑充分。

5）各部管路畅通，密封良好，无漏水、漏油、漏气现象。

6）电路连接正确可靠，灯光、仪表、扬声器、信号装置及其他电气设备齐全完好。

7）轮胎完好，气压正常。

2. 外观内饰完好整洁

1）车辆外观无明显损伤、缺陷和污物。

2）车辆原配设施齐全完好，附加设施装配完好。

3）车内整洁，无异味、无污渍，进行了消毒处理。

4）行李舱内物件有序就位，无杂物、无易燃易爆等危险品。

5）发动机机舱清洁，无明显油腻和污物。

3. 随车物件配备齐全

1）随车工具、备胎、灭火器、故障警示牌、防盗装置等附属物件齐备、完好。

2）行车牌证、检验标志、服务监督卡齐全。

3）车辆油量应按服务标准配置，未配置前最少燃油量不低于10L。

六、车辆购置及转籍车辆销售

（1）车辆购置　车辆购置的主要工作是在财务部门办理有关购车手续后对购置车辆进行检查，内容如下：检查随车资料，如购车发票等；核对铭牌，如铭牌上的排气量、出厂年月、车架号、发动机号等内容，合格证上的号码必须要与车上的发动机号、车架号一致；车辆检查，包括静态检查、动态检查和附属装置检查等。

（2）转籍车辆销售　租赁车辆退出运营时一般进入二手车市场，由于多数汽车租赁企业不具备二手车经营资质，所以退出营运车辆多由二手车经纪公司进行价格评估并代为销售。车务人员依照有关程序，协助二手车销售市场办理与车辆购买方的各类车辆交易手续。

七、车辆年检及牌照管理

（1）年检　按照车辆年检规定和程序，完成车辆年检工作，办理车辆证件的年检。

（2）车辆牌照管理　负责车辆牌证的变更、补办工作；负责车辆证件的保管、出借收回等工作。汽车租赁正常业务中随车交付给承租人的汽车证件为行驶证，其他证件一般不交予承租人。

车辆安装GPS卫星定位装置或防盗锁、防盗器等其他安全装置。

租赁车辆管理数据信息应当包括车辆牌证管理、车辆技术管理、车辆租赁管理、车辆运行管理及其他动态管理的数据信息。

学习小结

车务管理工作除了一些台账等文案工作，很多都是车辆驾驶、车辆维护等户外工作，业务人员必须严格按照业务程序操作，要特别注意自身和他人的人身安全，避免发生交通事故和其他意外。

思考题

1. 车务管理都包括哪些业务？
2. 如何避免因有未处理交通违章而无法车辆年检？

单元三　汽车租赁合同及管理

学习目标

1. 了解汽车租赁合同的类型、主要内容和合同构成。

2. 熟悉汽车租赁合同涉及双方权益的主要条款和签订合同的主要程序。
3. 掌握签订合同时的要求和合同管理要求。

学习指导

合同是汽车租赁业务中的重要环节，除短期租赁外，通常双方需要对合同条款进行协商，以确定包括价格在内的双方权利和义务。汽车租赁合同执行的内容多，履行的时间长，为了保证汽车租赁业务的正常进行，业务人员必须严格按照本单元内容处理与汽车租赁合同相关的业务。应当说，汽车租赁合同是汽车租赁业务的基础。

相关知识

一、汽车租赁合同的主要内容

除《中华人民共和国合同法》中租赁合同的主要内容外，汽车租赁合同有以下内容：

（一）出租、租赁双方权利义务

出租人与承租人的权利义务、服务内容已形成双方认可的约定俗成的固定模式。出租人要为租赁车辆投保第三者责任险、车损险和盗抢险等，还应当负责租赁车辆的维修、维护、年检、各种税费的缴纳等，并提供免费救援、保险索赔等服务。一些大的、服务规范的租赁公司，甚至负责解决租车人将车钥匙锁在车内这类问题，承诺为承租人提供全方位服务，承租人除了遵纪守法地开车、加油、缴纳租金外，全无后顾之忧。当然，承租人不得侵犯出租人对租赁车辆的所有权，需承担因人为原因造成的损失和发生意外时保险免赔部分的损失。上述内容，虽然不同的出租人描述的方式不同，但肯定会在双方签订的合同上，以非常清楚和可以度量的方式确定，以保证汽车租赁过程中双方的权益。在权利和义务方面，汽车租赁合同具有如下特征：

（1）信用原则　汽车租赁是信用消费，即承租人保证仅获得车辆的使用权而非所有权。作为对信用的保障措施，汽车租赁合同规定承租人需提供真实的信用信息，包括涉及个人隐私的身份信息，这是承租人应当承担的义务，同样，汽车租赁企业也有保守承租人信息的义务。

（2）告知义务　由于客户在车辆技术状况、价格构成等信息掌握方面处于劣势，故汽车租赁与其他交易相比，在合同中突出了出租人的告知义务，即汽车租赁企业应当向承租人提供有车辆使用注意事项、救援电话等内容的手册。

（3）风险分担原则　由于承租人租用车辆期间的风险较高，所以有必要要求汽车租赁企业为租赁车辆投保尽可能多的险种和尽可能高的保额。但有的企业从经营成本考虑，采取自保的方式自己承担租赁车辆的有关风险。无论是否给租赁车辆上保险，汽车租赁合同中都要有风险责任分担原则，规定各方承担风险的种类和比例。

（二）承租人、担保人信息资料

汽车租赁承租人、担保方的信息是汽车租赁合同的最重要内容之一。信息资料包括承租人、担保方的名称、法定地址、居住地址、联系电话（固定电话、移动电话）等详细内容。当承租人是法人时，承办人的相关信息也应在合同中记录。承租人、承办人身份证明的有关证件的复印件也是信息资料的组成部分。

在签订租赁合同时，出租人应核实承租人信息的真实性和承办人与承租人委托关系的合法性。

（三）租赁车辆交接单

汽车租赁交易存在租赁物转移的特点，因此必须在租赁合同中记录出租、租赁方在签订合同时租赁物的物理特性及现状，合同的这部分内容被称为车辆交接单，它通常包括车型、车辆牌号、发动机号、车架号及车辆外观等。为了准确、直观地记录车辆外观状况，通常在车辆平面示意图的相应位置，用不同符号标记车辆的实际状况。出租人、承租人在交接车辆时应认真核对车辆交接单。

二、汽车租赁合同的类型和主要构成

（一）合同类型

1. 格式合同（标准合同）

格式合同是指全部由格式条款组成的合同，《中华人民共和国合同法》第 39 条规定："格式条款是当事人为重复使用而预先拟订并在订立合同时未与对方协商的条款"。短期租赁基本使用格式合同，但格式条款在以下三种情况下无效：

1）提供格式条款的一方免除其责任、排除对方主要权利的。

2）损害国家、集体或者第三人利益，以合法形式掩盖非法目的，损害社会公共利益，违反法律、行政法规的强制性规定。

3）造成对方人身伤害或者因故意或重大过失造成对方财产损失的免责条款。此外，法律还规定，当合同双方当事人对格式条款的理解有两种以上解释时，应当做出不利于提供格式条款一方的解释。

2. 定制合同（非标准合同）

对于长期租赁和有特殊需要的客户，租赁车辆的车型、租期、付款方式、服务内容等合同主要内容差异较大，汽车租赁企业要与客户进行谈判才能确定合同的主要内容，所以格式条款这样的标准合同无法满足此类业务的需要。汽车租赁企业可以和客户按照订制服务的内容起草合同，也可以通过标准合同加补充合同的形式确定双方权利和义务。

另外根据业务内容的不同，汽车租赁合同可分为长期租赁合同、短期租赁合同、带驾驶人租赁合同、婚车租赁合同和班车租赁合同等。

（二）汽车租赁合同的主要构成

完整的汽车租赁合同由汽车租赁合同文本及其附件汽车租赁登记表、车辆交接单、车辆租用告知书、补充合同组成。

1. 汽车租赁合同基本条款

（1）术语解释　合同应首先对合同中出现的主要概念和名称进行解释和说明，以避免因定义不清而产生分歧，如出租人、承租人、担保人、租赁车辆、租金、有效证件、设备等。

（2）通用条款　通用条款包括出租人的权利和义务、承租人的权利和义务、出租人的违约责任、承租人的违约责任、解除合同的条件等。例如，汽车租赁企业不能按约定提供故障维修、救援时，承租人有权解除合同，出租人应退还租赁车辆停驶期间租金并支付违约金。承租人如要求延长租期，需在合同到期前提出续租申请，出租人有权决定是否续租。

（3）意外风险　双方约定意外风险责任的种类、汽车租赁企业承担风险赔偿的具体数额、赔付条件和方法等。

（4）费用及收费方式　费用及收费方式包括收费项目、收费标准和收费方法等。

（5）其他　其他内容包括承租人不能履行合同时的担保条款、合同出现争议后的解决办法等。

2. 汽车租赁登记表

各汽车租赁企业可根据企业具体情况设定汽车租赁登记表。表 2-1 所示为某企业汽车租赁登记表。

表 2-1　汽车租赁登记表

合同号：

<table>
<tr><td>承租人</td><td colspan="5"></td></tr>
<tr><td>住址/地址</td><td colspan="5"></td></tr>
<tr><td>电话</td><td colspan="2"></td><td>证件种类号码</td><td colspan="2"></td></tr>
<tr><td>担保人</td><td colspan="5"></td></tr>
<tr><td>住址/地址</td><td colspan="5"></td></tr>
<tr><td>电话</td><td colspan="2"></td><td>证件种类号码</td><td colspan="2"></td></tr>
<tr><td>驾驶人</td><td>档案号</td><td colspan="2">驾驶证号</td><td colspan="2">电话</td></tr>
<tr><td></td><td></td><td colspan="2"></td><td colspan="2"></td></tr>
<tr><td></td><td></td><td colspan="2"></td><td colspan="2"></td></tr>
<tr><td>车牌号</td><td>车型</td><td>颜色</td><td>发动机号</td><td>车架号</td><td>燃料标号</td></tr>
<tr><td></td><td></td><td></td><td></td><td></td><td></td></tr>
<tr><td colspan="2">起租时间</td><td colspan="2">终租时间</td><td>租期</td><td>限驶里程</td></tr>
<tr><td colspan="2"></td><td colspan="2"></td><td></td><td></td></tr>
<tr><td>租金标准</td><td>超程费</td><td>超时费</td><td>保证金</td><td>预付租金</td><td>下次付款日</td></tr>
<tr><td></td><td></td><td></td><td></td><td></td><td></td></tr>
<tr><td>合同变更记录</td><td colspan="5"></td></tr>
<tr><td colspan="3">出租人：
经办人：
日期：</td><td colspan="3">承租人：
经办人：
日期：</td></tr>
</table>

3. 车辆交接单样式

表 2-2 所示为某企业车辆交接单。

表 2-2　车辆交接单

验车单
CAR CHECK FORM

合同号Ref#:　　　　V8.6

验车单基本信息 Basic Info					
门店 Shop		车辆型号 Model		车牌号码 Car License#	

发车及还车时的待检项目 Items								
项目 Item	发车时 Date & Time Out	还车时 Date & Time In	项目 Item	发车时 Date & Time Out	还车时 Date & Time In	项目 Item	发车时 Date & Time Out	还车时 Date & Time In
工具包 Tool Kit			汽车油量 Gasoline	0　1 __/16	0　1 __/16	车钥匙 Car Key		
千斤顶 Lifting Jack						行驶证 Driving Permit		
故障警示牌 Alert Sign						随车手册 Car Use Manual		
备胎 Spare Tire			烟灰缸 Ashtray			GPS（编号） GPS (Ref#)		
灭火器 Fire Extinguisher			内饰（完好） Interior Deco (Intact)			儿童座椅（编号） Child Seat (Ref#)		
轮胎 Tyres			座椅（完好） Seats (Intact)			车载USB转接口 USB Port		
油箱盖 Oil Tank Cap			脚垫（完好） Car Mat (Intact)	块 Piece	块 Piece	手机支架 Cell Phone Holder		

发车 Departure	还车 Return
前 Front	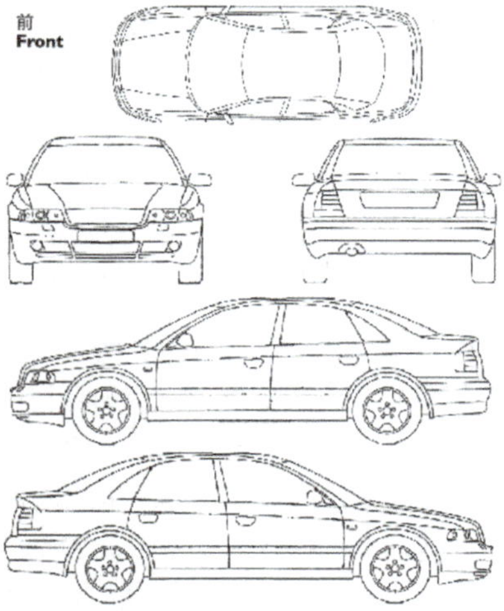 前 Front

图例 Illustration	正常完好齐全 √: Intact	缺少 N: Scarce	开裂 ×: Crack	变形 ○: Sink	脱落 ●: Exfoliation

发车				还车			
备注: Remarks				备注: Remarks			
发车公里数 Odometer Out		发车时间 Departure Time		还车公里数 Odometer In		还车时间 Return Time	
以上内容无异议，双方据此计算停运损失费、维修费等费用。 By signing below both parties agree to calculate cost of non-operation loss, repairs and other related charge based on information given above.				以上内容无异议，双方据此计算停运损失费、维修费等费用。 By signing below both parties agree to calculate cost of non-operation loss, repairs and other related charge based on information given above.			
服务代表签字: Service Rep Sig		客户签字: Customer Sig		服务代表签字: Service Rep Sig		客户签字: Customer Sig	
日期 Date		日期 Date		日期 Date		日期 Date	

留底联

客户联

4. 车辆租用告知书样式

以下内容为北京市交通委员会运输管理局制定的车辆租用告知书。

车辆租用告知

感谢您租用本公司车辆。请您认真阅读租赁合同条款，充分了解租赁合同内容。

1. 本公司向您提供的车辆（牌照号：__________），行驶牌证齐全有效，技术状况良好，已在运输管理部门备案，已向保险公司投保机动车交通事故强制保险、__________险和__________险。

2. 您驾驶的车辆如果发生事故或运行故障，请及时拨打我公司的__________救援电话，以便我们及时组织救援并办理保险索赔。

3. 为了使您的合法权益得到保障，您租用的车辆请由租赁合同中指定的驾车人驾驶，不要转借他人使用，不要擅自改装车辆或安装其他附属设施，不得利用该车辆非法从事运营活动。在租用车辆期间发生的交通违法行为，请您及时接受处罚，自行承担法律责任。

4. 欢迎您对我们的服务进行监督并提出宝贵意见。我公司的监督投诉电话：__________。

安全驾驶须知

1. 为了您和他人的交通安全，驾驶人应严格遵守交通法律法规，自觉规范交通行为。

2. 出车前做好车辆安全状况检查，了解、熟悉车辆性能、特点，确保车辆制动、转向、电路、轮胎、燃料、车容车况完好，警告标志、灭火器具等安全装置齐全有效，驾驶证、行驶证齐备。

3. 文明驾驶、安全礼让，服从交通警察指挥，不开“斗气车”。严禁疲劳驾驶，连续驾驶机动车4h应停车休息至少20min。严禁驾车时拨打接听手持电话。

4. 遵守交通标志、标线，按交通限速标志、标线标明的速度行驶。行驶中保持适当车速，不超速行驶、强行超车。通过没有交通信号灯、交通标志、交通标线或者交通警察指挥的交叉路口时，应当减速慢行，并让行人和优先通行的车辆先行；行经山区公路时，严禁超速行驶、强行超车、空档滑行、疲劳驾车。

5. 保持适当安全距离。当机动车时速超过100km时，与同车道前车距离保持在100m以上，尤其要与大型客车、货车保持适当的安全距离，以防前车紧急制动时发生追尾碰撞。

6. 恶劣天气谨慎驾驶。遇雾、雨、雪、沙尘、冰雹等低能见度气象条件时，要开启雾灯、近光灯、示廓灯、前后位灯和危险报警闪光灯，并保持适当车速行驶。

7. 切莫酒后驾车。酒后驾车是严重违法行为，酒后驾车极易发生交通事故。当您饮酒后要驾驶时，谨记您的家人正在时刻盼您平安归来，您的平安就是家庭的幸福。

8. 当您驾车发生造成人员伤亡的交通事故时，请及时拨打“122”报警。

欢迎您对我们的服务进行监督并提出宝贵意见。

监督投诉电话：

救援电话：

保险理赔电话：

保险理赔手机电话：　　　　被告知人：　　　　告知人：

（承租人签字盖章）　　　　（租赁企业签字盖章）

年　　月　　日　　　　年　　月　　日

（本告知书一式两份，告知人、被告知人各持一份）

北京市交通委员会运输管理局　北京市公安局公安交通管理局　监制

三、汽车租赁合同的管理

(一) 签订合同要求

1. 标准合同

(1) 编号 合同书封页上必须填写完整合同编号、车牌号码。

(2) 填写 合同书的填写必须使用钢笔或签字笔，不得使用铅笔、圆珠笔；按合同要求逐项填写，无须填写的以“—”符号填写，不得空项；出现错误需要修正时，需在修正的地方加盖公章；出租方与承租方另行约定的事项应在双方特殊约定事项中填写，不得在其他地方改动。

(3) 有效性 合同书必须加盖出租方合同章、承办人亲笔签字，担保人必须亲笔签字，并填写电话和日期；两页以上的合同（含两页）需加盖骑缝章。

(4) 完整性 汽车租赁登记表、车辆交接单一式三份是合同的附件，与合同具有同等法律效力。业务人员在计算机登记录入时，必须按照规定逐一填写，不得缺项。

2. 非标准合同

1) 签署合同必须使用标准文本，不能使用标准文本的需经公司法律顾问同意并签署“同意签约”的意见书或经公司法务部门同意后方可使用。

2) 非标准合同的签署按标准文本的合同签署要求进行。

(二) 在租合同管理

1) 在租合同是指正在履行的合同，在租合同包括汽车租赁合同、汽车租赁登记表、车辆交接单和付款单，四种单据共同放入合同夹中，以备查验。

2) 各门店经理每日对当日所签订的全部合同进行规范性复核，发现问题需及时解决、补救，审核无误后在复核人处签字。

3) 在租合同的保存应按长、短租合同分别保存，按照合同的编号进行排序，存放在合同夹中，妥善保存。

4) 门店应依据计算机的提示建立长租合同明细表，以易于索引查找，及时对到期合同进行确认，对应交租费的承租方及时催缴。

(三) 合同日常管理

1) 空白合同、空白三联单需由专人妥善保管，只能在签署合同时才能加盖合同章。

2) 经结算的合同，业务经理应指定专人每月整理、编号存档。

3) 已结算合同的保存期为五年。

4) 在租合同、已结算合同为重要资料。不经本单位经理同意，非本单位人员不得随意查阅、取样。

(四) 合同档案管理

(1) 分类 首先按照合同的不同类别排序，如在租合同、已执行合同，长租合同、短租合同，无欠费合同、有欠费合同，车辆失控合同；其次按汽车租赁登记表中的合同号依次存放。

(2) 建立目录 为了方便合同查找应建立归档目录。

(3) 及时调整 遇合同发生变更，应及时对合同进行整理并归档。

[模块三] 汽车融资租赁业务

概述

本模块通过学习汽车融资租赁业务流程、汽车融资租赁租金计算、汽车租赁收益分析，让学生具备开展汽车融资租赁业务的基本能力。本模块学习的汽车融资租赁业务知识框架如图 3-1 所示。

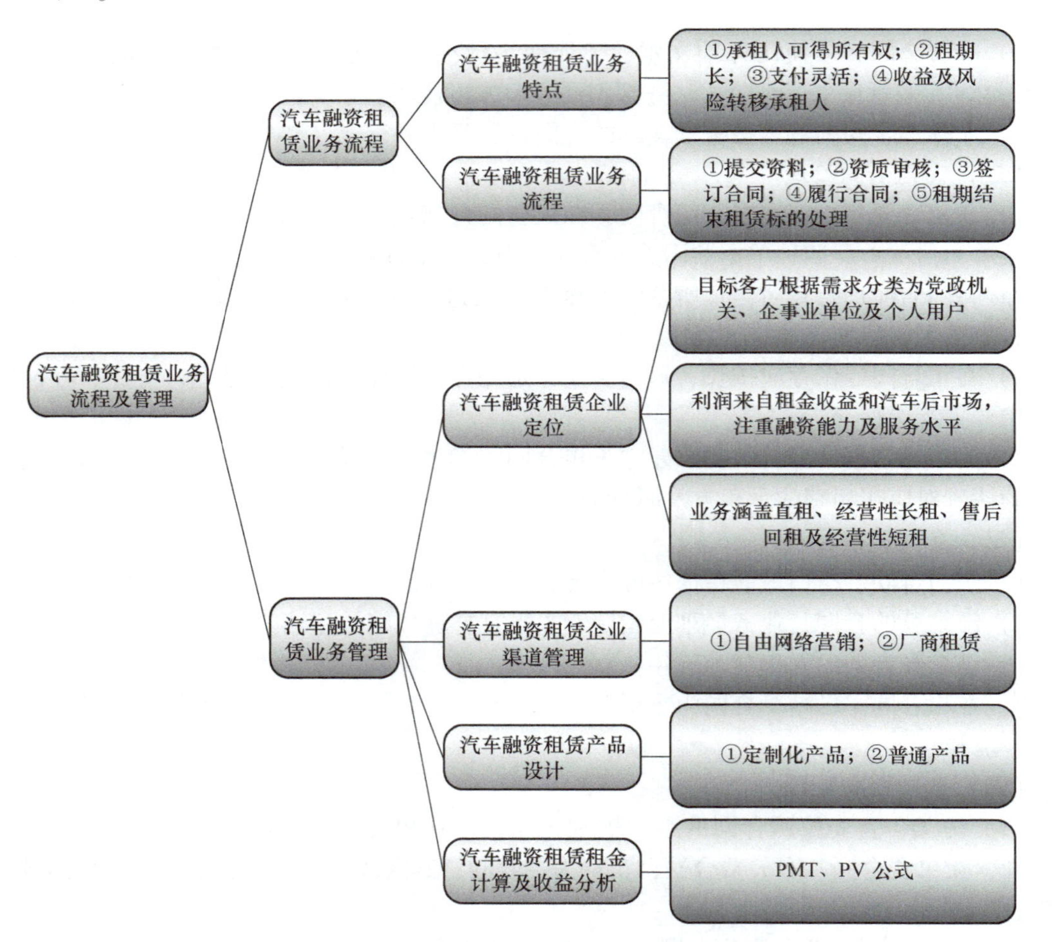

图 3-1　汽车融资租赁业务知识框架

情景导入

由于小张既有丰富的汽车销售工作经验，又具备汽车租赁工作经历，一家汽车融资租赁业务的集团公司邀请小张加盟。小张看好汽车融资租赁行业的发展前景，并且认为自己以往的工作经验会有更好的发挥，决定迈入汽车融资租赁这个新领域。但小张也清楚，必须补课，尽快掌握汽车融资业务的基本技能。

单元一　汽车融资租赁业务流程

学习目标

1. 了解汽车融资租赁业务流程。
2. 熟悉收取承租人信用资料的清单，熟悉如何查询和核实承租人信用情况。
3. 掌握业务操作系统的使用方法。

学习指导

根据承租人是自然人还是法人、业务类型为标准业务还是谈判性业务，小张需要按照不同的业务流程完成融资租赁业务的操作。在这些操作中，核心是对收取的承租人资料进行信用审核，以确定是否可以做这笔业务。对于标准业务，小张基本可以使用业务操作系统，输入需要的资料、参数后由系统完成。对于谈判性业务，需要根据承租人信用情况，和其谈判确定融资租赁方案。

相关知识

一、业务流程及操作

（一）汽车融资租赁业务架构

汽车融资租赁与其他融资租赁具有相同的共性，即涉及三方当事人，有图 3-2 中①、②两个合同，并在融资租赁合同中明确规定租期结束后租赁物所有权的归属。图 3-2 所示为汽

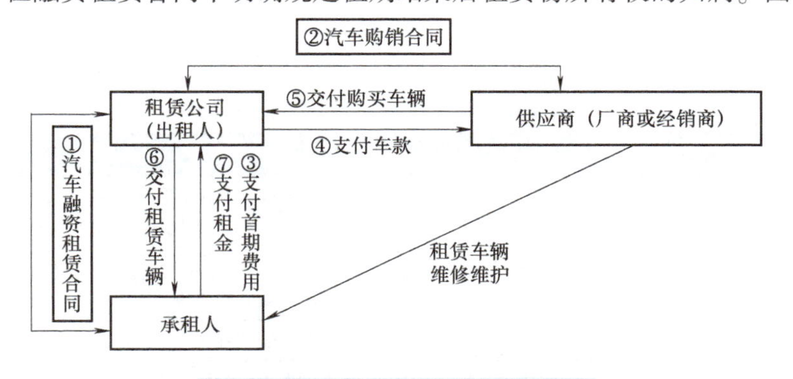

图 3-2　汽车融资租赁的基本交易过程

车融资租赁的基本交易过程，序号表示主要操作程序的顺序，有时⑤交付购买车辆可能由租赁公司委托供应商直接向承租人交付。

为了适应运营车必须登记在承租人名下的需求，汽车融资租赁行业逐步形成了形式为售后回租，实质上仍然是直租的业务模式，即

1）承租人将融资租赁车辆登记在自己名义下，名义上获得资产所有权。

2）承租人将名义资产——融资租赁车辆出售给租赁公司，获得资金。

3）获得租赁车所有权的租赁公司再把租赁车辆出租给承租人使用，承租人向租赁公司支付租金。

上述业务流程的核心是 2）中的资金并没有进入承租人口袋而是由租赁公司（出租人）直接支付给汽车销售商，以此确保形式上符合售后回租要素，实质上符合融资租赁业务架构的资金、资产和风险的逻辑关系。

（二）汽车融资租赁业务流程

在实际操作过程中，汽车融资租赁交易过程按照图 3-3 所示的操作程序进行。

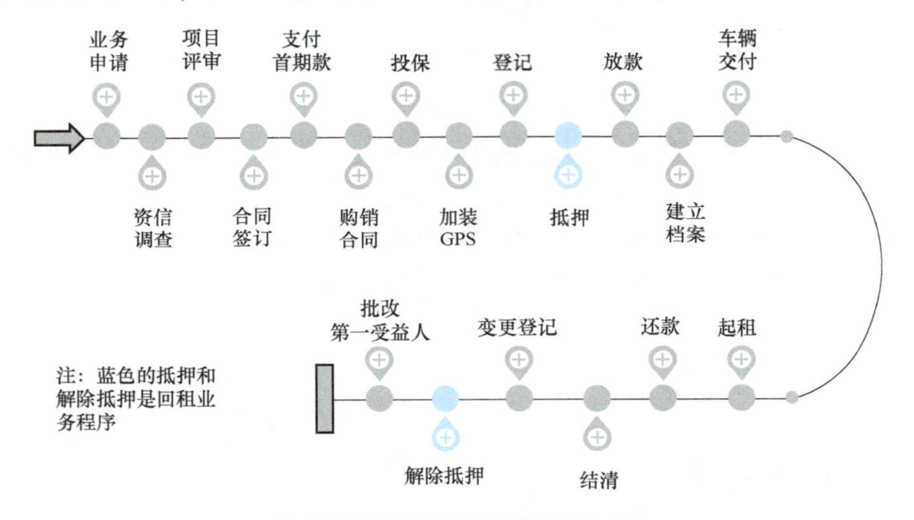

图 3-3　汽车融资租赁业务操作程序

上述业务的 19 个操作程序基本可分为以下五大板块：

1. 承租人资料收集

1）承租人是法人的向租赁公司提出汽车融资租赁业务的申请并提供表 3-1 要求的资料。

表 3-1　承租人需提交的资料清单

序号	资　料	说　明
1	企业基本情况介绍	包括企业成立日期、历史沿革、股东情况、关联企业介绍、主营业务、车队规模、经营业绩、主要客户等，电子版
2	企业营业执照	经年检有效，扫描件
3	公司章程	扫描件，盖骑缝章
4	验资报告	历次报告，扫描件，盖骑缝章

（续）

序号	资　料	说　明
5	企业法人及主要高管人员身份证及简历	扫描件
6	近三年及最近一期的财务报表及科目余额表	审计报告扫描件，同时提供电子版财务报表、科目余额表，要明细至最末级科目，务必是反映企业真实经营情况的报表
7	企业前五大客户近两年的业务合同	扫描件
8	企业组织结构图（含分、子公司）	需注明各部门核心职能、人数等信息，电子版
9	企业股权结构图	向上追溯至自然人股东，电子版
10	车辆清单	包含厂商、车型、牌照号、车架号、采购时间、车身价格等信息
11	法人和财务负责人签字样本	原件
12	企业及实际控制人征信报告	由企业自行联系银行打印，原件
13	股东借款情况说明	如有，提供相应协议或股东决议等
14	固定资产权属证明或租赁合同	土地证和房产证，包括在建工程
15	现有借款合同、融资租赁合同及担保合同	如有，并正执行，复印件
16	车辆登记证	复印件
17	银行开户许可证	复印件
18	机构信用代码证	复印件
19	公司基本账户及主要结算账户最近6个月的银行对账单	复印件，有电子版的最好将电子版也提供
20	纳税申报表及完税证明	最近三年年末

2）承租人是自然人的提供身份证、户口本、银行卡和银行流水等资料。

2. 承租人资质审核

租赁公司对承租人进行项目审查并通过。审核项目包括企业的工商注册资料、财务报表和银行贷款卡等。个人的包括户口本、身份证、工作证和收入证明等。以下为法人资质审核的主要信息渠道：

1）国家企业信用信息公示系统（http：//gsxt. saic. gov. cn/）可查询工商公示信息登记信息、动产抵押登记信息、股权出质登记信息、行政处罚信息、经营异常信息、严重违法信息、司法协助公示信息、股权变更冻结信息等。

2）中国人民银行动产融资统一登记公示系统（http：//www. zhongdengwang. org. cn/）可查询企业征信报告。

3）中国裁判文书网（http：//www. court. gov. cn/zgcpwsw/sx/ms/）可查询企业所涉及的法律诉讼。

4）中国执行信息公开网（http：//zxgk. court. gov. cn/）、国家企业信用信息公示系统可查询企业在执行诉讼的相关信息以及企业有关信用信息。

3. 合同、协议签订

汽车融资租赁业务涉及的合同和协议有主合同和辅助合同（协议）两类：

（1）主合同　主合同有以下两种：

1）融资租赁合同。确定租赁公司与承租人的各项权利、义务以及融资租赁业务的各项内容，如租赁物、租金标准、租期和租金支付方式等。

2）车辆购销合同。租赁公司与汽车供货商签订车辆购销合同，购买车辆与融资租赁合同中租赁标的一致。

（2）辅助合同　辅助合同有以下三种：

1）抵押合同。汽车租赁公司无法在当地上牌登记，或承租人有特殊需求（如出租车公司、驾校、政府机关等）的情况下，租赁公司会将租赁车辆以承租人牌照注册登记。为了进一步保证租赁公司债权得以实现，租赁公司应和承租人签订抵押合同，抵押物为租赁车辆，抵押担保的范围包括租赁本金总额、利息、罚息、违约金、损害赔偿金以及租赁公司为实现债权而支付的费用。

2）担保合同。是指在承租人不能按时交租金时，与承租人有关系的担保方代其缴纳租金的合同。

3）程序性合同和协议。为了保证融资租赁合同正常履行，租赁双方签订在租赁业务过程中某一环节双方权责的有关协议，如代扣授权协议、应收租金债权转让协议、提前放款承诺协议、三方挂靠协议等。

4. 合同履行

合同、协议生效后，租赁公司向供应商支付货款，供应商向租赁公司提交车辆发票及提货单据；租赁公司凭供应商有效发票及单据向车辆管理部门办理牌证和登记手续。如果是售后回租，车辆登记在承租人名下同时办理车辆抵押给租赁公司的抵押登记，租赁公司按合同约定向承租人交付车辆，承租方以租赁公司为受益人按合同约定向保险公司投保车辆相关保险，保险项目可包括车辆损失险、交强险、第三者责任险、盗抢险、车上人员责任险、车身划痕险、玻璃险和不计免赔险。承租人按合同规定向租赁公司支付租金。

5. 合同终止

1）合同到期租金结清后，首先变更车辆登记或解除抵押登记，变更承租人为保险第一受益人。

2）向承租人移交车辆登记证、备用钥匙等。

3）将该项合同的各类档案、台账转入存档状态。

二、业务操作系统的使用

标准业务通常都是业务人员通过计算机业务操作系统完成的，业务系统同时具备业务信息管理、统计分析功能。本节以某融资租赁有限公司的业务操作系统为例，对汽车融资租赁业务操作系统中的客户管理、项目管理和合同管理部分做简要说明。

（一）登录系统

员工输入用户名及密码，登录管理平台，进入管理系统首页。

首页会显示公司最新的业务新闻和重要通知。“待办工作”部分显示登录员工未完成的工作事项，提示员工完成工作计划。“流程中心”部分显示员工提交工作的实时进展，保证工作及时完成。

（二）客户管理

客户管理部分包括客户信息的录入、管理、实时更新以及对客户资质进行审核评级。

1. 客户及联系人

该功能用于客户信息的管理。

对于已合作过的客户，可在“修改已审核客户及联系人”部分进行客户信息的更新。有新承租人提出汽车融资租赁需求时，需要在“录入客户信息”部分单击“新增”按钮，在弹出的对话框中输入承租人的基本信息，保存并提交。

2. 厂商战略计划

该功能用于合作厂商信息的管理。

存档的合作厂商信息包括厂商、经销商分布，各经销商信息，厂商针对融资租赁的商业政策等，便于维护与厂商、经销商的合作关系。

3. 客户评级

该功能主要是对承租人的信用资质进行评估，依据承租人的评级得分设计租赁方案，以降低风险。

评级依据主要为承租人提供的财务报表、相关资信证明及往期资金逾期情况。操作人员将承租人财务报表的数据录入系统中相对应的空白处，系统会根据财务数据自动打分，再经过相关部门的审批，就形成对承租人的最终评级结果，并确定授信额度。

（三）项目管理

这一部分整合了与业务相关的立项、审批和查询功能。工作人员用租赁合同代表新的租赁项目，发起审批流程。图 3-4 所示为融资租赁业务程序的操作界面。

通过“项目立项查询”部分可以跟进项目审批进度。待项目审批通过后就可以进入合同管理部分进行下一步操作。

图 3-4　融资租赁业务程序的操作界面

（四）合同管理

该功能用于汽车融资租赁相关合同文本的制作、存档、查询、后期执行及合同变更。

1. 合同制作

汽车融资租赁业务涉及汽车采购合同及融资租赁合同。通过“采购合同录入”和“租赁合同录入”，将合同相关参数录入系统，可创建采购合同和租赁合同信息并进入项目立项审批流程。如果使用的是制式合同，则可以在系统中直接生成文本交付打印。

2. 合同付款

项目管理中的立项审批通过后即开始合同的执行。涉及合同付款申请、审批和执行的操作，则通过"合同管理"中的"采购付款申请"及"租赁付款申请"部分完成。

同样可以通过系统查询任意一笔合同的付款流程记录。

（五）其他功能

由于汽车融资租赁同时包含融资与融物，在系统的设置上，汽车融资租赁业务板块与公司的融资管理是紧密结合的，因而与资产管理和财务管理也整合在一起。

由于融资管理、资产管理与财务管理更多涉及公司的宏观管控，在此就不多做介绍。

学习小结

与租赁服务相比，融资租赁业务的主要业务流程基本相同，区别在于信用审核和租金核算的方法。对于有汽车租赁服务从业经验的小张，重点是掌握信用审核所需资料清单和审核方法。

思 考 题

1. 汽车融资租赁的业务流程可分为哪几块？
2. 自然人和法人融资租赁需要的信用资料有哪些不同？

单元二　汽车融资租赁租金计算

学习目标

1. 了解等额本金租金的计算原理和方法。
2. 熟悉租金支付方式及在等额本息租金计算中与其对应的参数。
3. 掌握等额本息租金 Excel 计算公式的使用方法及相关参数的设定，掌握租金计算工具的使用方法。

学习指导

向客户提交融资租赁方案的核心是租金，租金根据客户需求和信用条件，确定利率、租期、租金支付类型等参数，输入相关函数或租金计算工具后即可生成。融资租赁租金计算首先要确定租金支付方式，即付款周期，前付或后付。然后根据利率与租金支付周期的时间单位一致原则，调整利率和租期参数。一个合格的业务人员，必须掌握融资租赁的租金计算方法。

相关知识

一、融资租赁租金支付方式

（一）月付、季付或其他

融资租赁方案灵活性很大，体现在租金支付方式上就是：承租人可以选择按月支付租金，也可以选择每季度、每半年或每年支付一次，有特殊需求的承租人也可以与出租人商定更符合自身情况的还款计划。

（二）先付和后付

汽车融资租赁业务中，承租人可以选择各计息期初交付租金，即先付；也可以选择各计息期末交付租金，即后付。

如承租人选择后付，则租期开始后经过一个计息期才交付第一笔租金，出租人在期初全额融资，按照全部融资金额收取利息。如承租人选择先付，则租期开始时就交付一笔租金，出租人融资金额相对减少，相应地向承租人收取的总租金也比后付少。

二、融资租赁租金计算

租金计算有很多种方法，等额本金法和等额本息法是汽车融资租赁中比较常用的两种。

（一）等额本金租金计算

用等额本金法计算租金，各期时间跨度及租金中本金金额相等。

因为每期本金相等，未还款金额减少带来利息部分递减，所以通过等额本金法计算的租金不等额，期初较多，随时间推移逐期递减。

计算公式如下：

1. 每期租金（R）

$$R = V + \{P - (n-1)V\} i$$

在先付情况下，第一期租金为 V，其后每期租金算法同上式。

2. 租金总额（$\sum R$）

$$\sum R = n(V + Pi) - \frac{(n-1)nVi}{2}\text{（后付）}$$

$$\sum R = nV + (n-1)Pi - \frac{(n-1)nVi}{2}\text{（先付）}$$

式中　V——每期本金，$V = P/n$；

　　n——租金所属期数。

以融资金额10万元，租期12个月，利率10%为例，按后付与先付分别计算。后付各期租金见表3-2。

表3-2　等额本金法租金计算表（后付）

期　　数	当期租金/元	未还车辆费用/元	当期利息/元
第1期	9166.67	100000.00	833.33
第2期	9097.22	91666.67	763.89
第3期	9027.78	83333.33	694.44
第4期	8958.33	75000.00	625.00
第5期	8888.89	66666.67	555.56
第6期	8819.44	58333.33	486.11
第7期	8750.00	50000.00	416.67
第8期	8680.56	41666.67	347.22

（续）

期　数	当期租金/元	未还车辆费用/元	当期利息/元
第9期	8611.11	33333.33	277.78
第10期	8541.67	25000.00	208.33
第11期	8472.22	16666.67	138.89
第12期	8402.78	8333.33	69.44
还款数额	105416.67		
支付利息	5416.67		

先付各期租金见表3-3。

表3-3　等额本金法租金计算表（先付）

期　数	当期租金/元	未还车辆费用/元	当期利息/元
第1期	8333.33	91666.67	0
第2期	9097.22	91666.67	763.89
第3期	9027.78	83333.33	694.44
第4期	8958.33	75000.00	625.00
第5期	8888.89	66666.67	555.56
第6期	8819.44	58333.33	486.11
第7期	8750.00	50000.00	416.67
第8期	8680.56	41666.67	347.22
第9期	8611.11	33333.33	277.78
第10期	8541.67	25000.00	208.33
第11期	8472.22	16666.67	138.89
第12期	8402.78	8333.33	69.44
还款数额	104583.33		
支付利息	4583.33		

（二）等额本息租金计算——PMT函数

在实际操作中，为了便于客户接受与方便结算租金，汽车融资租赁公司普遍选择等额本息法，即每一期租金相等的计算方式。

在等额本息的基础上，汽车融资租赁公司引入首付款和尾款，通过调整首付款或尾款的金额为客户提供灵活的租赁方案。首付款是租赁期初承租人需要交付的租金，尾款是租赁期末承租人需要交付的租金，首付款和尾款是在等额本息计算的租金之外单独收取的。

在计算方面，汽车融资租赁公司可以通过计算机软件或金融计算器内置的PMT函数很方便地计算出等额本息的数值。

PMT函数——PMT（Rate，Nper，PV，FV，Type）——涉及租赁利率、计息期总数、融资额、首付款、尾款和先付或后付的租金支付，各变量与函数要素的对应情况如下：

Rate——计息期利率。计息期利率不一定等于租赁利率。因为租赁公司确定的租赁利率基本为年化利率，所以如果逐年计息，则Rate＝租赁利率，但如果按月计息，则Rate＝租赁利率/12，以此类推，如果每季度交一次租金，则Rate＝租赁利率/4。

Nper——计息期数。如租期为 1 年，按月计息，则 Nper =12。同样，租期为 1 年，如果按季度计息，则 Nper =4。

PV——首付款 - 融资金额。

FV——尾款。

Type—— 0 或 1。若先付，则 Type =1，若后付，则 Type =0。

计算过程中，只要确定几个变量的数据，将其填入相应的位置，就可以得出每期的租金。

如融资金额为 10 万元，租期为 2 年，利率为 10%，支付方式为季后付。为降低每期支付的租金金额，客户选择期初先支付融资额 30% 的首付款，期末再留融资额的 30% 作为尾款，用 PMT 函数计算每期租金。相关数据计算如下：

$$\text{Rate} = 利率/4 = 10\%/4$$

$$\text{Nper} = 2 \times 4 = 8$$

$$\text{PV} = 100000 \times 30\% 元 - 100000 元 = -70000 元$$

$$\text{FV} = 100000 \times 30\% 元 = 30000 元$$

$$\text{Type} = 0$$

若使用 2016 版 Microsoft Excel 软件，按如下步骤操作：

1）单击任意单元格，然后单击下图最上栏中的“*fx*”，按钮，出现“插入函数”对话框，选择 PMT 函数，如图 3-5 所示。

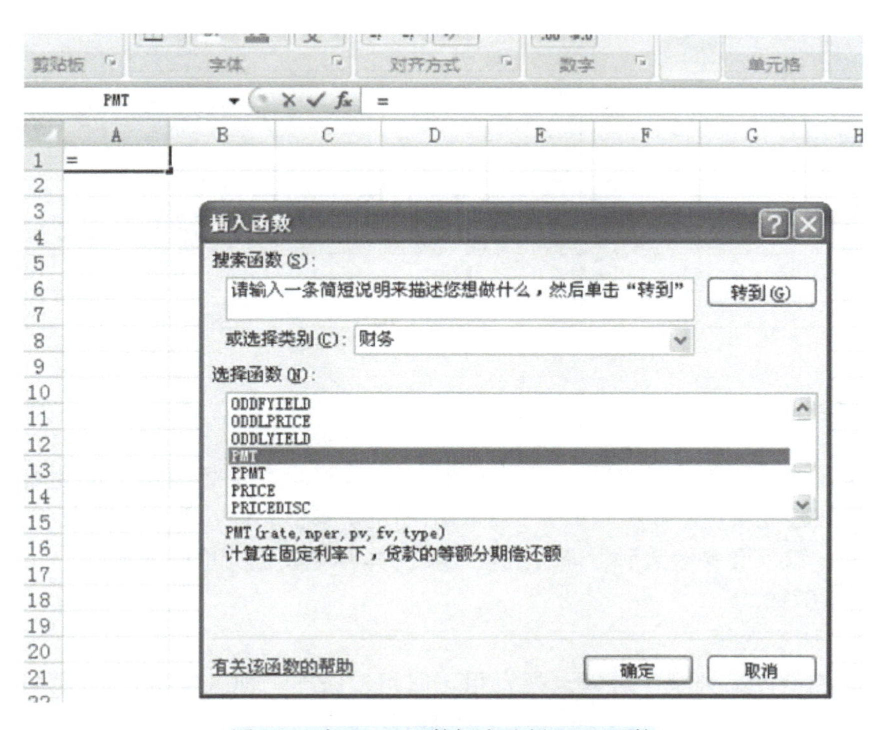

图 3-5　在 Excel 函数框中选择 PMT 函数

2）在弹出的对话框中输入相应数据并单击“确定”就可以计算出答案，如图 3-6 所示。

最终计算出，每期租金约为 6329 元，客户每期租金支出情况见表 3-4。

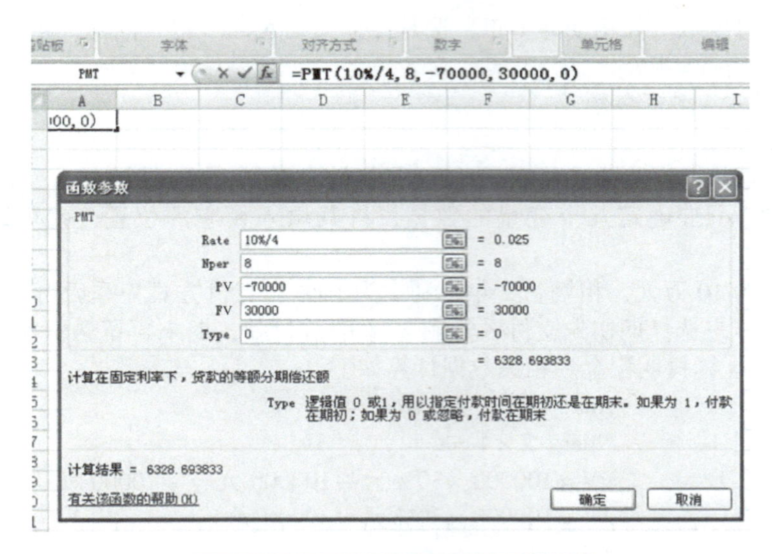

图 3-6　在函数参数框中输入相应参数

表 3-4　租金表

期　　数	首付款/元	每期租金/元	尾款/元	支出费用/元
期初	30000			30000
第 1 期		6329		6329
第 2 期		6329		6329
第 3 期		6329		6329
第 4 期		6329		6329
第 5 期		6329		6329
第 6 期		6329		6329
第 7 期		6329		6329
第 8 期		6329	30000	36329

三、融资租赁租金计算工具的使用

融资租赁企业多根据企业需要，制作内置各种函数及设定相关逻辑的租金计算工具，表 3-5 所示为某融资租赁企业租金计算工具的租期定价参数界面。业务人员仅需选定融资租赁产品的类型，输入必要参数后，即可进行租金测算并生成融资租赁方案。

（一）输入参数

1. 租期定价参数

（1）融资租赁产品类型　可以选择直租、回租、保理三种融资租赁类型，这三种类型因为涉及税收、与其他金融产品的衔接，利率略有不同。

（2）租金偿还方式　租金偿还方式即租金支付的时间点。先付：期初支付租金。后付：期末支付租金。

（3）租金计算方式　租金计算方式包括租金支付间隔和租金支付金额两类参数。

1）支付间隔有等期、不等期两种，选择不等期，需要在工具中设定还款日期，工具根据内设公式分别计算出每期还款金额。

2）支付金额分为等额租金（等额本息）、等额本金和不等额租金三种，如果选择等额租金、等额本金，工具内设函数即可自动生产各期租金，如果选择不等额租金，则需要在表3-5中按照试算原则不断进行测试，找到最接近需要的数值。

表3-5　某融资租赁企业租金计算工具的租期定价参数界面

租期定价参数				◉ 直租	○ 回租	○ 保理
计息原则	30/360	租金偿还方式	后付	租金计算方式	等期	等额租金
日期参数						
起租日	2018/3/12		期限（月）	24	付款周期(月)	1
融资参数						
	融资总额(元)	1,000,000.00	年利率	11.40%	首付款(元)	
	保证金（返还）(元)	200,000.00	资产余值(元)		留购价款(元)	
	其他收入总额(元)	-			末期未收回本金(元)	

2. 日期参数

1）起租日。起租日必须按照日期格式输入起租日期。

2）租期。单位为月，如租期2年，则输入参数为24。

3）付款周期。单位为月，即租金月付、季付、半年付，则输入参数分别为1、3、6。

3. 融资参数

常用的融资参数为融资总额、首付款、保证金、其他收入总额、年率（名义利率），其中其他收入总额常见的形式是手续费、咨询费，通常只收取一项。

以融资100万元、保证金20万元、租期2年、年利率（名义利率）11.40%、月末付租金为例，分别输入主要参数。租金定价参数的输入框后有箭头，单击后出现参数选择下拉框，单击需要的参数，如等期、不等期并确定。同样，在租金测算工具中确定日期参数、融资参数。

（二）租金试算

最重要的一步是在年利率参数框中输入不同利率进行租金试算，租金试算把握两个要素：一是租金金额是否能为客户接受，二是租金收益是否能为我（融资租赁公司）所接受。输入利率参数后会得到表3-6显示的相关试算结果。

表3-6　租期定价结果界面

租期定价结果		回收期	1.78年
租金总额(元)	1,123,050.48	整体IRR	17.16%
总收益(元)	123,050.48	租期IRR	17.16%
- 租前息(元)	-	不含其他收入IRR	17.16%
- 利息总额(元)	123,050.48	不含税IRR	15.15%
- 其他收入总额(元)	-	年化平息参考	7.68%
-手续费(元)	-	整体XIRR	19.00%
-咨询服务费(元)	-	租期XIRR	19.00%
无余值或留购价(元)	-	不含其他收入XIRR	19.00%
首付款(元)	-	不含税XIRR	16.60%
保证金（返还）(元)	200,000.00	常用IRR	17.59%

其中表3-6的左侧租金总额、利息总额、每期租金（表3-4）是客户最关心的参数，表右侧的各种参数是融资租赁公司最关心的参数。通常，仅将年化平息即费率这个参数提供给客户。通过上述试算，加上这笔融资的年利率（名义利率），得到的核心参数为：

1）年利率（名义利率）：11.40%。

2）IRR（实际利率）：17.59%。

3）年化平息（费率）：7.68%。

4）回收周期：1.78年，指1.78年后融资总额1000000元收回。

（三）生成融资租赁方案

通过与客户的反复沟通，确定在年利率参数框中输入11.40%这个参数后生成的融资租赁方案能为客户、融资租赁公司双方接受，则我们就可以把工具生成的另一个表的部分内容（表3-7）作为租金支付表提供给客户，租金支付表包括还款日期、租金金额及每期利息、本金。这样，一个包括融资租赁成本、租金支付表的融资租赁方案做成了。

表3-7　租金支付表

期次	还款日	租金金额(元)	利息金额(元)	本金金额(元)	未收回本金(元)	现金流量(元)
0	2018/03/12	-	-	-	1,000,000.00	(800,000.00)
1	2018/04/12	46,793.77	9,500.00	37,293.77	962,706.23	46,793.77
2	2018/05/12	46,793.77	9,145.71	37,648.06	925,058.17	46,793.77
3	2018/06/12	46,793.77	8,788.05	38,005.72	887,052.45	46,793.77
4	2018/07/12	46,793.77	8,427.00	38,366.77	848,685.68	46,793.77
5	2018/08/12	46,793.77	8,062.51	38,731.26	809,954.42	46,793.77
6	2018/09/12	46,793.77	7,694.57	39,099.20	770,855.22	46,793.77
7	2018/10/12	46,793.77	7,323.12	39,470.65	731,384.57	46,793.77
8	2018/11/12	46,793.77	6,948.15	39,845.62	691,538.95	46,793.77
9	2018/12/12	46,793.77	6,569.62	40,224.15	651,314.80	46,793.77
10	2019/01/12	46,793.77	6,187.49	40,606.28	610,708.52	46,793.77
11	2019/02/12	46,793.77	5,801.73	40,992.04	569,716.48	46,793.77
12	2019/03/12	46,793.77	5,412.31	41,381.46	528,335.02	46,793.77
13	2019/04/12	46,793.77	5,019.18	41,774.59	486,560.43	46,793.77
14	2019/05/12	46,793.77	4,622.32	42,171.45	444,388.98	46,793.77
15	2019/06/12	46,793.77	4,221.70	42,572.07	401,816.91	46,793.77
16	2019/07/12	46,793.77	3,817.26	42,976.51	358,840.40	46,793.77
17	2019/08/12	46,793.77	3,408.98	43,384.79	315,455.61	46,793.77
18	2019/09/12	46,793.77	2,996.83	43,796.94	271,658.67	46,793.77
19	2019/10/12	46,793.77	2,580.76	44,213.01	227,445.66	46,793.77
20	2019/11/12	46,793.77	2,160.73	44,633.04	182,812.62	46,793.77
21	2019/12/12	46,793.77	1,736.72	45,057.05	137,755.57	46,793.77
22	2020/01/12	46,793.77	1,308.68	45,485.09	92,270.48	46,793.77
23	2020/02/12	46,793.77	876.57	45,917.20	46,353.28	46,793.77
24	2020/03/12	46,793.77	440.49	46,353.28	0.00	(153,206.23)

如果没有租金测算工具，同样也可利用“模块一　单元二　融资租赁基础知识”中的方法进行租金测算。

（1）名义利息　使用公式PMT，确定参数Nper=24，PV=1000000元，试算Rate让输出值PMT=46793.77元时得到Rate=0.95%，则名义利率=0.95%×12=11.40%。

（2）实际利率IRR　使用IRR公式求表3-7中最右侧列现金流的IRR，第24期现金流为当期租金与退还保证金之和，即-153206.23元=46793.77元+(-200000)元。计算得月

IRR = 1.47%，年 IRR = 1.47% × 12 = 17.64%。

（3）年化平息（年费率）　$年化平息 = \dfrac{\dfrac{利息总和}{0\,期次现金流}}{租期（年）} \times 100\% = \dfrac{\dfrac{123050.48}{800000}}{2} \times 100\% = 7.69\%$。

学习小结

小部分非标业务和大单业务，最重要的内容是租金标准的商务谈判，因此业务人员必须掌握租金的计算方法。租金计算时应考虑首付款、保证金等因素对租金标准的影响，可以适当利用上述因素，在不降低收益的同时制订对承租人有吸引力的融资租赁方案。

思考题

1. 租金支付方式有哪几种？对租金的影响是什么？
2. 按照本单元租金计算示例，计算融资 100 万元、保证金 3 万元、租期 3 年、年利率（名义利率）11.40%，月初和月末付款的租金是多少？

单元三　汽车融资租赁收益分析

学习目标

1. 了解影响融资租赁收益的因素和计算收益的原理。
2. 熟悉计算融资租赁收益的两种方法。
3. 掌握分析融资租赁收益的公式。

学习指导

汽车融资租赁出租人将未来租金收入折现至期初，得到的金额叫作租金现值，现值也可以理解为扣除了融资利息的当期收入或当期回收的本金。将未来租金收入折现的折现率，是出租人资金成本率。资金成本是出租人为筹集和使用资金而付出的代价，也是出租人在融资租赁过程中的主要成本。资金成本率大小由资金来源确定，例如：出租人资金来源于银行贷款，则资金成本率为银行贷款的利息。融资租赁利润 = 租金现值 − 融资金额。

相关知识

一、利用现值函数 PV 核算融资租赁利润

利用现值函数 PV 核算融资租赁利润的原理是将各期租金折现，这个折现值之和与期初的融资额之差就是利润。相关原理的理解可参考模块一单元二融资租赁基础知识“图 1-5 等额本息各期租金现值与终值”。

在实际操作中，汽车融资租赁公司经常通过计算机软件或金融计算器内置 PV 函数计算等额本息租赁情况下的租金现值。

PV函数——PV（Rate，Nper，PMT，FV，Type）——涉及资金成本率、计息期总数、租金金额、尾款和先付或后付的租金支付方式，各变量与函数要素的对应情况如下：

Rate——资金成本率。折算成每个计息周期的资金成本率。

Nper——计息期数。如租期为1年，按月计息，则Nper=12。同样，租期为1年，如果按季度计息，则Nper=4。

PMT——单期租金金额，如每期租金为100元，则此处PMT=-100元。

FV——尾款金额，如尾款为200元，则此处FV=-200元。

Type——0或1。若先付，则Type=1，若后付，则Type=0。

在计算过程中，确定几个变量的数据，填入相应位置，就可得出租金现值。

如融资金额为10万元，租期为2年，利率为10%，支付方式为季后付。为降低每期支付的租金金额，客户选择期初先支付融资额30%的首付款，期末再留融资额的30%作为尾款，用PMT函数计算出每期租金为6329元。如出租人用银行贷款购车租给客户，资金成本率为银行提供的贷款利率8%，则相关数据计算如下：

$$Rate = 利率/4 = 8\%/4$$

$$Nper = 2 \times 4 = 8$$

$$PMT = -6329 元$$

$$FV = -30000 元$$

$$Type = 0$$

若使用2016版Microsoft Excel软件，按以下步骤操作：

1）单击任意单元格，然后单击“插入函数”按钮，出现“插入函数”对话框，选择PV函数，如图3-7所示。

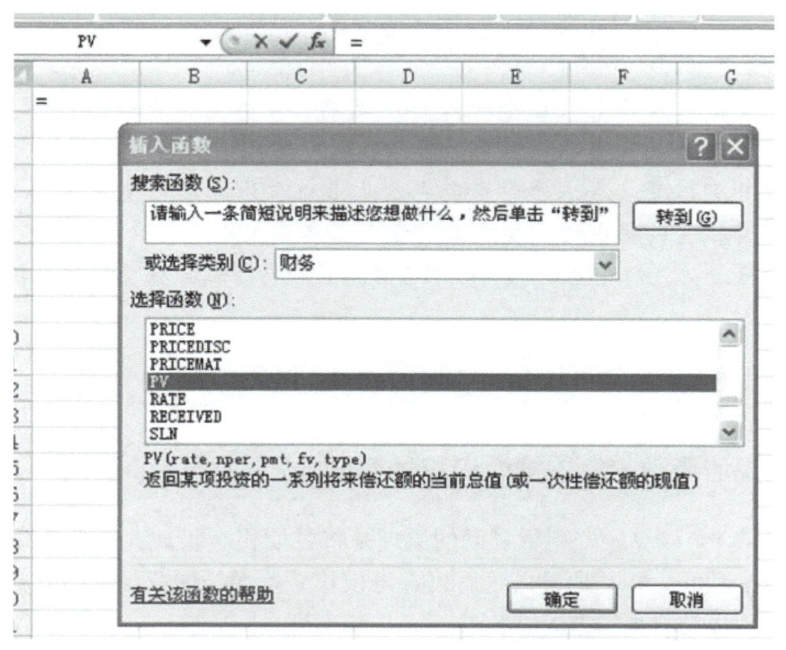

图3-7　在Excel函数框中选择PV函数

2）在弹出的“函数参数”对话框中输入相应数据，单击“确定”就可以计算出答案。如图 3-8 所示。

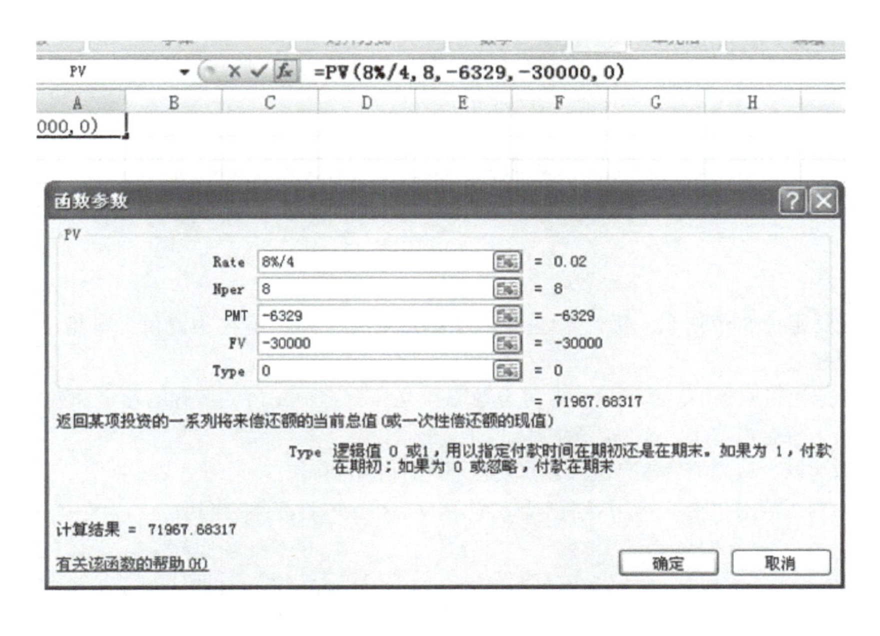

图 3-8　在函数参数框中输入相应参数

最终计算出，租金现值约为 71968 元。

出租人实现当期利润 = 租金现值 –（融资金额 – 首付款）

= 71968 元 –（100000 – 30000）元 = 1968 元

利润率 = 利润/成本 = 1968/(100000 – 30000) × 100% = 2.8%

二、汽车融资租赁利润核算

以下公式计算出的是不考虑咨询费、融资手续费、人工成本、供应商折扣等运营成本和额外收益的毛利润。

$$Y = \sum_{N=1}^{n} \frac{R}{(1+i)^N} + \frac{F}{(1+i)^N - P} \qquad \text{（后付）}$$

$$Y = \frac{F}{(1+i)^N - P} \qquad \text{（先付）}$$

式中　Y——利润；

R——每期支付的租金；

P——起租本金，可以等于合同约定的融资金额，可以包括购车款、购置税、车船税、保险费用等，如有首付，则等于融资额减去首付款的金额；

i——用于计算租金的各期利率，汽车融资租赁公司会综合考虑业务的盈利预期、资金成本、竞争环境等因素，自主确定利率水平，该利率一般为年利率，计算中的 i 是将年利率折合成每期利率计算出来的，如年利率为 I 且租金月付，则 i =

$I/12$，如租金季付，则 $i = I/4$，以此类推；

n——计息期总数，即缴纳租金次数；

N——租金所属期数；

F——尾款，合同约定租赁残值。

学习小结

融资租赁收益分析是业务决策的重要环节，通过利润分析最终确定融资租赁方案是否可行，因此业务人员必须掌握利润分析的方法。

思考题

某客户欲融资租赁5台汽车，每台车购买价为880000元，并希望将购置税、车船税及一年保险共102000元包含进租金。

租赁方案设定为租期3年，季后付，首付为融资额20%，客户支付完所有的租金和残值后拥有车辆。假设利率为17%，资金成本率为8%。请解答如下问题：

1. 如不收取尾款，请用等额本息法计算每期租金并计算年利润率。
2. 如尾款为购买价的30%，请用等额本息法计算每期租金并计算年利润率。

[模块四] 汽车租赁经营管理

概述

经营管理（Operation and Management of Business）是对企业整个经营活动进行决策、计划、组织、控制和协调，以实现其任务和目标一系列工作的总称。

本模块介绍汽车租赁经营管理框架并对经营模式选择、组织机构及岗位职责、定价与营销、主要经营指标、经营分析、日常经营管理工作等重点工作进行详细介绍。通过本模块的学习，加上必要业务一线的实操经验，同学们基本能够了解汽车租赁企业运营脉络并具备从事经营管理工作所需的基础知识。

情景导入

周五，小张列席公司经营分析例会，会议上各部门经理结合本部门各项运营指标，介绍本周的运营情况及需要解决的问题。在各部门汇报的同时，总经理使用业务管理系统调阅相关信息，并不时向汇报者提问。最后，总经理对会议反映的问题一一做出具体指示。在完成会议纪要后，小张深刻体会到一个企业和一个人一样，首先要有运动、消化、感官和神经等健全的人体系统（组织机构及岗位职责），其次要有正确、客观的对自身系统健康状况和外部世界情况进行信息收集和判断的思维决策能力以及世界观（经营指标、经营分析、经营模式选择），然后通过不断的协调人体各系统的功能和行为（日常经营管理工作）达到人生目标（企业经营决策）。

单元一 汽车租赁经营管理框架

学习目标

1. 了解经营管理的基本概念。
2. 熟悉汽车租赁经营管理框架。
3. 掌握汽车租赁经营管理两大框架的管理内容。

学习指导

与业务相比，经营管理更宏观和抽象，它不是某个具体的技能，而是对诸多具体工作的组织和协调。“一个不想当将军的士兵不是好士兵”，在掌握汽车租赁各项业务技能成为一个合格的业务人员后，下一个目标应当是经营管理者，本单元即是迈向这个目标的第一步。

经营管理分为经营决策和持续性经营管理两大部分，它们构成经营管理框架。通常由董事会做出经营决策，管理部门按照决策目标执行持续性经营管理。其中经营决策建立在客观、准确的分析预测基础上，经营管理则依靠完善的管理制度和体系以及严谨的执行力。

相关知识

一、经营决策

经营决策是指汽车租赁企业对未来经营发展的目标及实现目标的战略或手段进行最佳选择的过程。经营决策是汽车租赁企业管理全部工作的核心内容。在汽车租赁企业的全部经营管理工作中，决策的正确与否，直接关系到汽车租赁企业的生存和发展。

（一）经营决策的种类

随着决策的实践和决策理论的发展，决策方法也正朝着定性和定量两个方向发展，并交替运用，相互补充，成为科学决策的两大支柱。

1. 定性决策方法

定性决策方法是在决策中充分发挥人智慧的一种方法。它直接利用那些在某方面具有丰富经验、知识和能力的专家，根据已知情况和现有资料，提出决策目标和方案，做出相应的评价和选择。这种方法主要适用于那些难以定量的决策问题，同时也可对某些应用定量决策方法做出的决策进行验证。

2. 定量决策方法

定量决策方法是建立在数学分析基础上的一种决策方法。它的基本思想是把决策的常量与变量以及变量与目标之间的关系用数学公式表达出来，即建立数学模型，然后根据决策条件，通过计算求得决策答案。

（二）经营决策的方法

1. 常用的几种定性决策方法

（1）经验决策法　经验决策法是一种最古老的决策方法，由于它简便易行，在现代企业经营决策中，仍然经常使用。特别是那些对业务熟悉、工作内容变化不大的专家，往往可以凭经验做出决策，并且能取得良好的效果。

（2）德尔菲法　德尔菲法是美国著名的咨询机构兰德公司于20世纪50年代初发明的。它的核心组织形式是：不把专家召集在一起开会讨论，而是发函请一些专家对一定的问题提出看法和意见，被征询的专家彼此不相知。收到专家们回复的意见后加以整理分析，再分寄给专家们继续征求意见。如此重复多次，直到意见比较集中为止，以此做出决策。这种方法可以使专家们毫无顾虑，各抒己见，同时又能把较好的意见逐步集中起来。

（3）头脑风暴法　这是邀集专家，针对确定的问题，敞开思想、畅所欲言、相互启发、集思广益、寻找新观念，找出新建议的方法。其特点是运用一定的手段，保证大家相互启迪，在头脑中掀起思考的风暴，在比较短的时间内提出大量的有效的设想。它一般采取会议讨论的形式，召集5~10名人员参加，参会人员既要求有各方代表，又要求各代表身份、地位基本相同，而且要有一定的独立思考能力。会议由主持人首先提出题目，然后由参会人员充分发表自己的意见，会上一般不允许对任何成员提出的方案和设想提出肯定或否定意见，也不允许成员之间私自交谈。会议结束后，再由主持人对各种方案进行比较，做出选择。

（4）集体意见法　集体意见法是把有关人员集中起来，以形成一种意见或建议。与会者发表的各种看法，其他人可以参加分析、评价，或提出不同看法，彼此之间相互讨论、相互交流、相互补充、相互完善。会议主持人还可以根据发言者的个人身份、工作性质、意见的权威性大小等因素对各种意见加以综合，然后得出较为满意的方案。

2. 常用的几种定量决策方法

（1）确定型决策方法　确定型决策是指决策的影响因素和结果都是明确的、肯定的。一般根据已知条件，直接计算出各个方案的损益值，进行比较，选出比较满意的方案。

（2）风险型决策方法　风险型决策方法一般先预计在未来实施过程中可能出现的各种自然状态，如市场销售状况可能有好、中、坏三种，估计这三种状态可能出现的概率。然后根据决策目的提出各种决策方案，并按每个方案计算出在不同自然状况下的损益值，成为条件损益。最后分别计算出每个方案的损益期望值，进行比较，择优选用。具体的方法有以下两种：

1）决策表法。决策表法是利用决策矩阵表计算各方案的损益期望值，然后进行比较的一种决策方法。

2）决策树法。决策树法是利用树枝状图形列出决策方案、自然状态、自然状态概率及其条件损益，然后计算各个方案的期望损益值，进行比较选择的决策方法。

（三）经营决策的主要步骤

经营决策的主要步骤是市场调研和对调研资料进行分析，并根据分析方法和结果做出决策。分析也分为定性分析和定量分析两种形式，如本模块中经营模式选择等即为定性分析，利润分析“模块六单元三汽车租赁投资估算分析”即为定量分析。

（四）经营决策的主要项目

汽车租赁经营决策的主要项目有经营模式选择、组织机构及岗位责任、定价营销调研等。

二、持续性经营管理

持续性经营管理又称为日常经营管理工作，包括主要经营指标、经营分析、业务程序调整等。详细内容见本模块单元五、六、七。

学习小结

汽车租赁经营管理框架如图4-1所示。本模块其他单元构成汽车租赁经营管理的框架，或者说经营管理框架是图书馆目录、收纳箱，一个企业包括汽车租赁企业所有事无巨细的运营管理工作都有序地归入其中，是管理人员履职的法宝。

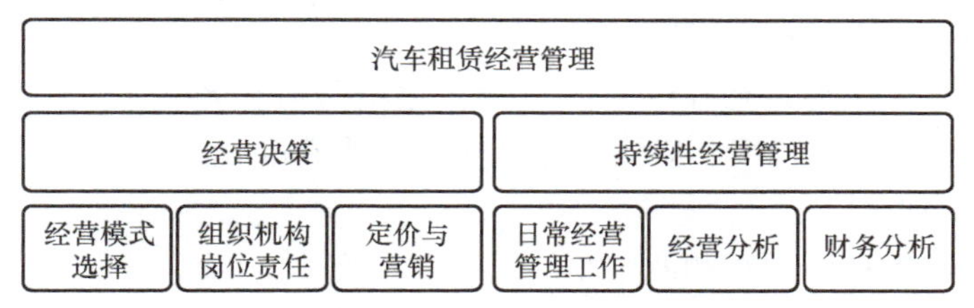

图4-1　汽车租赁经营管理框架

思考题

1. 如何理解人及人的行为与企业经营管理的关系？
2. 汽车租赁经营管理框架由哪几部分构成？每部分又包括哪些内容？

单元二　汽车租赁经营模式选择

学习目标

1. 了解汽车租赁经营模式选择在汽车租赁经营管理中的重要地位。
2. 熟悉汽车租赁的经营模式。
3. 掌握汽车租赁经营模式选择的步骤和方式。

学习指导

无论对于一个新创企业还是调整阶段的企业，确定经营模式都是非常重要的经营决策，它关系到企业经营管理的其他工作如何开展，是一个企业经营管理的基石。本单元通过介绍市场定位、区域定位、业务发展模式、业务推广渠道和经营模式的其他内容，让同学进一步掌握更多的企业经营管理知识。

相关知识

一、市场定位

（一）按照汽车租赁业务类别划分

（1）短期租赁　短期租赁解决临时性交通需要，承租人包括自然人和法人。短期租赁还包括近年来快速发展的交通服务属性更为突出的汽车共享。

（2）长期租赁　长期租赁解决长期的交通需求，承租人更注重车辆使用功能而不是车辆的财产价值。

（3）融资租赁　融资租赁解决长期的交通需求，但承租人同时谋求租赁车辆的所有权。

（二）按照租赁车辆使用目的和客户群体划分

（1）休闲用车　节假日的休闲、旅游、探亲访友用车，承租人主要为自然人。

（2）商务用车　用于企业、单位的交通服务和辅助经营活动，承租人主要为法人。

（3）替换用车　用于替换因故障、事故等意外情况而无法使用的汽车，承租人为汽车维修企业、保险公司，使用者为被替换车的车主。

（4）经营用车　用于道路运输经营的车辆，包括货运、客运，承租人为道路运输企业或具有营运资质的个人，经营用车应按照有关规定办理道路运输许可手续。

（三）按照车型划分

（1）客车　客车包括乘用车和商用车。

（2）货车　货车包括需办理行驶证的工程车、特种车。

（四）按照是否参与经营划分

（1）实体经营　经营者购买租赁车辆，直接参与汽车租赁经营并承担投资风险。

（2）中介服务　即预订服务，经营者不直接参与汽车租赁经营，而是通过为汽车租赁企业和客户提供以预订为主的中介服务，收取中介费。

二、区域定位

在哪些区域开展汽车租赁业务也是汽车租赁经营决策的重要内容。区域定位的决策主要从宏观和微观两个层面考虑。

（一）区域定位的宏观因素

（1）社会经济发展水平　人口数量、居民收入水平、消费特别是交通消费水平。

（2）城市发展水平　外企、大型机构等重要经济体的聚集能力，会议、展览等大型活动频率，差旅、出入境总人数。

（3）交通运输发展水平　公路总里程及路网密度、交通枢纽数量和规模、城市公共交通发展规划。

（4）其他因素　旅游资源，机动车保有量、驾驶人数量。

（二）区域定位的微观因素

1）宾馆、机场、车站、旅行社、商业区、居住区的分布情况。

2）门店营业场所、停车场的成本。

3）门店的有效客流。

4）竞争对手的布局。

三、业务发展模式

连锁经营是汽车租赁企业业务发展的主要模式。连锁经营有三种基本模式，分别为直营连锁模式、特许经营模式和自由连锁模式。

（一）直营连锁模式

1. 直营连锁模式的定义

直营连锁（Regular Chain，RC）是连锁经营最基本的模式，是指总公司直接经营的各个汽车租赁连锁店，即由公司本部直接经营投资管理各个汽车租赁网点的经营形态，此连锁形态并无加盟店的存在。汽车租赁公司总部采取纵深的管理方式，直接下令掌管所有的汽车租赁网点，各网点也必须完全接受总部的指挥。直营连锁的主要任务在“渠道经营”，意思是透过经营渠道的拓展从消费者手中获取利润，因此直营连锁实际上是一种“管理产业”。

2. 直营连锁模式的主要特点

直营连锁模式的主要特点是各个汽车租赁连锁店的所有权和经营权集中统一于总部。主要表现在：所有成员企业必须是单一所有者，归一个公司、一个联合组织或单个人所有，总部不向连锁店收取经营权费用；由总部集中领导、统一管理，总部对连锁店的约束控制能力很强，如人事、采购、计划、广告、会计和经营方针都集中统一，实行统一核算制度，各直营连锁店经理是雇员而不是所有者，各汽车租赁直营连锁店实行标准化经营管理，连锁店数量扩张速度较慢。

（二）特许经营模式

1. 特许经营模式的定义

特许经营（Franchise Chain，FC）也称为特许加盟，是目前在汽车租赁行业普遍的连锁经营模式之一。按照有关法律规定，特许经营是“指特许人将自己拥有的商标（包括服务商标）、商号、产品、专利和专有技术、经营模式等以合同的形式授予受许人使用，受许人按合同规定，在特许人统一的业务模式下从事经营活动，并向特许人支付相应的费用”，即汽车租赁公司授予某一候选人特许经营权，使其加入汽车租赁公司的服务网络，使用汽车租赁公司的品牌和标志，按照汽车租赁公司的统一规范进行业务运作，汽车租赁公司对特许经营点的经营进行监督和指导，并收取特许经营权使用费。

2. 特许经营模式的主要特点

特许经营模式的主要特点是整个连锁体系由契约结合而成，连锁店所有权不属于总部。主要表现在：总部对商标、服务标志、独特概念、专利、经营诀窍等拥有所有权，权利所有者授权其他人使用上述所有权。汽车租赁公司总部约束连锁店的经营管理方式；在授权合同中包含一些调整和控制条款，以指导受许人的经营活动；汽车租赁公司总部分担各连锁店部分费用，也分享其部分利润，受许人需要支付权利使用费和其他费用。

（三）自由连锁模式

1. 自由连锁模式的定义

自由连锁（Voluntary Chain，VC）也称为自愿连锁，即自愿加入连锁体系的企业。这些企业是原已存在，而非加盟店的开店伊始就由连锁总公司辅导创立，所以在名称上有别于加盟店。在自愿加盟体系中，服务品牌的所有权属于加盟主，而运作技术及服务品牌归总部持有。也就是说，各汽车租赁加盟店在保留单个资本所有权的基础上实行联合，汽车租赁公司总部与加盟店之间是协商、服务关系，集中购进租赁车辆并进行维护、救援等，统一制定经营战略，统一使用物流及信息设施。

2. 自由连锁模式的主要特点

自由连锁模式的主要特点是整个连锁体系由契约结合而成，连锁店所有权不属于总部。各汽车租赁加盟店不仅独立核算、自负盈亏、人事自主，而且在经营品种、经营方式、经营策略上也有很大的自主权，但要按销售额或毛利的一定比例向汽车租赁公司总部上交加盟金及指导费。汽车租赁公司总部经营的利润也要部分返还各加盟店。同时，连锁店扩张速度较快，汽车租赁公司总部对连锁店的控制约束能力较差。

四、业务推广渠道

1. 全国逐级扩展式

全国逐级扩展是大型汽车租赁企业最普遍的业务推广渠道，该扩展方式又可以细分为两种方式：①汽车租赁企业下设几个大区，这些大区是依据行政区域或负责半径距离划分的，大区下设分管的城市，每个城市再根据自身情况管理城市网点。②汽车租赁企业总部直接管理各个城市的网点。目前，一些城市为了控制过度扩展，疏散过分集中的人口和工业，在大城市外围建立卫星城。为了满足在主城区和卫星城之间往返的群体需求，可在卫星城中设置汽车租赁网点。

2. 客户追踪扩展方式

采用客户追踪扩展方式的汽车租赁企业可以不设立门店，主要针对企业进行上门服务，每个企业用户的用车都有专人进行管理。汽车租赁企业网络扩张的方式主要是客户追踪的方式，即企业用户扩展到哪里，汽车租赁企业就服务到哪里，以企业用户的需求为第一要素。此种扩展方式风险较小，收益较为稳定。

3. 依托渠道扩展方式

目前，汽车租赁服务与餐饮住宿业、汽车销售4S店以及在线旅行服务商等相结合，并已成为发达国家汽车租赁企业的一种网点扩展重要方式。

将汽车租赁网点布设在酒店、宾馆、4S店内，依托已有实体服务业扩展汽车租赁网点。例如，在宾馆、饭店中居住的多数为商务人员、旅游者，没有自带车辆，汽车租赁企业可为这类有较大用车需求的群体提供租车服务。在4S店内开展汽车租赁，既可开发潜在的消费者，又能为客户提供维修、保险和替换等售后服务。同时由于租赁车辆的使用率高，也是新车宣传、推广的重要渠道，许多销售商的试乘试驾等营销活动都是由汽车租赁完成的。

另外，目前十分流行的在线旅行服务网站，也提供汽车租赁的预订服务。这类扩展方式并没有设置实体服务点，一般是与其他汽车租赁企业进行合作。

五、经营模式的其他内容

（一）车型选择

选择车型的首要原则是必须符合市场需求，同时应避免车型单一、集中，市场运力过剩，导致销价竞争。在选择车型前，应对目标市场的汽车租赁价格进行市场调研和分析。若调研显示某种车型的市场价格低于同类车型或低于预期收益，则应避免选择该车型。

选择车型时，还应当考虑车型的市场保有度，一般而言，保有度高的车型容易为客户接受，而且维修成本低、保值率高，有利于降低经营成本。

1. 中高档车型

相对而言，中高档车辆的使用频率较低，自备该种车型不经济，因此中高档车辆的出租率比较高。同时，随着中国经济的发展，国外各大企业和政府机构在中国均设立有总部或办事处，加上我国历史悠久，有着相当厚实的文化底蕴，是国内外旅游观光的热点，国内外游客和中外企业对车价为20万~40万的中高档车辆租赁的需求旺盛。

2. 中低档车型

随着人们交通消费习惯的改变，对小客车依赖度高的人群越来越多，特别是当汽车租赁网络比较发达、租还车非常方便时，汽车租赁将成为一种被普遍接受的交通方式。因此车价在10万元或更低价格的中低档车，作为满足基本乘用功能的交通工具，将逐步成为汽车租赁的主力车型。随着社会信用机制的健全，适合个人出行租赁的车型最终能达到租赁车辆总数的70%左右。

3. 高档车型

价格在40万元以上的奔驰、宝马、林肯等主要是用于宴会、婚庆和高档的商务用车，这部分需求不大，是小众市场。

（二）车辆投放模式选择

1. 一次性投放

采取一次性投放的方案首先可以使企业短期内形成较大的经营规模，各种车型的租赁一步到位，满足各个层次的客户需求，为客户提供比较周到的租赁服务。其次是可以迅速占领一定的市场份额，重要的是推出自己的租赁服务品牌。其弊端在于：一次性投放所需要的资金量较大，所承担的风险较大，企业的资金周转会受到影响；由于各个层次的租赁服务同时开展，要求人员的培训工作及时跟上，如果人员招聘和培训工作不到位，则很容易影响对客户的服务质量，从而影响企业在客户心目中的形象。

2. 阶段性投放

采取阶段性投放方案的优点在于：初步投资资金量较小，承担的风险较一次性投放方案低；由于企业的经营规模限制，可以集中针对某一层次的租赁客户服务（如确立20万~40万价位为主要车型），提高服务质量；其次是企业管理方面会比较容易上轨道。缺陷在于：市场占有的份额较小，难以在客户群中形成一定的影响。

对新进入汽车租赁行业的汽车租赁企业，汽车租赁市场的瞬间容量有限，即批量投入车辆后传统市场难以消化，造成出租率低，营业收入低。因此在实现规模化经营的过程中应注重市场潜在容量巨大的短租市场的开发。而短租市场发展的瓶颈是汽车租赁信用管理体系的缺失，解决这一问题的措施如下：

1）应用GPS等技术手段解决经营风险，简化租赁手续，降低信用审核标准，是快速进入短租市场的有效途径。

2）与金融机构、信用管理机构合作，以发行联名信用卡、信用信息共享等方式，利用它们比较成熟的信用管理体系。

学习小结

通过了解汽车租赁经营者在经营模式宏观决策方面的主要工作内容，一是可以从更高的视角理解具体业务工作的意义，二是为进一步提高工作水平和层级打下基础。

思考题

1. 市场定位有哪几种划分标准？
2. 业务发展模式有哪几种？
3. 汽车租赁经营模式的选择由哪些因素决定？

单元三　汽车租赁企业组织机构及岗位职责

学习目标

1. 了解汽车租赁企业组织机构的构成。
2. 熟悉汽车租赁企业主要岗位的职责。

学习指导

汽车租赁企业的组织机构和岗位职责依据汽车租赁企业的经营模式而定，如汽车租赁服务、汽车融资租赁的企业机构和岗位职责不同，长期租赁、短期租赁的企业机构和岗位职责不同。在设置或调整企业组织机构和岗位职责时，应充分结合企业的经营决策。

相关知识

一、组织机构

汽车租赁企业的组织机构由两部分构成，一是支撑企业基本运作的常规机构，如办公室、人事部和财务部等。二是根据业务需要设立的业务机构，如业务部、服务部和技术保障部等。在此基础上，各企业可按照自身业务特点，细分上述业务机构，设立更具体的部门。一些规模较大，具有很多营业站点，开展网络经营服务的租赁公司，一般需要设立运营中心（业务部），对基层的业务部门——租赁站点进行业务管理。

（一）大型企业的组织机构

1. 一级机构

大型汽车租赁企业的一级机构包括办公室、财务中心、运营中心、服务中心、预订中心、市场开发部和法律事务部。

2. 二级机构

大型汽车租赁企业的二级机构包括结算部、营业部（若干个）、带驾驶人租赁业务部、租卖营业部、设备保障部、车辆保险部、车辆更新部和网络保障部等。

大型汽车租赁企业的组织机构如图 4-2 所示。

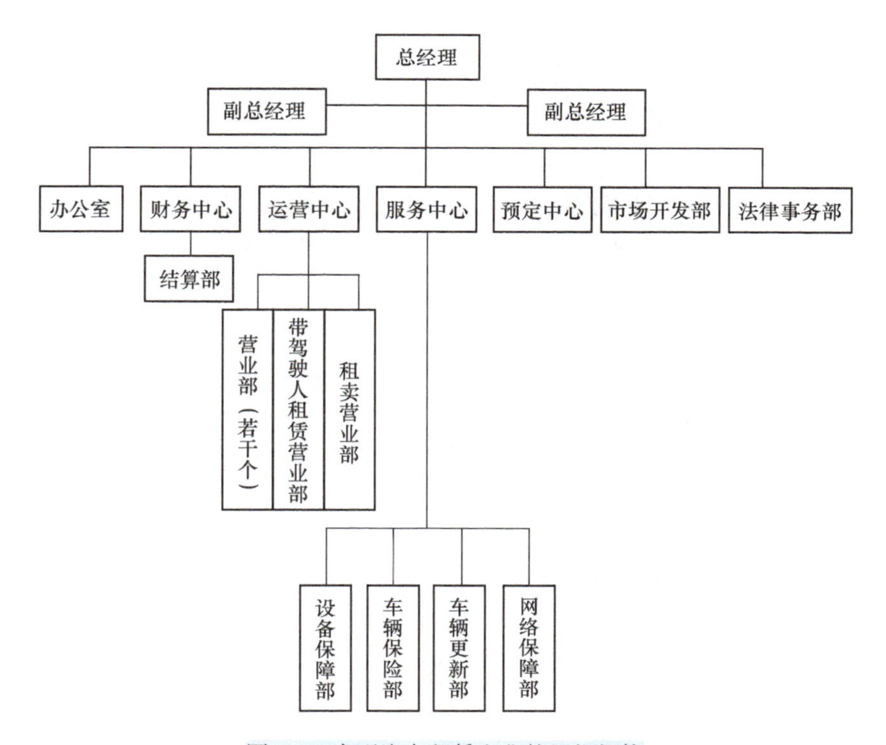

图 4-2　大型汽车租赁企业的组织机构

（二）中、小企业的组织机构

中、小企业的组织机构包括办公室、财务部、业务部、车务部和市场开发部。

二、岗位职责

（一）办公室

1. 行政管理

1）办理行政事务，协调部门的衔接工作；落实、督办公司安排的各项工作；管理公司印鉴、介绍信。

2）日常办公用品、业务用品的采购、领用和保管。

3）公共关系及信息、舆情监控。

4）管理公务车辆。

2. 文件管理

1）草拟、发送和保管公司内部文件。

2）外来文及信函的处理。

3. 会议管理

组织公司会议、负责会议记录。

4. 人事管理

负责人员招聘、通知、面试及上岗培训，办理人员接收、任命、调动、离职手续，进行员工考勤、奖惩。

5. 制度管理

1）制定行政办公事务、行政工作方面的工作程序、规章、制度和服务标准。

2）制定企业各项规章制度。

6. 对外关系

1）负责与政府及行业管理部门的联络，掌握行业政策。

2）内部分析，通过汇总各业务部门月报，总结、分析各部门工作情况，及时准确了解企业经营运行状况，提出改进建议和方案。

（二）财务中心

1. 预算管理

1）编制财务预算，执行财务计划。

2）依现金周报，分析、检查资金运作效果，提出资金使用意见和建议。

3）负责日常财务核算和应收款项的追踪管理。

2. 成本管理

负责成本项目确认，成本控制，成本核算、报告。

3. 账簿管理

负责会计报表的记录，会计账簿的整理和保存。

4. 固定资产管理

负责固定资产的增加、减少、盘盈、盘亏的核算及固定资产的清算。

5. 营业款管理

1）负责管理、指导结算部的业务开展、监督。

2）监督营业款的收付及发票使用情况。

6. 资本运作

负责与银行等金融机构协调企业业务所需资金的筹措及相关事务。

（三）结算部

1. 营业款收付

1）收取营业款转报财务部。

2）安排保证金等项退款事宜。

2. 票据管理

监督管理发票及小票使用情况。

3. 票务工作安排

负责票务人员日常及节假日值班工作安排，保证租赁业务的正常开展。

（四）运营中心

1. 营业部管理

1）指导、辅助和检查营业部日常工作。

2）检查营业部各项工作的完成情况。

3）规范所属各门店的服务内容、方式、标准和工作流程。

2. 车辆管理

1）监控运营车辆，调配车辆资源。

2）管理、监控所属运营车辆，掌握车辆状况。

3）配合服务中心协调车辆维护、年检等工作。

3. 统计分析

负责各项业务数据的收集、整理、统计、分析。

4. 报表管理

负责业务报表、票据、终止合同的整理、保管。

5. 计算机管理

1）负责营业部计算机设备的购买、修理、更新、升级。

2）负责计算机业务软件系统的开发、安装、维护、管理。

（五）营业部（若干个）

1. 租赁业务

1）接待客户，解答客户咨询问题。

2）办理租赁业务手续。

2. 租金管理

掌握租金到期情况，按期催收租金，上报租金欠收情况；负责催收欠款，控制欠费时间及挂账金额。

3. 风险管理

1）进行租前承租方资质审核。

2）判断在租车辆的信用保证状态，及时上报风险情况。

4. 报表统计

填写、报送业务报表，编制业务月报。

5. 档案管理

负责客户档案的建立、保管及提供利用。

6. 车辆管理

1）掌握车辆状况，保证车辆数目准确。

2）配合所属车辆的年检、保险。

3）提供车辆更新建议。

7. 合同管理

对在租车辆合同及未结清合同实施管理；保持合同资料完整，掌握合同到期情况；按期移交合同。

（六）带驾驶人租赁营业部

1. 租赁业务

办理包租（带驾驶人）业务的资质审核、签订合同等租赁车辆的业务手续。

2. 租金管理

按期核收租金及其他款项，催收过期租金。

3. 合同管理

对在租车辆合同及未结清合同实施管理；保持合同资料完整，掌握合同到期情况；按期移交终止合同。

4. 车辆管理

掌握租赁车辆状况，保证待租车辆良好。

5. 报价管理

编制包租业务价目表。

6. 油耗管理

根据业务情况，核定用油额度，核对燃油消耗情况。

7. 驾驶人管理

负责驾驶人的培训、教育、工作考评及奖惩工作。

定期组织例会，实施交通安全、服务质量、职业道德的教育和培训。

8. 档案管理

建立本部门管辖车辆台账、驾驶人人事档案、油耗台账、服务台账。

（七）租卖营业部（融资租赁部）

1. 租卖业务

1）确定以租代卖车辆。

2）洽谈租卖业务，签订租赁合同，办理业务手续。

3）合同到期办理车辆过户手续。

2. 租金管理

1）编制、核算租金数额。

2）掌握租金到期情况，核收租金、违约金和滞纳金。

3）催欠款，控制欠费时间及挂账金额。

3. 风险管理

负责客户审验，进行实地资质审核。

（八）服务中心

1. 组织协调

管理、指导、辅助、检查车辆保障部、车辆保险部、车辆更新部的工作。

2. 接受和落实客户的服务要求

对从各种渠道获得的客户服务信息及时做出反馈，并协调相应部门落实。

3. 报表统计

负责数据的收集、整理、统计、分析和报表的填写、上报。

4. 档案管理

建立保管车辆台账、车辆档案。

5. 成本管理

控制车辆服务成本，核定费用支出。

（九）设备保障部（车务部）

1. 维修管理

确定修理方案，安排修理工作，核定修理费用。

2. 维护管理

掌握车辆维护情况，安排车辆定期维护。

3. 救援管理

负责租赁车辆救援的整体工作，包括工作人员、车辆的组织；负责救援信息处理及救援工作的实施。

4. 整备管理

安排车辆租前的技术检查及清洁卫生。

5. 证照管理

负责车辆证件、牌照的收发、登记、补办、管理，缴纳运营车辆所需的各项税费。

6. 车辆年检

负责安排车辆年检。

7. 违章处理

负责交通违章的查询及相关事项的处理。

8. 档案管理

建立和保存车辆维修、违章、救援记录档案。

（十）车辆保险部

1. 保险管理

掌握车辆的保险情况，安排车辆上险事宜。

2. 事故处理

处理车辆出险情况，办理理赔事宜，安排车辆修理。

3. 损赔管理

为业务部门提供车辆损赔标准，核对损赔收回情况。

4. 档案管理

建立和保存车辆保险、出险记录档案。

（十一）车辆更新部

1. 信息采集

收集市场各种车型及价格信息，掌握汽车市场发展动态。

2. 新车采购

确定新车购买事宜，洽谈新车采购条件。办理工商验证、交购置税、领取牌照等新车购入的相关手续。

3. 二手车销售

确定应退出租赁经营的车辆，办理卖车、过户手续。

4. 档案管理

建立被更新车辆的档案，做好车辆登记、运营证件的保管工作。

（十二）网络保障部

1）负责计算机程序升级、维护。

2）负责计算机硬件设备维护。

3）对员工进行计算机知识培训，正确使用计算机设备。

4）进行数据备份，防止因计算机网络系统故障影响业务工作。

（十三）预订中心

1. 接受预订

按照程序接受客户预订，确定预订内容；根据客户需求、企业车辆分布情况，与相关营业部确定车型、价格和租期等预订内容。

2. 对服务质量进行监督

对各营业部服务质量进行监督，负责处理客户投诉并分析服务质量原因，提出改正措施。

（十四）市场开发部

1. 市场调研、开发

1）组织市场调查、分析和预测。

2）负责市场信息动态管理，业内间的相互协作。

3）对公司的业务拓展及新的业务提出建议。

4）负责现有业务客户的定期分析及回访。

2. 企业形象管理

1）实施企业发展战略，策划企业形象。

2）实施企业形象宣传。

3. 广告宣传

1）制订、实施广告计划。

2）设计、制作广告宣传材料。

4. 会员制建设

1）建立会员标准、会员业务开展程序，运作会员制各项工作。

2）依公司发展步骤，推广、完善会员制。

5. 营业网络建设

1）指定营业网点建立标准，保证公司经营形象统一。

2）策划、建立新的营业网点。

（十五）法律事务部

1. 法律服务

1）审核公司对外签署的各种合同。

2）为公司的各项业务提供法律咨询。

3）代表公司处理各种诉讼事宜。

4）开展与公司经营有关的法律咨询。

5）收集、汇编各类与公司业务有关的法律、法规及行业规范。

2. 权益维护

1）协助业务部门处理恶意租赁事项。

2）协助业务部门处理疑难事项。

3）协助业务部门处理服务投诉事项。

3. 案件管理

1）办理诉讼案件。

2）处理非诉讼案件，管理相关档案。

4. 风险防范

1）督查资质审核的办理，针对业务部门提供的重点客户进行资信调查。

2）收集租赁客户相关信息，建立黑名单。

3）利用社会可用资源建立客户信用风险预警系统。

5. 对外协调

1）协调同公司发生纠纷的企业或客户。

2）密切注意与公安、法院等相关部门的关系。

3）与其他公司建立信用沟通渠道。

学习小结

本单元是汽车租赁经营管理中重要，但出现频率较低的管理工作，同学以学习了解为主。

思考题

1. 汽车租赁企业的组织机构可以分为哪几部分？
2. 汽车租赁组织机构的设置由什么决定？

单元四 汽车租赁定价营销调研

学习目标

1. 了解常用定价方法的原理和招投标基础知识，了解市场调研基本程序。

2. 熟悉收益管理原理在汽车租赁定价、营销方面的应用，熟悉市场调研的主要方法。

3. 掌握利用收益管理原理定价和促销的基本方法、汽车租赁招投标的操作程序、市场调研数据分析方法。

学习指导

汽车租赁是同质性很强、成本透明的服务行业，在服务和价格方面很难形成差异，定价、营销方面的业务工作比较艰巨。但汽车租赁与民航、宾馆行业相同，都是可以利用收益管理原理定价、营销的行业。小张在公司营销部门实习时，结合“汽车租赁收益管理应用实例”和在“模块一单元三”学到的收益管理原理，提出了基于价格调整的营销方案，受到经理表扬。在长期租赁业务方面，小张也在考虑运用招投标的营销方式，开拓针对法人客户的新市场。市场调研方面应注意大数据的应用。

相关知识

一、常见的定价方法

（一）以成本和利润为中心定价法

1. 定价

首先以成本加成法初步定价。成本是企业生产经营过程中所发生的实际耗费，客观上要求通过商品或服务的销售而得到补偿，并且要获得大于其支出的收入，超出的部分表现为企业利润。以产品或服务单位成本为基本依据，再加上预期利润来确定价格的成本导向定价法，是中外企业最常用、最基本的定价方法。

租金标准的定价基本原则是在租赁车辆单位成本上加预期的利润，并考虑出租率、利润率等因素就是该型车的定价。其计算公式为

$$p=\frac{c(1+i)}{nr}$$

式中 p——租金标准［元/天（月、年）］；

c——运营期间的总成本，包括固定成本和可变成本（元）；

i——预期利润率（%）；

n——租赁车辆的运营时限，根据定价单位不同，分别是天、月、年；

r——预期出租率（%）。

如某车型运营3年，预期利润率为10%，出租率为75%，包括车辆购置费用、保险

费、维修维护费、人工费用等在内的运营成本为18.6万元，则根据公式计算可知租金标准为186000元×(1+10%)/(3年×365天/年×75%)=249.1元/天，定价取整数为250元/天。

2. 修正定价

由于初步定价的部分参数为理想值，由此推算出的租金标准是否能被客户接受，必须经过市场验证，并加以修正。通常使用盈亏平衡法对初步定价进行修正。基本原理是以盈亏平衡点为底线，计算盈亏平衡点的出租率，以实际出租率为修订参数，对租金标准进行调整。主要步骤如下：

1）确定盈亏平衡点出租率。盈亏平衡点通常是指全部销售收入等于全部成本时的销售量。在汽车租赁中，全部成本与出租率为100%时租金收入的比值，就是盈亏平衡点出租率，它是确定租金标准的最重要参数，其计算公式为

$$R=\frac{c}{pd}$$

式中 R——盈亏平衡点出租率（%）；

d——天数。

根据公式，则定价为250元/天，盈亏平衡点出租率为186000元/(250元/天×3年×365天/年)=68%。

2）根据以定价销售出现的实际出租率对定价进行修正。如果实际出租率低于68%，就会出现亏本，必须下调定价，尽快让出租率恢复到68%以上。

（二）以竞争为中心定价法

1. 主动竞争定价法

主动竞争定价法是以对手的定价为目标，主动调低并保持与对手有一定价格差距的定价方法。主动竞争定价法没有太多的定价技巧，价格战是其普遍形式。这种定价策略仅仅是某一阶段的特定做法，完全违背以成本和利润为中心定价法的原则，主要目的是以牺牲利润来挤占对手的市场或者拖垮对手。

主动竞争定价需要具备的条件和面临的风险如下：

1）在市场定价权上具有一定主导地位，能够承受对手不能承受的亏损。

2）不得不终止主动竞争定价时，结果往往适得其反，虽是始肇者，却是失败者。

2. 随行就市定价法

随行就市定价法是指在市场竞争激烈的情况下，企业为保存实力采取与竞争者产品价格一致的定价方法。这种定价法适合于供给基本平衡、供给能力难以随时调整的商品或服务，竞争充分和市场化程度高的行业。在这种情况下，如果定价高，就会失去客户，价格定低，供给不能马上与需求匹配，自然利润也不会增加。所以，随行就市是一种较为稳妥的定价方法。

（三）以市场为中心定价法（动态定价法）

以市场为中心定价法是指按照客户对商品或服务的认知和需求程度制定价格，而不是根据企业的成本定价。若成本导向定价的逻辑关系是成本+税金+利润=价格，则以市场为中心定价法的逻辑关系是根据市场价格倒推成本：价格−税金−利润=成本。以市场为中心定

价法具体有认知价值定价法、反向定价法和需求差异定价法等。

由于市场需求随时间、供求关系、客户群体的不同而随时变化，在衡量市场变化参数不断完善和科学的定价体系建立后，市场可以被更为精准地量化描述。在此基础上，以市场为中心定价法又称为动态定价法。动态定价法的核心是根据客户需求调整定价，但频繁调整价格和没有策略地普遍调整价格会适得其反，动态定价是建立在数据收集、预测、分析等一系列工作基础上的。

二、汽车租赁定价方法

(一) 以成本和利润为中心定价法不适用于汽车租赁

以成本和利润为中心的定价方法是静态的、封闭的定价方法，以利润为优先考虑因素，往往与市场竞争和需求的实际情况不符。但因为简单，所以是最常用的定价方法。其主要适用于性能指标单一并且明确的、价格弹性低的商品销售而非服务销售，尤其不适用于汽车租赁行业。例如，由于燃料和管理费用的增加，赫兹公司的运营成本一直处于上升趋势，1994年、1995年分别比上一年上升60%、30%，为了缓解经营压力，赫兹在1993年3月实行全面提价，1993年9月、1994年3月、1995年4月相续提价。然而每次加价后业务量明显减少，最终，赫兹不得不采取降价的措施挽回客户。

(二) 随行就市是汽车租赁行业广泛采用的定价方式

汽车租赁行业采用随行就市定价法有以下几个原因：

1）汽车租赁是市场化程度很高的行业，成本、利润透明度很高，价格趋同性强，个体企业很难通过低于或高于市场价格的定价获得利益，除非采取主动竞争定价法，以占有市场为目的。

2）由于投资周期长，影响因素多，汽车租赁的成本核算较难，随行就市定价是本行业众多企业在长时间内摸索出来的，价格与成本和市场供求情况大体相符，容易得到合理的利润。

3）随行就市价格类似于行业协商一致价格，可以避免恶性竞争，引发价格战。

采用随行就市的定价方法能为企业节省调研费用，而且可以避免贸然变价所带来的风险，是中、小汽车租赁企业广泛采用的定价策略。该定价方法应注意不要跟随主动竞争定价，避免卷入以重整市场格局为目的的价格战。

(三) 动态定价法能够提高汽车租赁收益

以收益管理为基础的动态定价方式在宾馆、航空和汽车租赁等行业应用了20多年，取得了良好的经济效益。关于收益管理及其在动态定价法中的具体应用，详见模块一单元三及本单元相关内容。

三、汽车租赁收益管理简易应用程序

除使用计算机的收益管理系统实施收益管理外，汽车租赁企业也可以将收益管理理论与现行管理系统相结合，通过局部定价策略和营销手段，实现收益最大化。

(一) 预测需求

简而言之，收益管理是在出租率相对较低的时期，在保持固有租金标准和出租率的前提下，通过对价格敏感的客户进行有条件的降价促销，提高总的租金收入。因此，收益管理首先要做的工作是确定出租率低的时段。预测需求的大致程序如下：

1. 采集出租率的历史数据

至少以月为单位，对企业两年以上的出租率进行采集和统计。出租率应按照车型分类，并且考虑环比或同比时价格变化对出租率的影响，按照有关参数和数学模型，对出租率进行修整。

2. 数据分类

按照统计和概率学理论，数据分类越接近，则统计和预测出来的结果就越接近实际情况。因此在预测之前，需要对历史和当前的出租率数据进行分类。

3. 过滤数据

在采用大部分的预测模型进行分析时，用以分析的历史数据的样本都将剔除系统坏数据、用户坏数据和不相干数据。

系统坏数据和用户坏数据分别是系统和用户给予不可用于预测的数据的标志。

通过上述步骤，可以获得某种车型在某租金标准下全年的需求趋势图（图 4-3）。从图 4-3 中可以看到，该车型在 2、5、10 月为旺季，其他月份为淡季。

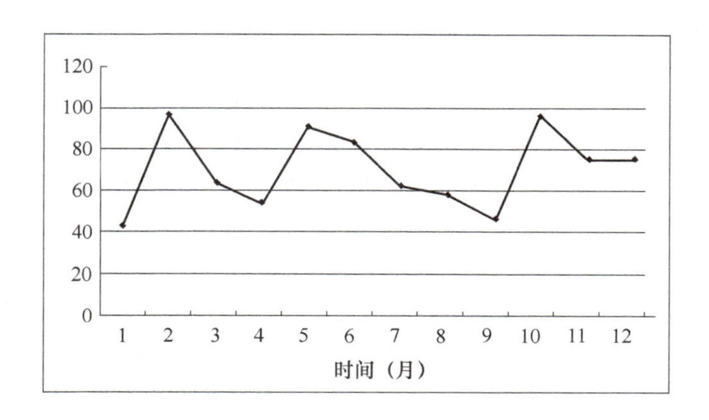

图 4-3　某车型出租率的变化趋势

（二）价格细分

根据需求预测，在旺季适当调高挂牌价，而且不设立有条件的优惠价。而对于 3 ~ 4 月、6 ~ 9 月、11 ~ 12 月的淡季，则对市场进行细分并设立有销售条件的细分市场价格。通常市场细分越细，收益提高越多，设立合理的价格藩篱的难度越大。

（三）建立价格藩篱

建立价格藩篱是收益管理能否真正有效实施的核心所在，也是收益管理中价格细分与一般削价竞争的重要区别。建立价格藩篱的最主要原则是不让客户反感，觉得受到歧视；其次是价格藩篱必须有效和可行。在汽车租赁行业中，建立价格藩篱主要有以下三种形式：

1. 预订

预订是应用最广泛的价格藩篱，通常是预订得越早，优惠幅度越大，预订得越晚，优惠幅度越小，没有预订执行挂牌价，也称为门市价。

2. 会员制

会员制是比较常见的建立价格藩篱的措施。非会员客户对会员享受优惠价格应是可以接受，不会提出异议的。使用会员制服务建立价格藩篱需要注意一点：必须对会员数量和价格细分进行严格和科学的匹配，否则价格藩篱将被破坏。如划分不同等级的会员并享受不同程度的优惠，或者控制会员的数量。

3. 附带条件销售

通过制订某些不易被客户反感或被指为歧视的条件，以特定的租金标准，在特定时间，向符合条件的特定客户提供租赁车辆，例如租车当日是客户的生日、预付定金等可以享受优惠等。其实预订也是附带条件的销售，如预付需支付租金一定比例的预付款，不能取消，不能变更，如取消，则不退预付款。

四、汽车租赁收益管理的销售技巧

收益管理的基本原则也可运用于日常销售中，以下为几种包含收益管理元素的销售技巧：

（一）容量控制法

多数情况是汽车租赁企业以一个高于平常的定价早早开始预订，并以预订出租率100%为目标，因此，黄金季节没有车租是汽车租赁的常态。在收益管理的精准预测前提下，按照预先设定的数量指标，控制价格较低一级细分市场的销售量，将租赁车辆预留给价格较高的细分市场的销售办法，称为容量控制法。这种方法主要适用于“五一”“十一”春节等汽车租赁黄金季节。

容量控制法的目的是把握好销售时机，尽可能地把车租给肯出高价的客户。如果企业过于追求出租率，可能会早早地把车辆预订出去，但往往越是临时租车的旅客，越是对价格不敏感，可以出高价。因此灵活运用容量控制法，可以提高收益。容量控制法应用的条件如下：

（1）预测准确　否则会出现预留的车辆没有租出去的结果。

（2）市场细分准确　细分市场的类别和条件要清楚，细分市场的价格及预留租赁车数量要准确。

（3）容量控制点科学　即在租赁车预订数量达到多少时，实行容量控制、关闭次级细分市场。

（二）租期调整法

（1）套期调整　通常，为了确保收益管理系统的准确，提高预测的可靠性，汽车租赁企业提倡预订，而且尽量按照订单的日期、租期和价格执行。但有时当两个订单的租期有冲突时，为了保证租期长的订单，汽车租赁企业可以主动要求另一个订单的客户缩短租期，或者提供替换车辆，当然，需要给客户不同形式的优惠。

（2）最低租期限制　一种情况是在淡季，为了提高出租率，汽车租赁企业推出最低租期限制的低价租车产品。另外就是旺季且消费习惯是以假期为单位的租车，如果只租一天会影响到租期长的客户，比如春节，几乎所有租赁企业都是7天起租，甚至一个月。

（3）最高租期限制　最高租期限制主要是避免低价的次级细分市场客户租期过长，限制了高价细分市场的容量。因此，某些细分市场也以租期限制作为价格藩篱或者以随时调整租期为销售的限制条件。

（三）升档和降档销售法

升档和降档销售法是在某细分市场供应量不足时，向客户提供高于或低于其租用车辆租金标准的车，临时增加租赁车数量，以满足市场需求的办法。例如，当客户想租用的某经济型车已没有时，如果中档车短期内有剩余，可以按照经济型车的租金租给客户。也有用低档车补充高档车供应量的情况，但需要以一定补偿条件，如降低租金等获得客户同意。

上述销售技巧的应用，完全依赖于收益管理系统的支持，即准确的销售情况预测和科学的市场细分，否则这些销售技巧会弄巧成拙，反倒降低收益。

【实例分析】

汽车租赁收益管理应用实例

收益管理在汽车租赁中有很好的应用前景。某企业有某型汽车100辆，租金400元/天，某天出租率40%，未实行收益管理时的租金收入为160000元。通过对市场分析，企业制订了100元/天、150元/天、200元/天、300元/天的不同价格细分，利用预定、会员、附带条件销售等价格藩篱，在确保原有出租率和租金标准的情况下，又租出去20辆车。表4-1为两种情况的收益对比。

表4-1　收益管理与非收益管理对比

类别	租金标准/（元/天）	400	300	200	150	100	汇总数据
非收益管理	出租率（%）	40	0	0	0	0	40
	租金收入（元）	16000	0	0	0	0	16000
收益管理	出租率（%）	40	2	4	6	8	60
	租金收入（元）	16000	600	800	900	800	19100

从表4-1可以看出，运用收益管理后，出租率增加20%，租金收入增加19.38%。相反，如果没有收益管理中价格藩篱的作用，使用降低租金增加出租率的办法，可能造成两个不良后果：在企业间形成恶性竞争；虽然出租率上升了，但租金收入上升幅度很小甚至下降。

五、汽车租赁营销主要内容

市场营销的最终目的是针对客户的喜好，制定并实施各种营销策略，引导客户的消费意愿转变为符合营销目标的消费行动。根据有关调查，影响客户选择汽车租赁企业的租金、口碑、车辆状况、手续方便性、车型数量、合同合理性六大因素中，租金的影响度最高，为 33%，其次是口碑，为 21%。

（一）汽车租赁营销的基本原则

1. 充分发挥价格在营销中的作用但避免价格战

价格是最有效的但也是副作用最大的营销手段，如果市场营销过度依赖价格，往往会使企业陷入价格战，最终结果是企业利益受到损害。运用收益管理原理定价，可有效实现营销目的，实现收益最大化。

2. 注重互联网的营销作用

鉴于口碑在汽车营销中的重要性，以及互联网特别是移动互联网对人们耳濡目染式的影响，除网站外，汽车租赁企业应重视微博、微信、论坛等信息传输方式的宣传作用。企业应设置负责舆情监督和控制的岗位。

3. 市场营销是综合性的工作

市场营销必须与定价、市场调研互动，即通过市场调研，确定营销方案和市场定价；根据市场调研了解营销方案和市场定价的具体效果，并据此调整营销方案和市场定价。注意：广告、推广等营销策略和手段是市场营销的外在形式，而定价是市场营销的内在实质，两者缺一不可。

市场营销需要有明确的目标以及后期需要有综合的数据用作合理分析。随着互联网应用的发展，市场营销推广的可追踪性也越来越强，这也就预示着市场营销目标的可量化、可追踪、可分析性也更为明确。例如，在同样的市场支出情况下，企业是期望营业额有所提升，还是老用户的重复购买率有所提升，再或者是为企业拉取更多的新用户等。

（二）汽车租赁企业的形象设计

汽车租赁的服务难以形成特色，如果想给消费者留下深刻印象，更多地依赖于企业形象。另外部分没有亲身体验汽车租赁的潜在消费者，也是口碑的一个重要来源或渠道，影响这些潜在消费者的重要形式，就是汽车租赁的企业形象。企业形象主要表现为品牌形象及以品牌为核心的视觉识别设计。

主要汽车租赁企业十分重视品牌宣传，使用标志性的颜色和图案增强在消费者意识中的强度和持续时间。在突出企业品牌的同时，也注重不同市场的品牌差异，以便更好地细分市场，提高营销收益。表 4-2 所示为三大汽车租赁企业及其细分市场的品牌标志。

企业形象建设还包括经营理念、经营宗旨、事业目标、企业定位、企业精神、企业格言、管理观念、人才观念、创新观念、工作观念、客户观念、人生观念、价值观念、品牌定位、品牌标准广告语等。企业有意识、有计划地将自己企业或品牌特征向公众展示，使公众对某一个企业或品牌有一个标准化、差异化、美观化的印象和认识，以便更好地识别，达到提升企业的经济效益和社会效益的目的。

表 4-2　三大汽车租赁企业及其细分市场的品牌标志

市场划分	赫　兹	安飞士巴基特集团	企业控股
高端客户	Hertz.	AVIS.	enterprise rent-a-car
中端客户	DOLLAR RENT A CAR	Budget	National Car Rental
低端客户	Thrifty Car Rental	PAYLESS CAR RENTAL	Alamo
汽车共享	Hertz 24/7	zipcar	enterprise CarShare

在世界很多地方，只要一看到“你租的不仅仅是一辆”这句口号，就可以马上联想到欧洲汽车的服务细致入微，租赁站点无所不至；看到“再接再厉”（WE TRY HARDER），就会感受到安飞士“我们只是第二名，我们应当如何做?”那种永远向前，追求更高更好的精神。品牌形象识别设计已成为体现企业特征的重要部分。

（三）网络营销

（1）网站　建立企业的汽车租赁网站，开展网上预订、租车和结算等业务。

（2）第三方平台　利用携程旅行网、去哪儿网等旅游、旅行类第三方电子商务平台作为业务推广和预订渠道。

（3）搜索引擎　将企业和业务信息加入百度等互联网搜索引擎并尽可能突出关键字和搜索排序。

（4）博客、微信、论坛　建立企业官方博客、微信，有针对性地与客户互动沟通，是效果更好的网络营销方式。建立或参与相关话题的论坛，也可达到引导舆论、扩大影响的营销目的。

（5）团购　在特定情况下可以利用团购网站迅速扩大汽车租赁企业的影响。但要注意，团购通常适用于批量生产的产品销售而不适用于汽车租赁这样行业供应力有限的服务业。

（6）网上竞拍　汽车租赁企业也可以在销售淡季，用一定数量闲置的租赁车辆开展无底价增价拍卖或减价拍卖，以达到制造营销热点的效果。

据有关统计，客户通过上述互联网渠道获得汽车租赁信息的比例已超过 50%，网络营销推广能提供更精确的目标市场而越来越重要。

（四）与关联行业合作

1. 互惠合作

汽车租赁企业与银行的合作形式有与银行合作发行联名卡、有条件地对某银行的信用卡优惠、与银行合作进行宣传活动等。与宾馆、航空、旅游、加油站等相关服务行业建立类似的互惠关系，企业的客户可享有参与计划的航空公司贵宾会员额外的飞行里程积分，或宾馆贵宾会员的经常光顾积分。这些额外积分可享受各航空公司或各宾馆的优惠待遇。

2. 建立代理关系

企业可与较有名的宾馆、旅行社和航空公司洽商合作事宜，请它们代理汽车租赁服务，为这些宾馆、旅行社和航空公司的客户代办汽车租赁服务。当这些客户去外地出行时，可享受企业的异地租车服务。作为回报，汽车租赁企业按照代理伙伴的营业额，以一定比例向代理伙伴支付酬金。

汽车租赁企业还可将汽车租赁网点布设在酒店、宾馆内，依托已有实体服务业扩展汽车租赁营销网络。例如，在宾馆、饭店中居住的多数为商务人员、旅游者，没有自带车辆，汽车租赁企业可为这类有较大用车需求的群体提供租车服务。

六、汽车租赁招投标营销方法

（一）什么是招投标

招投标，是招标、投标的简称。招投标是商品交易的一种形式，是在货物、工程和服务的采购行为中，招标人通过事先公布的采购要求，邀请非特定或特定的投标人按照同等条件进行平等竞争，依规定程序并组织相关专家对投标人进行综合评审，从中择优选定中标人的行为过程。其实质是以较低的价格采购最优的货物、工程和服务。

（二）招投标逐步成为汽车租赁营销的重要形式

由于招投标是相对公正的采购形式，自2014年中央及省级政府、大型国有企业开始通过招投标确定汽车租赁服务供应商以后，各级政府公务用车、各类型企业业务用车都逐步尝试招投标方式向汽车租赁企业采购。汽车租赁企业应关注主要的招标网站，努力获得投标资格，积极参与各类招标活动。投标前要认真阅读招标文件，了解竞争对手的情况，根据企业自身条件和特点制订标书，提高中标概率。

（三）参加招投标企业条件

1）必须是一般纳税人的法人，同时满足招标方的其他要求，具体见投标人须知。

2）通常需要获得CA证书。投标人应向招标方申请CA证书，CA证书对招投标双方身份电子认证并对通信信息加密，防止招投标文件泄密。CA证书中含有密钥（公钥和私钥）实现身份识别和加密功能，投标人向CA中心提出申请，CA判明申请者的身份后，向其分配一个公钥，该公钥与申请者的身份信息绑在一起形成证书发给申请者。获得CA证书后，汽车租赁企业可网上询标、提交电子标书。

（四）招投标基本程序

1. 寻找招标信息

汽车租赁企业可以通过各类招标网站，寻找汽车租赁招标信息。通常各级政府的政府采购网或者政府财政局网站都有汽车租赁招标信息。一些大型企业，如中国移动、中国石油、国家电网等都有自己的采购网站，定期发布汽车租赁招标信息。

2. 获得投标资格、询标

投标人如果认为满足招标方的条件，需要提供基本信息和保证金经招标方批准后获得投标资格。询标的主要内容是投标人咨询招标问题、在电子招投标系统中登记注册、购买或获取招投标文件。询标有现场和通过互联网登录两种形式。

3. 将招标文件转化为投标文件

投标方仔细研读文件，根据文件要求和投标人情况编制投标文件，对于招标文件每一个条款所提出问题或要求，应一一对应地予以回复。不能空项，不能回避。招标文件的制作应当要遵循招投标规则。

4. 提交投保文件

投标文件有纸质和电子文件两种，有的要求两种都提交，有的只要求提交电子文件。

1）纸质文件，密封盖章后送交指定地点。

2）电子文件，经过 CA 证书加密后网上上传提交。

5. 专家评标

招标方或其委托的招投标公司组织专家对投标方提交的投标文件，按照招标文件确定的标准、规则评标，确定中标名单。评标有纸质文件评标（图 4-4）、电子文件评标两种方式（图 4-5）。

图 4-4　纸质文件评标

图 4-5　电子文件评标

6. 发布中标公告

招标方或招投标公司根据评标结果，在媒体或网站上发布中标公告，中标汽车租赁企业可领取中标通知书并与招标方正式签订汽车租赁合同。图 4-6 所示为汽车租赁招投标流程。

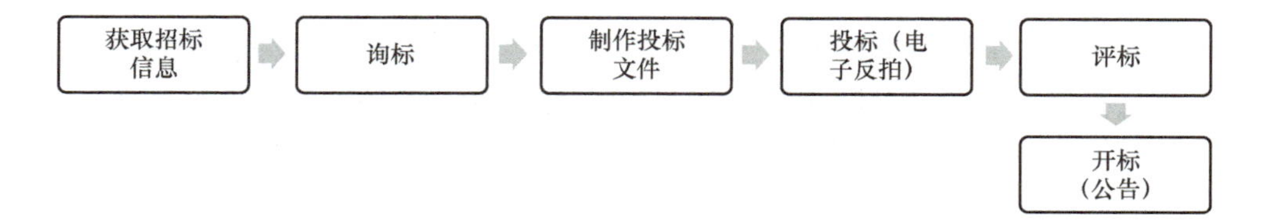

图 4-6　汽车租赁招投标流程

（五）招投标文件

1. 招标文件

招标文件由招标方或招标方委托招投标公司发布包括：

1）投标邀请。

2）投标人须知。

3）采购服务要求。

4）评标标准和方法。

5）投标文件格式。

6）车辆租赁服务框架协议或合同。

2. 投标文件

投标文件由投标方（如汽车租赁企业）编制并提交，包括资格证明（商务）文件和技术文件两大类：

1）资格证明（商务）文件。投标人提交的证明其有资格参加投标和中标后有能力履行合同的文件：①投标函；②三合一法人营业执照；③行业管理部门证照；④法定代表人授权书；⑤投标人的资信证明；⑥投标人资格声明；⑦社会保障资金缴纳记录；⑧没有重大违法记录的声明。

2）技术文件。投标人提交的能够证明投标人提供的服务符合招标文件规定的文件：

①投标一览表（含报价明细表）；②安全服务水平；③服务网点具体经营地址；④车辆技术情况一览表；⑤企业质量管理体系认证和环境管理体系认证或同等效力的认证证书；⑥企业经营年度考核证明文件；⑦维修场所相关证明文件；⑧投标人概况表、投标人投标承诺等资料。

（六）招投标的一般规则

（1）电子反拍规则　开始时间之后，结束时间之前，供应商方可报价；供应商报价必须低于上一轮最低报价，第一轮可任意报价，但是必须要按照设定的幅度，低于起拍价。参加上一轮报价的供应商方可进入下一轮报价；如果某一轮无供应商报价，反拍结束；反拍结束后，如果出现供应商报价均为最低，最先报价者优先。

电子反拍全部轮次截止时，出现两家或两家以上供应商同时（精确到秒）竞拍同样价格的，以报价数据进入系统（依据 ID 编号先后）次序为准，先进入的供应商成交。

（2）积极应答规则　如投标人未按照招标文件的要求提交全部资料，或者投标文件未对招标文件在各方面都做出响应，可能导致评标委员会对其做出不利的评审。比如技术文件中的“投标一览表”“车辆技术情况一览表”即为实质响应条款，如果没有提报则投标文件再好，也是废标。

（3）勘误规则　若投标文件中多个文件的同一指标不一致，则以比较重要文件上的指标为准。如“投标一览表（含报价明细表）”内容与投标文件中内容不一致的，以“投标一览表（含报价明细表）”为准；若单价计算的结果与总价不一致，以单价为准修改；若正本与副本不一致，以正本为准；若“投标光盘”内容与纸质文件内容不一致的，以纸质文件内容为准；若用文字表示的数值与数字表示的数值不一致，以文字表示的数值为准；对不同文字文本投标文件的解释发生异议的，以中文文本为准。如果投标人不接受对其错误的更改，其投标将被拒绝。

七、汽车租赁市场调研

汽车租赁定价、市场营销、经营模式等一些重要决策及具体经营策略的调整，都是建立在全面、准确的市场调研基础上。虽然市场调研不是汽车租赁的主体业务，在日常经营活动中的工作量比较少，但市场调研对企业的经营是非常重要的，如果忽视市场调研工作，会给企业的经营甚至发展带来不良影响。

市场调研主要分为两大类，一类是对企业现有及历史业务记录，如客户类别、车型、出租率、租金等经营数据进行统计分析，从中掌握汽车租赁市场变化的规律性，以适时做出有针对性的业务调整。这类市场调研局限性比较大，只能为局部的业务调整提供决策依据。

另一类是企业开发新市场或其他战略决策前所进行的市场调研，这类市场调研的工作量比较大，如果要获得好的效果，需要专业调查公司进行策划和实施。在此，重点介绍一些这类市场调研方面的知识。

市场调研包括策划、组织实施和调研分析三个阶段，具体流程如图 4-7 所示。

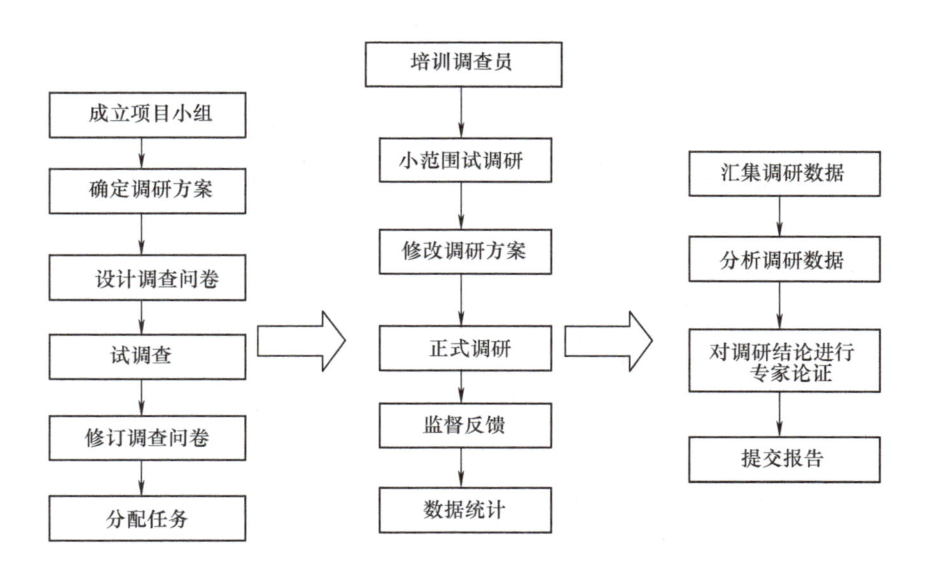

图 4-7　市场调研流程图

（一）策划

策划阶段最主要的是明确调研目的，即想通过市场调研知道什么，如评估目标市场的大小，确认市场中的主要对手；量度目标客户对租赁汽车的需求、客户对租赁汽车及购买汽车的取向，哪种用车方式对客户比较有吸引力；了解目标客户的需求，对他们租车的频率、场合、目的及一年中对租车需求的高低进行分析；了解客户对现时租赁公司所提供的产品及服务的满意程度；寻找有市场潜力的汽车级别、车型。从市场的情况、政府政策、主要对手、市场竞争情况、现时的经营模式，了解目标市场的盈利潜力等。只有明确了市场调研的目的，市场调研工作才具备成功的基础。

围绕着市场调研目的，策划者应完成以下工作：

1. 设计调查问卷和访谈提纲

在设计调查问卷和访谈提纲时，如何提问对获得准确的答案和想知道的答案是非常重要的，一般问卷有填空、选择（包括多项选择）、排序等多种方式，选择不同的问卷方式具有极高的策略性，对于某些敏感性问题或容易产生歧义答案的问题，如果没有设计好问题，或者选择问卷方式不当，可能会得到错误的答案，造成调研结果的不准确。因此设计调查问卷和访谈提纲，关系到市场调研工作的成败。这项工作应由有市场调研方面专业知识的人员来负责。表4-3所示为用户调查问卷。

2. 选择调研样本

调查样本的选择包括以下三个方面：

表4-3　用户调查问卷

1. 您主要通过以下哪些方式了解到的汽车租赁信息？（复选）
A□搜索引擎　B□汽车租赁企业网站　C□综合网站　D□娱乐网站　E□商务网站　F□报纸杂志
G□旅行社　H□旅游景点　I□车站机场　J□酒店饭店　K□朋友介绍　L□其他

2. 您主要通过以下哪些途径向租赁企业了解/咨询情况？（复选）
A□电话　B□网络　C□传真　D□上门　E□其他

3. 您认为影响您租车最重要的两个原因是什么？（双选排序）____________
A□车况　B□车型　C□租赁企业规模　D□企业知名度　E□租车流程是否简便　F□附加服务
G□是否有促销　H□租车价格　I□企业服务水平　J□信息化水平　K□其他________

4. 您最近一次租车情况是：
4.1. 车型：____________________　租期：________天（月）　租金：________/天（月）
4.2. 目的（复选）：A□旅行　B□学车　C□商务　D□活动（结婚、庆典、办公等）
E□日常使用　F□好奇　G□临时应急　H□其他________
4.3. 活动区域：A□本市　B□本市及周边省　C□各省
4.4. 车辆状况：A□良好　B□一般　C□差

5. 两年内您曾经租过几次车____________？在几家汽车租赁公司租过车____________？

6. 您享受过汽车租赁企业的哪些服务？（复选）
A□上门洽谈/送车　B□带驾驶人服务　C□喜庆（包括婚礼、生日用车等）
D□救援服务　E□替换车辆　F□机场接送　G□以租代买
H□为客户专购　I□车辆保险　J□异地租车　K□其他________

7. 您租车办理手续的时间一般为：
A□5～10min　B□10～20min　C□20～30min　D□30min～1h　E□1h以上

8. 您认为以下哪个时间可以缩短：____________
A□身份验证　B□签署合同　C□验车　D□交款　E□办理租车保险　F□其他______

9. 您怎样评价目前汽车租赁企业的身份认证体系（从便利性、安全性方面考虑）？
____

10. 您通常采用何种结算方式？____________
A□现金　B□刷卡　C□网上结算　D□转账　E□其他________

11. 您是否享受过异地租还车？
A□没有　原因是：a□没有需要　b□太贵　c□手续麻烦　d□信用不好　e□不知道此项业务
f□租还车点责任不明导致的麻烦　g□网点不全　h□其他____

（续）

B□租过（何种：□异地租车/□异地还车）
12. 您最希望汽车租赁行业网站提供哪些信息或服务？
A□政策法规　B□企业联网对比　C□业务查询　D□租赁相关知识
E□驾驶相关知识　F□信用认证　G□问题在线解答　H□优惠活动提示
I□网上交易　J□投诉反馈　K□租车到期提示　L□其他________
用户个人信息________
姓名：　电话：　性别：　国籍：　地区：
1. 年龄：□18～25岁□25～35岁□35～45岁□45～55岁□55～65岁　□65岁以上
2. 职业：□教师　□工人　□军官　□公务员　□公司职员
□私营业主　□自由职业者　□退休　□学生　□其他
3. 教育水平：□高中以下　□中专　□本科/专科　□硕士　□博士　□其他
4. 月薪收入：□<2000元　□2000～5000元　□5000～8000元　□8000～12000元　□>12000元
5. 单位类别：□政府机关　□事业单位　□国企　□外企　□民营　□个体　□其他____
6. 单位规模：□10人以下　□10～50人　□50～100人　□100～200人　□200～500人　□500人以上

（1）确定调查样本群　通常，市场是由无数消费者构成的，而市场又可以细分为由不同消费需求组成的子市场，因此选择能够准确反映目标市场特性的调研对象群体，非常重要。

（2）确定调研样本数量　调研是通过对个体对象的了解，获得由同性或性质相近的若干个体组成的一个群体的指标性数据。那么选择的作为调研对象的个体有多大程度能够反映群体的共性，就是样本的精度。从理论上讲，调研样本数量与调研结果的精确度成正比。表4-4所示为95%置信区间的样本精度分布。

表4-4　95%置信区间的样本精度分布

样本数量/个	200	250	300	400	600	750	900	1000
样本精度（%）	±7.1	±6.3	±5.8	±4.1	±4.0	±3.6	±3.3	±3.1

表4-4说明样本数量越多，个体样本偏离群体特性的概率越小，即调研对象越多，获得的调研数据越多，通过分析这些数据获得的结论越准确。相反，如果调研样本过少，调研结果将失去可靠性。但调研样本的数量同样与调研成本成正比，这个成本包括时间、人力和财力。因此调查组织方可根据对调查精度的需要和自身成本限制情况，确定调查样本的数量。一般来说，对于样本群基础数量少的调研，应选取比例相对高的调查样本数量；对于样本群基础数量多的调研，应选取比例相对低的调查样本数量。

（3）确定调查样本个体　为了保证调查样本的典型性、公正性，多数在选择调查样本时采取抽样方式，抽样方式的具体方法有随机抽样、分层抽样和配额抽样等。调查组织方主要根据调查样本群的特点和取样、分析手段来确定选用何种抽样方法。

3. 确定调研方式

调研方式包括拦截调研、电话调研、深度访谈、群组座谈会等。

（1）拦截调研　拦截调研是在特定地方，由调研人员在逗留人员中通过目测随机确定调研样本，实施问卷调研的方式。该方式获得调研数据的质量依赖于调研人员的综合素质和对调研场所的选择。为了保证拦截调研的质量，调研人员应经过目标甄别、人际交往、提问技巧等方面的专门培训。调研场地也应精心选定，如汽车租赁的营业场所、机场候机楼、咖啡厅等调研样本群体比较集中，便于进行短暂交流的地方。

（2）电话调研　电话调研是成本低、效率高的一种调研方式，适合大范围的调研工作，很多国家重要的民意调查都采取这种方式。为了保证电话调研的准确度，更多地应用了高科技技术，如CATI就是为利用计算机辅助电话调研而开发的调查访问操作系统。它是由电话、计算机、访问员三种资源组成一体的访问系统，使用一份按计算机设计方法设计的问卷，用电话向受访者进行访问。计算机问卷利用计算机来设计生成，访问员坐在CRT终端（与总控计算机相连的带显示器和键盘的终端设备）对面，头戴小型耳机式电话。CRT代替了问卷、答案纸和铅笔。通过计算机拨打所要的号码，电话接通之后，访问员就读出CRT显示器上显示出的问答题并直接将受访者的回答（用号码表示）用键盘记入计算机的记忆库中。

与普通电话调研相比，CATI系统具有访问速度快、控制强、效率高和保密性强的特点，在访问效率、访问质量上较传统电话访问形式具有非常明显的优势。

（3）深度访谈　深度访谈是定性深入挖掘相关问题的一种调查方法，通常是事先拟定访谈提纲，与调查对象约定时间进行一对一交流访谈的一种调查方式。

（4）群组座谈会　群组座谈会（Focus Group Discuss，FGD）通常是从所要研究的目标市场中慎重选择8～12人组成一个小组，由一名主持人以一种无结构的自然的形式与小组中被调查者进行交谈，从而获取被调查者的感知及看法。这种方法的价值在于常常可以从自由进行的小组讨论中得到一些意想不到的发现，现已成为帮助企业深入了解消费者内心想法最有效的工具。

（二）组织实施

市场调研的组织实施阶段主要是获得调研数据的过程。在高质量地完成调研策划工作后，组织实施工作是完成市场调研的重要环节。组织实施阶段要确保调研工作严格按照调研方案进行，而且要有必要的保证措施，如调研过程的抽查、调研对象的抽样回访等监督工作。每个调研项目都应当包括调研地点、时间、被访问者的联系方式等内容的工作记录。

作为组织实施阶段的主要工作人员，调研人员必须具备一定的调查经验，受到过较为正规的访问技巧和访员职业操守培训。在执行本项目前，必须接受该项目负责人的培训，试访合格后方可上岗。培训内容包括基本访问规范、访问需要注意的问题、问卷填答要求。

（三）调研分析

调研分析阶段包括数据分析、形成报告等部分。

1. 数据定性分析、定量分析

1）数据研究：根据需要采用多种统计方法（包括基础统计和高级统计方法）对所得到的定量数据进行分析，以发现数据背后有价值的信息。

2）基本统计（Basic Statistics）分析：主要是对一个问题的不同变量进行选择数量和频次的统计，通过基本统计，可以了解该问题的整体特征。

3）相关统计（Relative Statistics）分析：研究变量间关系密切程度的一种常用统计方法。

4）专家探讨：通过专家访谈和组织专家小组研讨，收集整理该行业专家对租赁行业的发展现状、趋势的看法。

利用比较成熟的分析方法将调研获得的各类数据输入计算机，利用专业研究模型获得分析结果和报告。

2. 形成调研报告

调研报告应包括目标市场环境、用户需求特征、竞争状况和结论等内容。

（1）目标市场环境

1）宏观环境：总人口及人口基本特征（收入/购买力等）、企事业单位数量、汽车保有量及种类（公车、商用车、私家车等）、经营汽车租赁企业的数量、驾驶人的人数（持有驾驶证及正在申请中的人数）。

2）经营政策：政府对汽车租赁企业的准入等相关政策。

3）市场特征：是否受季节性影响，长租、短租，融资租赁、租赁服务的比例及客户构成。客户个人信用的征信、诚信、还款能力的机制。

（2）用户需求特征　用户需求特征研究包括用户消费行为研究，包括各类用户（个人用户、单位用户，从未租赁过车的用户、曾经租赁过车的用户）租车的目的与用途（练车、游玩、商务等），不同类型用户对汽车租赁企业品牌的认知及选择途径、影响因素，不同类型用户在租车时的具体需求和特征：选择租赁商最关心的问题、倾向性车型（品牌、排量、手动、自动、微型、小型、低档、中档、高档、行政、商务、颜色等）、车况要求（外观、里程数、油耗、舒适度等）、价格敏感度（期望的价格/价格与服务、品质之间的互动影响关系研究），一般客户使用短租和长租的用途，客户对租赁汽车的取向、态度及习惯，企业及私人客户分别占短租和长租客户的比例，曾经租赁过车的用户对汽车租赁企业的品牌和满意度研究（使用、服务水平、租赁程序的复杂性、付款方式、价格），用户在购车、租车、出租以及用车环境（油价、停车、交通政策等）之间价值取向研究等。

（3）竞争状况　竞争状况的主要内容包括市场上都存在哪些竞争对手；竞争对手的品牌（认知度、美誉度、满意度和忠诚度）；竞争对手的产品与实力：车辆数、档次、网点、驾驶人配备、服务水平；长租及短租客户的比例、平均出租率、私人及企业客户的比例；是否提供异地租还车服务；是否开展汽车行业相关业务（如汽车销售、维修、二手车、汽车财务、保险、旅游等）；不同租赁企业的业务程序；竞争对手的宣传/推广方式：广告及宣传活动主要有哪些，采用什么策略面对激烈的市场竞争；竞争对手的销售渠道、竞争对手的价格政策等。

（4）结论　在对调研中获得的政策法规、经济环境、汽车及相关服务行业、调研对象的消费能力和习惯、租赁价格、业务模式、竞争对手等各方面的数据进行分析的基础上，针对调研目的，提出明确性的结论。

学习小结

定价和营销不是职业技能，而是集合强大信息收集和分析能力、大量实践经验、广博专业知识的综合性能力。通过本单元学习，同学们可以掌握汽车租赁定价与营销的基本原理和知识，为步入从事定价和营销工作的相关岗位奠定了基础。大数据时代虽然互联网技术为数据获得提供了便捷手段，但同时出现大量伪数据、无效数据，降低了数据的可靠性和准确性，所以掌握调研和分析方式，获得一手数据就更为重要。

思考题

1. 为什么有时租车的租金便宜得像不要钱？
2. 汽车租赁营销的主要内容是什么？
3. 请收集有汽车租赁招标信息的各类采购、招标网址。

单元五　汽车租赁日常经营管理工作

学习目标

1. 了解汽车租赁日常经营管理工作的主要内容。
2. 熟悉汽车租赁业务流程和部门之间的关系。
3. 掌握日常业务工作的主要内容。

学习指导

本单元的业务协调、业务程序及组织机构的调整、网点管理、内部防损监控四部分构成了汽车租赁企业日常经营管理工作的主要内容。通过上述工作的实施，确保汽车租赁企业各业务程序按照业务流程正常运转，并及时、正确地调整业务程序和组织机构，以适应客户、市场等外部因素的变化。

相关知识

一、业务协调

汽车租赁的各业务程序都是彼此关联的，当企业租赁的经营规模、业务类型发生变化时，各业务程序必须按照一定规则进行协调。这些协调工作就是汽车租赁经营管理的内容之一。从图 4-8 中可以看出，以与客户直接接触的一线业务为主轴，从接待客户到车辆整备各业务程序依序进行。同时，风险控制、车务工作、租赁管理及其各项子程序等二线业务在整个业务流程中起到承上启下、协调沟通的作用，将一线业务有机地结合起来，保证汽车租赁业务程序运转正常，客户获得满意服务。

二、业务程序及组织机构调整

汽车租赁经营活动是由若干个业务程序组成的，企业根据业务类型以及企业经营理念和企业文化特征，组建若干个部门来实施这些业务程序，这些部门在各个业务程序中承担不同角色，共同保证整个汽车租赁业务的顺利完成。同时根据市场变化引发的需要，调整业务程序以及业务部门，即对部门与业务程序进行组合，以使它们的组合更好地适应汽车租赁业务的需要，效率更高，保证企业的持续发展。表 4-5 显示了各部门与业务程序的关系。

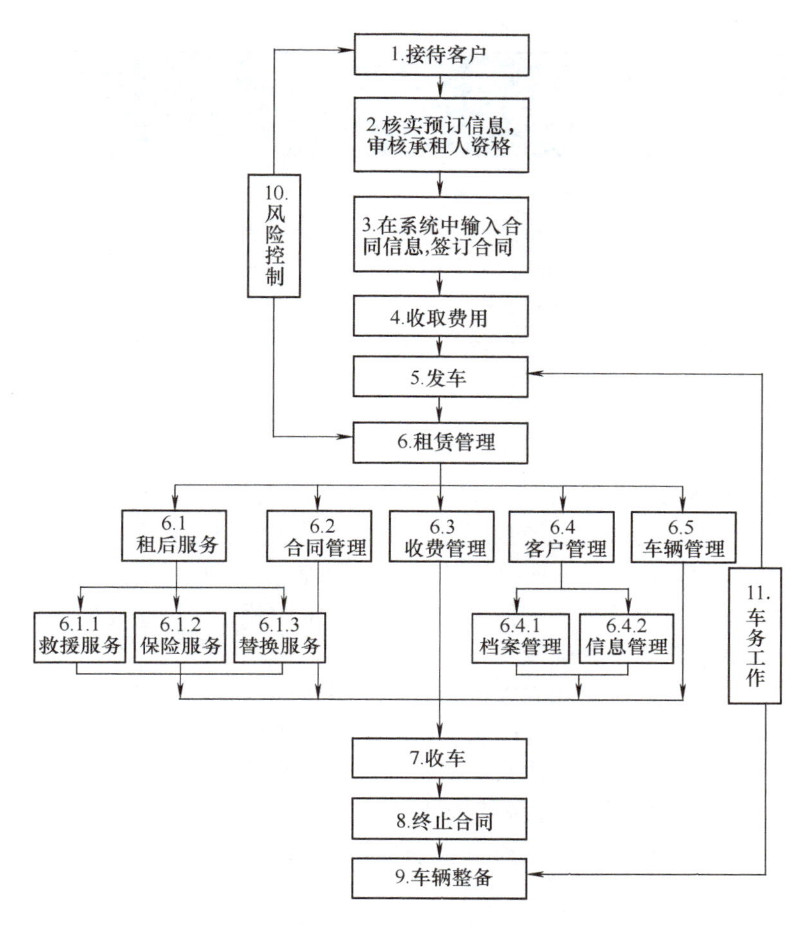

图 4-8　汽车租赁业务流程图

表 4-5　汽车租赁部门程序关联表

关联　部门 / 程序			业务部门	车务部门	服务部门	财务部
1. 接待客户			★			
2. 承租人资格审核			★			
3. 签订合同			★			
4. 收取费用			★			☆
5. 发车			★			
6. 租赁管理	6.1 租后服务	6.1.1 救援服务		☆	★	
		6.1.2 保险服务		☆	★	
		6.1.3 替换服务	☆		★	
	6.2	合同管理	★			
	6.3	收费管理	☆		★	
	6.4 客户管理	6.4.1 档案管理	★	☆	☆	☆
		6.4.2 信息管理	★	☆	☆	☆
	6.5	车辆管理	★	☆		

（续）

关联程序 \ 部门	业务部门	车务部门	服务部门	财务部
7. 收车	★			
8. 终止合同	★			☆
9. 车辆整备	☆	★		
10. 风险控制	★	★	★	★
11. 车务工作	☆	★	☆	☆

注：★主办，☆协办。

三、网点管理

汽车租赁企业除小型企业（50 辆车以下的企业）外都有一个网点建设问题，中型企业一般在一地或跨省市构建局部区域经营网络，大型汽车租赁公司则需构建跨省市跨国经营大型网络。这是由汽车租赁行业性质所决定的。网点管理与汽车租赁的经营模式密切相关，目前对网点的管理基本可分为两种，一种是统一管理、集中营销、网络化服务型的管理，另一种是统一管理、分散经营式的管理。

统一管理、集中营销、网络化服务型的管理主要适用于直营连锁经营模式的汽车租赁企业。公司的中央预定系统直管到所有门店，门店的功能主要为业务接待、服务客户、管理员工；车辆管理、财务管理分别成为体系。概括地说为三个体系，即财务管理体系、运营保障体系（或者称为车辆管理体系）、业务管理体系（或者称为营销管理体系）。总部以职能划分，各成体系，既相互支撑又相互制约。业务网点考核以服务为主或者营业收入与服务相结合，强调服务标准化和价格统一。

统一管理、分散经营式的管理主要适用于授权经营、自由连锁经营模式的汽车租赁企业。网络中各站点自成经营单位，实施利润考核，价格弹性化，总部预订中心只出参考价格，交易价由经营单位自行制定，各经营单位自主权较大，灵活应对市场。总部负责对各经营单位进行管理、督导、考核。车辆划分到门店管理，这样经营者积极性较高，利于市场开拓，此种方式多见于规模化、刚刚起步的行业发展初级阶段，是中、小型汽车租赁企业为避免资本整合、实现规模化带来的诸多利益矛盾而采取的策略。但发展到一定阶段就需要调整转型，向直营连锁经营模式发展。

上述两种网点管理方式各有不同，各有千秋，但管理内容基本一致，主要包括以下几个方面：

（一）掌握日常信息

每日上班后、下班前，查看公司办公网的办公信息，了解公司动态和公司的各项活动安排，并传达到部门每一位员工，保证公司管理、沟通渠道的畅通。

（二）查看

1. 查违章

检查部门车辆的交通违章情况，及时通知客户处理，达到车辆违章不过月。

2. 查欠费

检查部门欠费情况，要求欠费不过月，特殊情况按预警机制报公司营运管理部。

（三）日常业务管理

1. 人员管理

做好员工思想工作，安排好部门每日工作，要求部门业务工作、财务工作、车务工作及修理工和驾驶人的工作责任落实到人，做到“人人都管事，事事有人管”。

2. 车务管理

管理部门车辆，保证车辆正常运营。做到了解掌握车辆各种状态，包括车辆总数、出租、待租、修理、年检、油耗、卫生、GPS 安装及完好数、车辆保险状态。

3. 经营指标管理

了解公司所有经营管理要求，随时掌握进程，完成公司下达的年度经营目标及考核指标。

（四）管理目标

1. 做到安全生产

随时检查经营部安全生产情况，对员工、驾驶人进行安全教育，安全工作责任到人，做好防盗、防骗工作，下班后切断电源，消除火种以及其他安全隐患，及时消除各种不安全因素。

2. 做到规范服务

负责本部门规范服务化工作的实施、管理和改进，包括如下：

1）部门员工的服装服饰、仪容仪表、言行举止、服务水平和服务态度等。

2）按公司规范化要求管理部门的服务工作环境和工作设施、设备，包括业务室、停车场、修理间和修理工休息室。

3. 做到合同规范

逐一检查当日签订合同的规范性和承租方手续，合同检查无误在“复核人”处签字，要求发现合同签署中存在问题及时处理，降低车辆经营风险。

集中营销、网络化服务型管理模式的门店经理管理职能就相对单纯。实行车辆配送制，财务自成体系，门店只负责业务接待、租后服务人员管理等，而业务受公司垂直管理，短租以预订为主，长租、融资租赁业务由公司总部营销部管理，财务、车管各成体系，主要由总部垂直管理，门店只负责日常人员行政管理，对门店不再考核利润成本，也无须门店控制，总部按职能管理督导、考核。这是一种专业分工明确、各成体系的大兵团协同作战的经营方式。

四、内部防损监控

内部防损监控主要是对租赁车辆、租金收入特别是现金的监控，防止内部人员利用管理漏洞侵害企业利益。具体内容见本书模块五单元二相关知识“五、内部风险控制”。

学习小结

小张经过一年的一线业务部门的历练已经成为熟练的业务人员，表现优秀，公司决定将他培养成管理人员。总经理让小张将公司多年积累的但比较零散的业务操作程序、业务流程，按照目前公司的部门、岗位设置，整理成一套完善的公司管理规章。

思考题

1. 请根据你所了解的汽车长期租赁情况，参考图4-8模式设计长期汽车租赁业务流程。
2. 在上一题的基础上，参考表4-5模式设计长期汽车租赁业务部门程序关联表。

单元六　汽车租赁经营分析

学习目标

1. 了解经营指标与经营管理分析体系的关系。
2. 熟悉经营管理分析系统的运行规章。
3. 掌握统计及单据文件制作、提报规则。

学习指导

汽车租赁的经营规模达到一定程度（一般是运营车辆超过400辆）时，如果没有完备的经营分析体系，企业的经营管理者就很难及时、准确地了解经营状况，企业领导由于缺乏正确的信息，往往会做出错误的经营决策，使企业处于混乱的管理中。

目前，多数汽车租赁企业使用计算机进行业务管理，汽车租赁的计算机管理技术已十分成熟，可以通过对基础数据的统计，向经营者提供一些反映企业经营情况的指标数据，为领导决策提供依据。

企业也可以根据各自的需要和特点，自行制订经营分析方案，无论计算机管理还是人工操作，经营分析的基础是大量数据和报表，通过科学、系统的经营分析，可以获得企业经营状况的准确判断。

相关知识

一、具体经营指标

以下这些指标可以从各方面反映汽车租赁的经营状况：

1. 可供租赁车数 M

可以用于租赁的车辆数是企业规模和固有经营能力的重要指标，单位为辆。可供租赁车数不包括故障、在修等无法出租的车辆。

2. 在租车辆数 N

在租车辆是指按照租赁合同已交付承租人使用的车辆数，反映企业实际经营状况，单位为辆。

3. 租赁车辆总车日 W

租赁车辆总车日等于统计周期内可供租赁车数乘以天数，单位为辆·天。例如，某企业1月份可供租赁车数为100辆，则1月份的租赁车辆总车日为100辆×31天=3100辆·天。如果统计周期为一天，如1月2日的租赁车辆总车日则为100辆×1天=100辆·天。

4. 租赁车日 V

租赁车日等于统计周期内在租车辆数乘以租赁天数，单位为辆·天，计算规则如上例。

5. 在租车辆平均收入 P

在租车辆平均收入是指每辆在租车辆的平均租金收入，是反映企业实际单车创收能力的指标，单位为元/辆，计算公式为

$$P=\frac{I}{N}$$

式中　I——租金收入；

N——在租车辆数。

若某企业某日有60辆车在租，租金收入为12000元，则在租车辆平均收入为12000元/60辆=200元/辆。

6. 可供租赁车辆平均收入 Q

可供租赁车辆平均收入是指统计周期内平均每辆可供租赁车辆的租金收入，是反映企业固有单车创收能力的指标，单位为元/辆，计算公式为

$$Q=\frac{I}{M}$$

式中　I——租金收入；

M——可供租赁车辆数。

若某企业某日有100辆车可供租赁，租金收入为12000元，则可供租赁车辆平均收入为12000元/100辆=120元/辆。

7. 出租率 R

出租率是指一个统计周期内租赁车日之和占租赁车辆总车日的比例，单位为%，计算公式为

$$R=\frac{\sum V}{W}$$

式中　V——统计周期内的租赁车日；

W——统计周期内的租赁车辆总车日。

若某拥有100辆可供租赁的企业一周内每天在租的车辆数分别为89、65、70、66、55、60、85，则该周的出租率为(89辆×1天+65辆×1天+70辆×1天+66辆×1天+55辆×1天+60辆×1天+85辆×1天)/(100辆×7天)=70%。

二、经营分析管理体系

经营分析管理体系依汽车租赁企业经营管理体系及业务特点而设计，分为经营分析、租赁业务统计、基础数据统计三个层级，包括五方面数据：租赁业务、更新业务、财务指标、人员指标、车辆指标。经营分析管理体系以定期报表为形式，以对企业经营活动的数据描述为内容。

1. 经营分析

经营分析管理体系第一层级为经营分析，其形式是《经营分析报告》。《经营分析报告》是经营分析管理体系对汇集数据的归纳和分析，其用途在于为高层管理者提供企业经营状态的综合数据和关键数据，评定企业经营管理效率及工作改进的方向。《经营分析报告》除必要的分析外，主要由几个反映企业经营状况的统计表构成，这些统计表包括《经营状况综合统计表》《收入状况统计表》《车辆状况统计表》。这三个表比较科学、全面地概括了反映企业全面状况的租赁业务、更新业务、财务指标、人员指标、车辆指标五方面的数据，通过对这些表格的分析，经营者可以掌握企业的经营状况并针对这些数据反映的某些问题，适时进行经营策略的调整。

2. 租赁业务统计

经营分析管理体系第二层级为租赁业务统计，其形式包括《租赁业务统计报告》《更新业务报告》等月报及财务、人员、车辆三种数据。租赁业务统计是对公司经营管理活动主要构成的统计分析。

3. 基础数据统计

经营分析管理体系第三层级为基础数据统计，其形式为各部门周报、日报及日常管理报表，是对日常工作情况的记录汇总。基础数据统计为经营管理分析提供基本素材，是企业经营管理体系的基础。

三、经营分析系统运行规则

（一）租赁业务管理统计规则

1. 《租赁业务统计报告》

《租赁业务统计报告》为月报，是《运营统计报告》及《服务统计报告》两份独立报告的统称，由经营管理部门负责汇总。

1）《运营统计报告》由运营中心负责编制，编制周期为月，完成日期为每月4日以前。《运营统计报告》编制依据为《运营日报》。《运营日报》由运营中心根据《营业部日报》每日编制。

2）《服务统计报告》由服务中心负责编制，编制周期为月，完成日期为每月4日以前。《服务统计报告》编制依据为《车务部周报》《保险部周报》。

2. 《更新业务报告》

由设备管理部门根据各营业部编制的周报统计当月租赁车辆的更新情况和更新需求。《更新部周报》根据上周六至本周五的日常工作编制。编制日期为周五，月初、月末不足一整周的期间，应单独编制周报。

3. 财务数据

财务部提供的数据项目为成本、费用及公司盈利能力、偿债能力、发展能力、经营管理效率等指标。所提供的数据用于编制《经营分析报告》。

4. 人事数据

人事数据由各部门按照企业人事管理制度，于每月25日上报办公室，主要内容是当月有关企业人员构成及变动的数据。

5. 车辆数据

车辆数据的主要统计标准是车辆总数、车型、车号、购置时间、车辆技术性能和维修记录等。由设备部门定期统计。

（二）部门、岗位基础统计规则

部门基础统计报告以《营业部日报》《保障工作一览表》《保险工作一览表》日常管理基础报表构成。其基本编制关系及规则如下：

1. 周报

1）《服务中心周报》由服务中心根据《车务部周报》和《保险部周报》编制。每月初及月末不足一整周的期间应单独编制一份周报。

2）《保障部周报》由保障部根据上周六至本周五的“保障工作一览表”及相关工作单编制。完成时间为每周五，并报服务中心。每月初及月末不足一整周的期间应单独编制一份周报。

3）《保险部周报》由保险部根据上周六至本周五的“保险工作一览表”及相关工作记录编制，完成时间为每周五，并报服务中心。每月初及月末不足一整周的期间应单独编制一份周报。

2. 日报及基础表格

日报统计数据以17：00为时限，编制依据为部门、岗位日常基础业务表格（数据）。

1）《工作日报》根据每日相关基础管理表格填写，并于每日营业结束时报运营中心。《工作日报》记录的内容包括车辆、合同、租金、修理、维护、救援等各项事宜。《工作日报》同时还应附各类营业部日常管理表格，如“业务情况登记表”“车辆停驶表”等。

2）《保障工作日报》由保障部人员对每日发生的工作细项加以登记。内容包括车辆维修维护、救援。

3）“保险工作一览表”由保障部人员依每日发生的工作细项加以登记。所登记内容包括与投保、出险相关的各项事宜。

四、统计及单据文件管理

汽车租赁主要业务过程都涉及各种统计报表及合同、车辆交接单、收付款通知等重要单据。不同的业务过程要不同的统计报表和单据处理程序。

（一）统计管理

统计报表分为基础管理统计、租赁业务管理统计、综合分析三个层次，分别由若干个不同报表组成。业务人员根据统计制度的要求，在规定时间将统计报表呈报给相应部门或人员。

上述三个层次的不同报表及统计逻辑关系如图4-9所示。

（二）单据管理

单据是记录每一项汽车租赁业务各个操作程序情况的凭证，以便各部门、各岗位之间的衔接，单据记录的内容有租金、车辆和合同等，按照单据及其与业务操作的关系，可以回溯每一项业务各环节的情况。表4-6所示为业务操作与业务单据关系表。

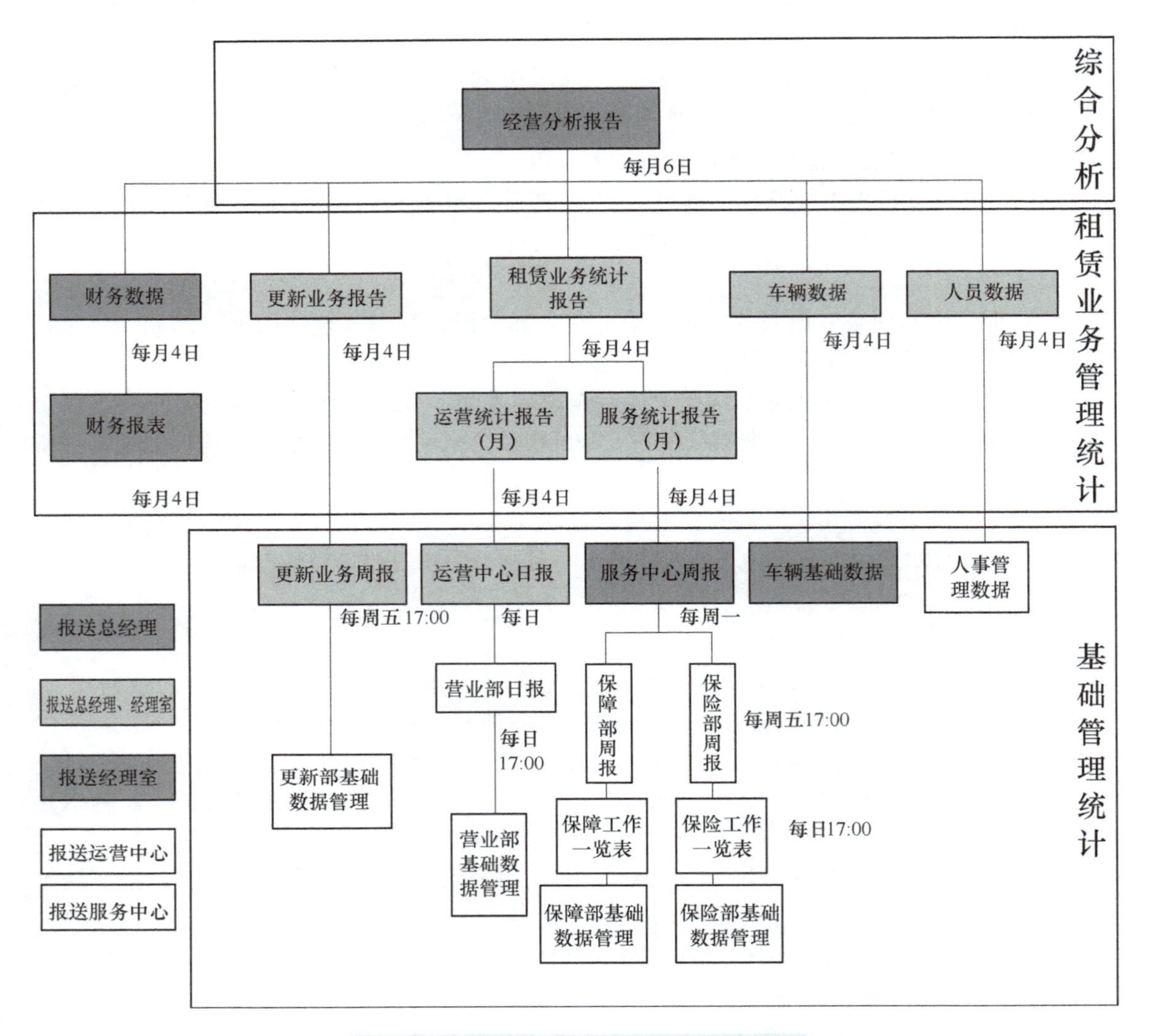

图 4-9　三个层次的不同报表及统计逻辑关系

表 4-6　业务操作与业务单据关系表

业务阶段	业务事项	业务细分	单据操作
1. 办理租车	完成租赁手续	○直接发车	签合同、出收付款单、填交接单
		○调换车辆	终止原合同、收付款单、原交接单 重新签合同、出收付款单、填交接单
		○延期付款	签合同、填交接单
2. 租赁期间	变更租赁约定	○换车	保留原合同、签补充协议、填交接单
		○延期	保留原合同、签补充协议、出收付款单
		○调整租金	保留原合同、签补充协议、出收付款单
		○押金变动	保留原合同、签补充协议、出收付款单
		○提前还车	终止原合同、出收付款单

（续）

业务阶段	业务事项	业务细分		单据操作
2. 租赁期间	临时替换车辆	○收费		保留原合同、签新合同、出收付款单、填交接单
		○不收费		保留原合同、签新合同、出收付款单、填交接单
	期间收费	○收延期付款		保留原合同、出收付款单
		○收取车损和其他费用		保留原合同、出收付款单
3. 租金到期	续租/续费	○付款周期等于合同期		保留原合同、签补充协议、出收付款单
		○付款周期短于合同期		保留原合同、出收付款单
		○到期换车、续交租金		保留原合同、签补充协议、出收付款单、填交接单
	还车	○结清费用	车辆不需修理	终止原合同、出收付款单
			车辆需要修理	终止原合同、出收付款单
		○费用待结	车辆不需修理	终止原合同
			车辆需要修理	终止原合同
4. 还车后	补交欠费			出收付款单

学习小结

通过本单元的学习，可以了解汽车租赁企业汽车租赁业务经营管理的基本原理：首先建立各种经营指标，其次按照规则收集这些指标，再次对这些指标进行分析得出反映企业运营状况的结论。本单元同时介绍了支持以上三步骤运行的统计及单据管理等内容。

思考题

1. 经营指标可根据其反映的对象分为几类？
2. 经营管理分析体系分为哪三个部分？
3. 经营分析系统的两大运营规则是什么？

单元七　汽车租赁财务分析

学习目标

1. 了解汽车租赁财务分析对汽车租赁经营状况分析的意义。
2. 熟悉汽车租赁财务分析主要参数之间的相互关系。
3. 掌握汽车租赁财务分析的主要公式和使用方法。

学习指导

分析或衡量汽车租赁经营状况的主要指标是财务指标：收入、支出、利润。在不同的分析体系中，这三个指标也可进一步细分成若干指标，用于更细致的经营状况分析。例如，收入包括主营业务收入、其他业务收入。支出包括成本和费用，费用又包括营业费用、管理费用和财务费用。利润包括营业利润、利润总额和净利润等。这些主要指标是指导汽车租赁经营活动的重要依据。汽车租赁主要财务指标内容及关系如图 4-10 所示。学生可结合本单元了解财务基础知识。

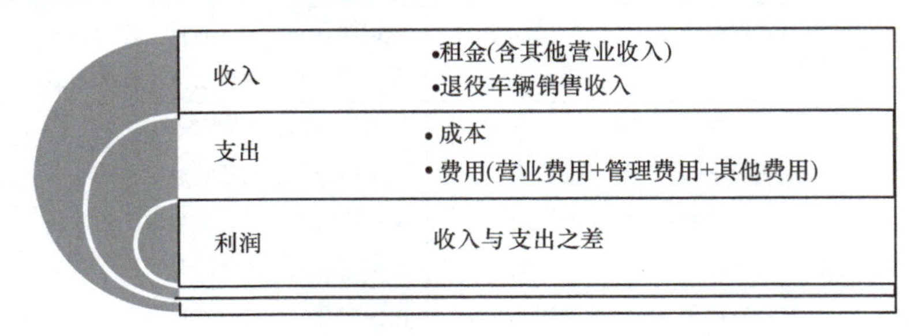

图 4-10　汽车租赁主要财务指标内容及关系

相关知识

一、收入

汽车租赁的收入主要包括租金收入、其他营业收入、退役车辆销售收入三部分。

（一）租金收入（主营业务收入）

对于汽车租赁而言，主营业务收入即是租金收入。

1. 租金收入计算公式

租金收入是汽车租赁企业向承租人收取的其为获得某一时间区间租赁车辆的使用权及租赁车辆使用功能而支付的费用。其数额按照使用租赁时间的长度计算，单位为元，计算公式为

$$f = pt$$

式中　f——租金收入；
p——租金标准；
t——租期。

2. 影响租金收入的因素

影响租金收入的两个最重要因素是租金标准、出租率。

（1）租金标准　从租金收入计算公式可以看出，租金收入和租金标准成正比，即租金标准越高，租金收入越高。但由于租赁车辆技术性能标准化强、租赁车辆服务深度有限等特点，导致租赁车辆租金标准的市场化程度很高。或者说在车辆品牌、车辆使用功能相同的条件下，企业彼此之间很难再通过服务、销售等手段形成价格差异，即任何一个企业无法背离市场价格按照意愿自行调控价格，租金标准是随行就市，由市场确定的。

（2）出租率　与长期租赁不同，短期租赁的特点是租赁车辆陈列于营业站点供客户租用，因此存在出租率问题。汽车租赁的出租率主要受价格影响，与价格成反比。另外还受季节影响，分淡、旺季，如节假日为旺季，其他时间为淡季。

3. 租金收入最大化的方法

如何协调租金标准和出租率的关系，寻找它们的最佳组合，实现租金收入最大化是汽车租赁经营管理中最有挑战性和策略性的工作，其基本原则是“收益管理”，相关详细内容见

本书模块四单元四“汽车租赁定价营销调研”。

（二）其他营业收入

其他营业收入包括为汽车租赁提供辅助服务的收入，如驾驶人驾驶劳务收入、租赁车辆交通违章处理劳务收入、因承租人原因导致的救援服务收入及其他增值服务等。

（三）退役车辆销售收入

销售退出租赁经营的车辆是汽车租赁公司获取利润的最终环节。目前，我国二手车市场需求较为旺盛，为消化汽车租赁公司退役车辆提供了充足空间。但还需进一步探索专门为汽车租赁公司提供批量处置二手车的销售模式，从而提升汽车租赁业二手车处置效率和能力。

1. 残值计算方法

财务上的运营车辆残值销售收入 = 车辆原值 – 累计车辆折旧费，但是实际运营车辆残值销售收入完全依赖于二手车市场。其价格不是计算而是评估出来的。有关二手车的评估，有专业课程，本节简单介绍如下：

（1）平均年限法　每年折旧额 = 原值/预计使用年限。例如，10 万元的汽车预计使用 10 年，则每年应计算 1 万元的折旧。也就是说，在第 1 年年末，汽车的价值是 9 万元；第 2 年年末，汽车的价值是 8 万元；以此类推。

（2）工作量法　按照行驶的里程计算折旧，折旧额 = 原值 ×（已经行驶的里程/预计使用里程）。例如，10 万元的汽车预计行驶里程为 10 万 km，则每行驶 1km 提取 1 元的折旧。也就是说，在行驶 1 万 km 后，汽车的价值是 9 万元；在行驶 2 万 km 后，汽车的价值是 8 万元；以此类推。

（3）双倍余额递减法　折旧的百分比 = 2/预计使用年限。每年的折旧额 = 年初时的价值 ×（折旧的百分比）。在预计使用年限的最后两年平均分摊剩余的价值，例如，10 万元的汽车预计使用 10 年，折旧的百分比为 20%。第 1 年年末汽车的剩余价值是 8 万元（10 万元 – 10 万元的 20%），第 2 年年末汽车的剩余价值是 6.4 万元（8 万元 – 8 万元的 20%），第 3 年年末汽车的剩余价值是 5.12 万元（6.4 万元 – 6.4 万元的 20%），第 4 年年末汽车的剩余价值是 4.096 万元，第 5 年年末汽车的剩余价值是 3.277 万元，第 6 年年末汽车的剩余价值是 2.6214 万元，第 7 年年末汽车的剩余价值是 2.097 万元，第 8 年年末汽车的剩余价值是 1.678 万元，第 9 年年末汽车的剩余价值是 0.839 万元，第 10 年年末汽车报废。

（4）年数总和法　折旧额 = 原值 ×（还可以使用的年限/使用年限总和）。例如，10 万元的汽车预计使用 10 年，使用年限总和 = 10 + 9 + 8 + 7 + 6 + 5 + 4 + 3 + 2 + 1 = 55。第 1 年年末汽车的剩余价值是 8.182 万元（10 万元 – 10 万元 ×（10/55），第 2 年年末汽车的剩余价值是 6.546 万元（8.182 万元 – 10 万元 ×（9/55），第 3 年年末汽车的剩余价值是 5.091 万元（6.546 万元 – 10 万元 ×（8/55），第 4 年年末汽车的剩余价值是 3.818 万元，第 5 年年末汽车的剩余价值是 2.727 万元，第 6 年年末汽车的剩余价值是 1.818 万元，第 7 年年末汽车的剩余价值是 1.091 万元，第 8 年年末汽车的剩余价值是 0.546 万元，第 9 年年末汽车的剩余价值是 0.182 万元，第 10 年年末汽车报废。

2. 影响二手车价格的因素

影响二手车价格的因素除车辆年限外，还有车辆性质和保值率。

（1）车辆性质　根据《中华人民共和国机动车登记办法》，车辆按使用性质划分为营运车和非营运车，并依据使用性质的不同确定不同的报废年限。租赁车辆目前被认定为营运车辆，报废年限为15年。因此租赁车的旧车价格在同等条件下较社会车辆要低10%左右。

（2）保值率　所谓的汽车保值率，就是汽车再售时的售价与新车买入时的价钱之比。同样的年限、同样的原值，保值率高的车卖得价格就高。市场保有量较大、售后服务比较好、维修方便、配件便宜、市场认知度高的车型，其保值率就高。

二、支出

汽车租赁的支出包括成本和费用两部分，在特定情况下，如讨论定价或收益管理时，也将成本称为不变成本，费用称为可变成本或运营成本。

（一）成本

汽车租赁成本包括车辆折旧费用，车辆维修、维护、配件费用，车辆保险费用，车辆年检、上牌、换牌费用，车上设备费用，车辆调度费用、燃料费、过路过桥费、停车费，事故处置及赔偿费等。汽车租赁成本中最大的三项费用是车辆折旧费、车辆保险费和车辆维修维护费。

1. 车辆折旧费

车辆折旧费是汽车租赁成本的主要部分，最高可达到成本的80%，具体所占比例与企业规模、运营车辆的车型有关，一般与企业规模成反比、与车型档次成正比。

（1）车辆折旧计算方法　根据国家有关规定，扣除车辆原值5%的残值后，按折旧年限等额计提折旧。关于折旧年限没有统一规定，《中华人民共和国企业所得税法实施条例》规定汽车的最低折旧年限为4年，另有2013年实施的《机动车强制报废标准规定》规定租赁车报废年限为15年。汽车租赁企业可根据财务需要，在此范围内自行设定折旧年限，计提车辆折旧。

车辆购置税应计入车辆购置费用一并计提折旧。车辆购置税是购置车辆时缴纳的税费，计算公式为

$$s=\frac{g}{1.17}\times 10\%$$

式中　s——车辆购置税；

　　g——车辆购置费（含税价格）。

车辆购置税实行从价定率的办法计算应纳税额，计算公式为：应纳税额 = 计税价格 × 税率。如果消费者买的是国产汽车，计税价格为支付给经销商的全部价款和价外费用，不包括增值税税款（税率为17%）。因为机动车销售专用发票的购车价中均含增值税税款，所以在计征车辆购置税税额时，必须先将17%的增值税剔除，即车辆购置税计税价格 = 发票价/1.17，然后再按10%的税率计征车辆购置税。

例如，消费者购买一辆10万元的国产车，去掉增值税部分后按10%纳税。计算公式是100000元/1.17×0.1=8547元。

（2）影响车辆折旧费的因素　除折旧年限外，车辆购置费用是影响车辆折旧费的最重要因素。在汽车产业比较成熟的市场，车辆购置成本比较稳定，车辆价格波动很小。但在汽车产业快速发展或调整阶段，车辆价格所发生的变化，可能给汽车租赁行业造成极大的损害，投资者在进行相关分析时，必须考虑车辆购置费用的影响。

可以通过批量购买的办法，降低单车购置费用，某些车型的批量采购价格甚至可以优惠10%左右，这是增加汽车租赁利润率最有效的捷径。

2. 车辆保险费

汽车租赁保险，是以保险租赁汽车的损失，或者以保险租赁汽车的出租方、承租方或驾驶人因驾驶租赁车辆发生交通事故所负的责任为保险标的的保险。为了提高租赁车辆使用的安全性，并为承租方及出租方分担车辆使用过程可能发生的风险，参与经营的租赁车辆应当按国家规定和各方需求购买保险，从而当发生事故或意外时，能在一定程度上对承租方和出租方起到保障作用。

由于租赁汽车属于经营性质，因此租赁车辆保险与私人车辆保险相比存在着差异：

① 保险费率不同，租赁车辆应按营运车费率进行投保，保费高于私人车辆。

② 存在连带赔偿风险，当租赁车辆发生伤人事故时，如超出保险赔付额度，则租赁公司可能存在连带赔偿风险。

③ 涉及权益主体多，租赁车辆的保险合同涉及保险公司、出租方、承租方三方的权益。

④ 保险险种比较多，除国家规定的交强险外，通常汽车租赁企业还投保第三者责任险、车辆损失险、盗抢险。

3. 车辆维修维护费

车辆维修维护费包括因各种原因造成车辆无法正常行驶而需要恢复其技术性能而支出的修理工时费、材料费、配件费等，车辆按照使用说明定期维护而支付的费用等。车辆维修维护费与车辆的运行时间成正比，且达到一定时间后，维修维护费用上升速度快。故从降低维修维护费用角度考虑，汽车租赁企业应尽可能使用新车，缩短租赁车的运营年限。

（二）费用

汽车租赁的费用包括营业费用、管理费用和其他费用。

1. 营业费用

营业费用包括广告等市场营销费用、营业站点员工工资和福利、营业站点房屋和停车场租赁费、通信费用、水电燃气费用和业务招待费等。

（1）人员工资　营业站点员工一般按每个站点最少 3 人，每人管理 40 辆车标准配置。汽车租赁业务人员承担的工作性质要求其应具有相当素质，因此人员的工资水平应在当地平均工资水平之上。

（2）营业场所费用　汽车租赁企业的营业用房一般为两大类，一是写字楼等办公室用房，这类站点主要营业对象是长租客户；另一类是位于交通要道、繁华地带的门面方，主要营业对象是短租客户。不同位置、不同类型、不同面积的营业场所租金差异巨大，企业可根据业务定位和成本预算确定经营场所。

（3）停车场费用　参考《汽车租赁业管理暂行规定》（中华人民共和国交通部、原国家计划委员会 1998 年 8 月 1 日颁布，2007 年 12 月废止），停车场面积不少于正常保有租赁汽车投影面积的 1.5 倍，每辆车投影面积可按 $10m^2$ 计算。按照平均 70% 的出租率，停车场应能够停放运营车辆总数 30% 的车辆。停车场的面积计算公式为：运营车辆数 $\times 30\% \times 10m^2 \times 1.5$。

停车场的费用随位置变化而差距悬殊，在上海、北京等大城市的繁华地带，停车场费用达到 3000 元/车·月，而城市的边缘地带，停车费用相当低廉。企业在设置租赁车辆停车场时，可以利用峰谷调节原理，在交通便利、租金便宜的位置建立可容纳相当数量运营车辆的车库，而在租金昂贵的租赁站点只租用少量停车位，根据租赁站点出租率，随时在租赁站点和车库之间调节车辆。这样可以降低停车场费用。

2. 管理费用

管理费用包括管理人员工资，社会保险费，办公用品费，会议费，差旅费，公正、审计、认证、年检费用，计提的福利、教育、工会费用，咨询服务费，办公设备折旧等。

3. 其他费用

其他费用包括财务费用、税费、刷卡交易银行收取的手续费。

（1）财务费用　汽车租赁是资金密集型行业，需要大量资金购置车辆，不断扩大企业规模，形成网络化、规模化和品牌化效应。通过从银行获取对企业的循环授信或从融资租赁公司获得购车融资，需支付利息，国内投资借款年利率为5.7%，融资租赁利率更高。

（2）税费　主要为增值税。汽车租赁企业为有形动产租赁业，按11%缴纳增值税。另根据各地方不同，有一定比例的各类费用，如教育附加费、某种资源使用费等。

（3）刷卡手续费　汽车租赁企业接受客户刷卡后，需支付刷卡金额1%左右的手续费给银行和信用卡中心。

三、利润

利润最基本的概念是企业在一定期间的经营成果，即收入减去费用后的净额。利润是反映企业经营业绩和获利能力的直接指标。根据需要，以利润为基础衍生出相关的指标，如销售利润、净利润、利润率和投资收益率等，通过对这些指标的分析，可以从不同侧面了解企业经营状况。

（一）汽车租赁利润计算

根据利润的定义，汽车租赁利润的计算公式为

$$m = I + S - (C + V)$$

式中　m——利润；

I——租金收入；

S——退役租赁车辆销售收入；

C——上一页二、支出中的（一）成本；

V——上一页二、支出中的（二）费用。

（二）利润率

利润率是运营期间利润与支出的比例，单位为%，计算公式为

$$p' = \frac{\sum m}{(C + V)}$$

式中　p'——运营期间利润率；

$\sum m$——运营周期内的总利润。

C、V同上。

【实例分析】

汽车租赁收益分析

说明：以某车型为例，依照汽车租赁经营的常规模式和北京地区的各种运营参数，对短租业务的利润进行预算。

1. 主要参数

1）从新车购入到退出运营的期间：2 年。

2）两年后车辆残值收入：50000 元/辆。

3）运营期间平均租金：260 元/天·辆。

4）运营期间平均出租率：80%。

5）工作人员：26 人，工资为 8000 元/人·月。

6）场地租用费（营业、停车）：6 个，70000 元/年·个。

7）运营车辆：200 辆。

2. 租金收入

年收入 = 260 元/天·辆 × 365 天 × 80% × 200 辆 = 15184000 元

3. 总成本

（1）固定成本　租赁车辆购置时一次性支出具体数据见表 4-7。

表 4-7　固定成本　（单位：元）

项　目	单　车	200 辆	备　注
车价	89240	17848000	车价为 97000 元，100 辆以上优惠 8%
购置附加	7627	1525400	购置附加 = 车价/1.17 × 10%
GPS	1400	280000	
上牌杂费	130	26000	
总计	98397	19679400	

（2）年运营成本　维持租赁车辆正常运营的支出具体数据见表 4-8。

表 4-8　运营成本　（单位：元）

项　目	单　车	200 辆	备　注
验车费	50	10000	两年验车一次，年均费用
车船税	200	40000	
保险费	2804	560800	车损、三者
维修费	1200	240000	平均 100 元/月·辆
GPS 使用费	1440	288000	120 元/月·辆
工资	12480	2496000	年工资总和分摊到车辆上的费用
管理费	500	100000	办公费、广告费用等
场地费	2100	420000	6 个场地一年费用
总计	20774	4154800	

（3）总成本　总成本包括固定成本和运营成本。

总成本 = 固定成本 + 年运营成本 × 2

= 19679400 元 + 4154800 元 × 2 = 27989000 元

4. 年利润率

1）　租车利润 = 总租金收入 − 总成本

= 15184000 元 × 2 − 27989000 元 = 2379000 元

2）两年后租赁车辆残值收入 = 50000 元/辆 × 200 辆 = 10000000 元

毛利润 = 租车利润 + 租赁车辆残值收入

= 2379000 元 + 10000000 元 = 12379000 元

净利润 = 毛利润 - 增值税 = 12379000 元 - 12379000 元 × 11% = 11017310 元

$$年利润率 = \frac{11017310\ 元}{27989000\ 元}/2 = 39.36\%/2 = 19.68\%$$

由于出租率、租金标准、退出运营车辆残值收入等影响汽车租赁收入的诸多参数的不确定性太大，所以对汽车租赁利润的预测与实际经营情况肯定有一定差距，因此该预测只能作为汽车租赁经营分析的一个参考资料。

四、财务分析应用

（一）主要经营指标所占比例

图 4-11 所示为国内某大型汽车租赁企业的经营成本构成。

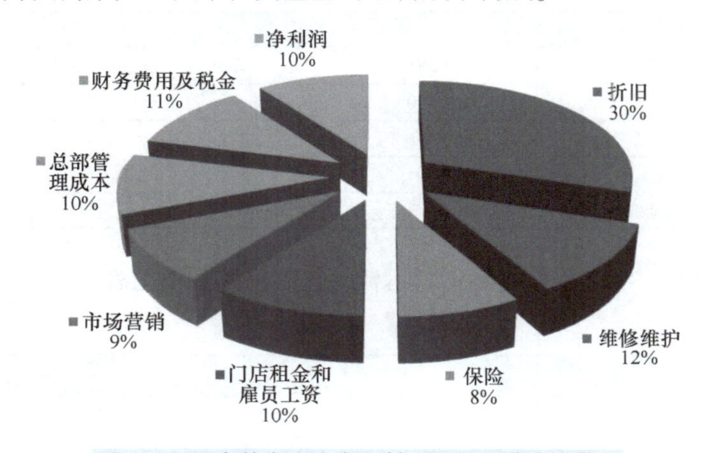

图 4-11　国内某大型汽车租赁企业的经营成本构成

其中，车辆折旧费占 30%，车辆维修维护费占 12%，车辆保险占 8%，店租和店面雇员工资占 10%，市场营销费用占 9%，汽车租赁企业总部管理成本占 10%，利息、税金及其他占 11%，净利润占 10%。中、小企业主要经营指标所占比例有所变化：保险费、折旧费、比例上升，市场营销、总部管理成本比例下降。

（二）通过财务分析指导企业经营

汽车租赁的利润受三大因素影响：租金收入、运营成本、退出营运后租赁车辆残值收入。

影响利润的最大因素是租金收入，影响租金收入的最大因素是租金标准、出租率，影响租金标准、出租率的最大因素是市场。在汽车租赁经营过程中，唯有租金收入的管理是最复杂的。如何对租金收入、市场和它们之间相互关系的作用、影响进行分析、研究，运用相关知识、理论提高汽车租赁利润，是汽车租赁运营管理的核心部分，有关这方面的论述详见本书模块四单元四“汽车租赁定价营销调研”。

影响利润的另一因素是运营成本。由于汽车租赁的运营成本（如车辆购置费用、保险费、维修维护费、人工成本）透明度高，可预测性强，具有可控性。因此在汽车租赁的经营管理过程中，运营成本的管理相对简单。

影响利润的再一因素是退出运营车辆残值收入。由于残值收入受车辆的运营年限影响，而运营年限又决定着租金收入。因此如何获得租金收入和残值收入的最大值或使租金收入与残值收入边际收益最大化，是汽车租赁经营科学化的重要部分。

租赁车辆从购入到退出运营，其间既有营业收入，也会发生包括折旧等在内的运营成本。收入会随着车况、出租率的下降而减少；相反，成本特别是维修费用会随着运营期间的延长而增长。那么，租赁车辆运营到什么期限时才能实现最大利润，最大利润是多少呢？

如果将收入和成本变化趋势建立成数学模型，它们将产生一个交点，即盈亏平衡点。由利润 = 收入 - 成本可以知道，此时的利润为零，经营活动应该停止。根据数学模型及其分析，将能非常清楚地预见到租赁车辆收入、成本、利润在不同时期的情况，并据此对经营活动进行调整，减少管理决策的盲目性。

在对一定数量的某型车辆从购入到更新的整个运营过程中各种经营数据的统计、分析的基础上，分别建立收入、成本数学模型并对利润情况进行分析。

1. 收入

主要参数如下：

1）从新车购入到退出运营的期间：48 个月。

2）新车租金标准：5000 元/月。

3）退出运营时租金标准：3000 元/月。

4）新车出租率：95%。

5）退出运营时出租率：65%。

假设租金标准、出租率的变化是时间 X 的线性函数，则可以建立租金标准和出租率的变化趋势图。

图 4-12 所示为租金标准变化趋势图。

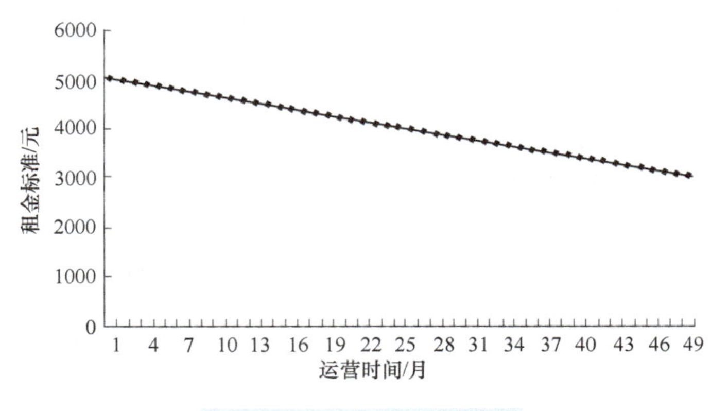

图 4-12　租金标准变化趋势图

图 4-13 所示为出租率变化趋势图。

从图 4-13 可以得到出租率变化数学模型为

$$y_1 = 0.94375 - 0.00625x \text{（}x\text{ 为车辆运营时间）}$$

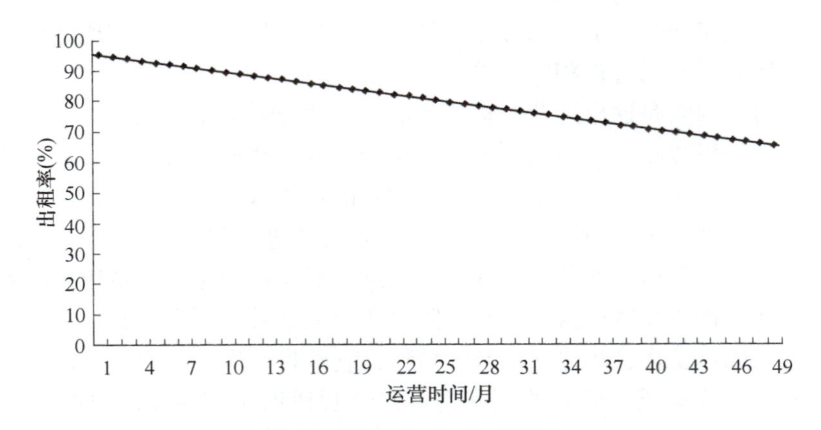

图 4-13　出租率变化趋势图

租金标准变化数学模型为

$$y_2 = 5000 - 41.67x\ (x\ 为车辆运营时间)$$

由此得到某一时刻（x）的租金收入数学模型为

$$y = y_1 y_2 = 0.26x^2 - 70.84x + 4758$$

2. 成本

成本由固定成本和费用两部分构成。

（1）固定成本参数

1）折旧：16782.75 元/月。

车价：1235000 元。

购置附加：10555.60 元。

牌照费：174 元。

按折旧期限为 6 年、残值率为 3% 计提折旧。

月计提折旧 =（1235000 元 + 10555.60 元 + 174 元）×97%/72 = 16782.75 元

2）财务费用：33.33 元/辆。

3）人工费：315.17 元/辆。

4）其他费用：607.68 元/月。

验车费（按每车每年 200 元计算）：200 元/12 = 16.67 元。

车船税（按每车每年 200 元计算）：200 元/12 = 16.67 元。

保险费（按每车每年 3697 元计算）：3697 元/12 = 308.08 元。

燃料费（按每月燃料费 46878.84 元、共计 300 辆计算）：46878.84 元/300 = 156.26 元。

杂费（无法计入上述项目的费用，按每车每月 110 元计算）：110.00 元。

共计 607.68 元。

以上各项总和为 3464.55 元。

（2）可变费用（修理费用）参数　通过对一定数量的标本、48 个月、1392 个统计数据的分析，得到以下修理费用的基本数学模型为

$$y = 0.12x^2 + 2.19x + 19.74$$

修理费用的变化趋势图如图 4-14 所示。

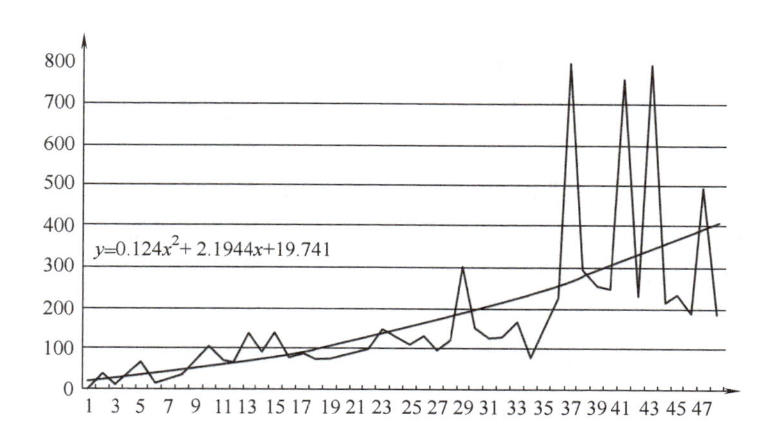

图 4-14　修理费用的变化趋势图

注：波浪状曲线是每月维修费用统计数据的曲线，一元二次方程曲线为根据维修费用统计数据推算出的数据模型曲线

固定参数与可变参数共同构成成本数学模型

$$y = 0.12x^2 + 2.19x + 3484.29$$

3. 利润分析

合并收入数学模型和成本数学模型，获得收入与成本变化趋势，如图 4-15 所示。

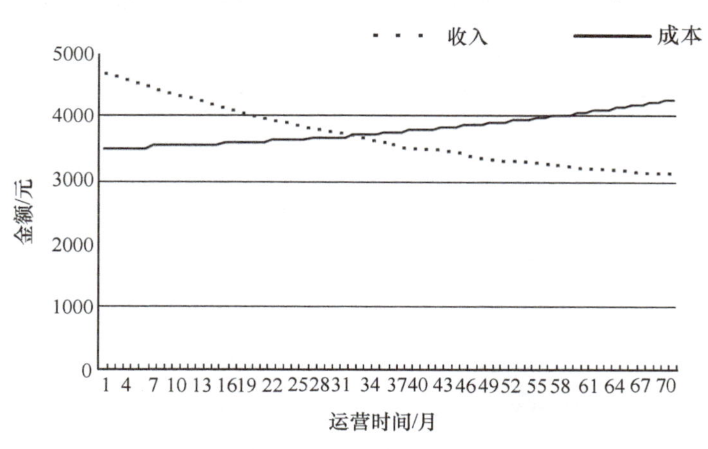

图 4-15　收入与成本变化趋势数学模型

（1）盈亏平衡点　收入、成本曲线分别呈下降和上升趋势并在 X 轴 33 附近，即运营后 33 个月处相交，此时，收入与成本相等，也就是说利润为零。有关数值如下：

收入 =3677.17 元，成本 =3687.24 元。

（2）利润　租赁车辆自投入运营到盈亏平衡点停止运营的累计利润是收入曲线和成本曲线在交点左侧所包围的面积，其计算公式为

$$P = \int_0^{33} (0.26x^2 - 41.09x + 4750)\,d_x - \int_0^{33} (0.12x^2 + 2.19x + 3484.29)\,d_x$$

$$= 19874.09 \text{ 元}$$

（3）未提折旧

$$未提折旧 = 1808.37 元 \times (72 月 - 33 月) = 70526.43 元$$

如果使用了33个月某型车在旧车交易市场可卖60000元，则实际未提折旧=(70526.43－60000)元=10526.43元。

那么，实际利润=利润－实际未提折旧=19874.09元－10526.43元=9347.66元。

通过以上计算，可以预测购入某型新车投入租赁运营，在正常租金和出租率下，33个月时的累计净利润达到最高值，为9347.66元。

4. 租赁车辆最佳运营期限

如果按照数学模型的分析指导业务，那么汽车租赁的利润率是十分低的。出现这种情况的原因如下：

1）出租率和租金标准的变化趋势非常难以预测，本分析中的参数只是经验数值。

2）汽车租赁的可变成本——维修费用的变化趋势实际上不是时间的线性函数，而是呈阶梯性变化的。因此以线性函数作为成本模型分析利润是不准确的。

3）影响汽车租赁利润的还有一个重要因素，就是二手车的价格，二手车价格的变化趋势基本与租金收入模型的函数相似，是时间的减函数。一方面在盈亏平衡点左侧租金收入是随时间的增加而增加；另一方面二手车的价格随时间增加而减少。因此如何获得租金收入与二手车销售收入的边际收益，即利润最大化，是确定运营车辆运营年限的最重要因素，也就是说并不是在盈亏平衡点的利润最高。

在综合考虑影响汽车租赁利润的各项因素，并对租金标准、成本、出租率、二手车价格与时间的函数关系进行分析后，汽车租赁经营者可以大致得到租赁车辆一个合理的运营时间。从对汽车租赁企业运营车辆的统计看，中档车型的运营年限以不超过两年为宜。

学习小结

财务知识是一个管理人员必备的，本单元结合分析汽车租赁营收情况，介绍了企业经营活动中的基本财务知识。希望通过本单元的学习，让同学们开阔视野，为多维度发展创造条件。

思考题

1. 分析模块六单元三“汽车租赁投资估算分析”中本单元相关知识的应用。

2. 汽车租赁收入由租金和退役车辆销售收入组成，但两者分别与租赁车辆运营时间成正比和反比，如何运用本单元知识实现汽车租赁收益最大化？

[模块五] 汽车租赁风险控制及法律事务

概述

任何行业都有风险，但可以说汽车租赁是所有行业中经营风险较大的行业之一。对此，在长期经营过程中业内人士摸索出比较成熟和完善的应对风险策略，通过前期的信用审核、贯穿整个业务过程中的风险控制、运用法律手段的善后处理等措施，比较好地规避了租赁车辆失控等风险。本模块从信用审核、风险控制和法律事务三个方面介绍维护汽车租赁企业合法权益的相关知识和技能。

情景导入

一辆被承租人租走后失踪近半年的租赁车的GPS信号突然出现，资产管理部门、风控部门、法务部门马上联席办公进入高度戒备状态。首先风控部门向资产管理部门提供该车辆租赁合同，包括承租人信息、车辆信息和登记资料在内的全套资料，以便资产管理部门收车时与公安部门交涉。随后资产管理部门带上备用钥匙及必要工具、风控部门准备的资料马上出发，前往GPS显示车辆位置自行收车。同时，法务部门准备诉前保全、起诉状等法律文件，向法院立案。公司办公室随时协调各部门的工作并与当地汽车租赁协会联系，寻求他们提供必要支持。上述一系列工作是汽车租赁最重要的工作之一，它需要当机立断和正确判断，这些都建立在熟练掌握本模块相关知识和技能的基础上。

单元一 汽车租赁信用审核

学习目标

1. 了解信用审核的目的和程序。
2. 熟悉信用审核所需证件的名称、种类。
3. 能运用证件审核的技能判断承租人提供的各类身份证件的真伪。

学习指导

汽车租赁是信用消费，信用是能够履行诺言而取得的信任，但凡合同规定双方的权利和义务不是当时交割的，存在时滞，就存在信用。就汽车租赁而言，信用是其存在的基础，信用审核事关重大。

相关知识

一、信用审核的原则和目的

（一）信用审核的基本原则

1. 严格执行程序

汽车租赁作为大众化的服务，其审核信用的手段和时间受到一定限制，多数情况下只能现场对承租人提供的相关证件进行审核，其审核的可靠性，完全依赖于信用审核程序和制度，因此业务人员必须严格执行信用审核程序并且掌握相关的业务技能。

2. 广泛收集信息

完善的信用审核和管理是建立在对承租人大量的信息调查基础上的，对于融资租赁业务、租用高档车的业务、租用车辆数量多的业务或者会员的信用审核，需要有广泛、可靠的信用信息支持和多渠道信用信息核查。

（二）信用审核和管理的主要目的

信用审核和管理的主要目的包括：

① 确定承租人信用信息的真实及长期稳定性。

② 确定承租人具有履行合同的能力。

③ 确认承租人不能履行合同时代为履行合同义务的担保方资料的真实性和履约能力。

④ 监控承租人信用能力的变化。

二、信用审核的主要程序

（一）收集承租人的信用资料

1. 收集信用信息的方式

多数情况下，承租人根据汽车租赁企业的信用信息调查表要求内容提供信用信息，信用信息调查表是一份综合性表格，用于收集承租人信用资质的信息，并由信用分析人员对表中列示的情况做出调查。这些信息被看作信用调查的一部分，是一种未经证实的事实陈述。某些事实可以不经证实便被接受；其他事实可以通过进一步的调查得以证实。通过填写资格审查表从申请者那里得到线索，如有必要证实，通过进一步的调查来证实这些线索，将是更加经济有效的做法。

如果汽车租赁企业认为承租人提供的信用信息不够全面，或不足以反映承租人的信用情况，汽车租赁企业可以通过其他信用渠道，收集承租人的信用信息。这些渠道包括工商登记信息系统，如在“全国企业信用信息公示系统”（http：//gsxt. saic. gov. cn/）选择查询对象所在省份，填写其名称后即可获得注册地址、注册资金和违法记录等基本信息。通常，汽车租赁企业在获得承租人授权后，可以向与承租人有信贷关系、资金往来关系的金融机构如银行，与承租人有车辆分期付款、房屋分期付款业务关系的房地产企业、汽车销售企业，专业的信用管理公司等提出获得承租人信用信息服务的要求，向上述机构支付一定费用后获得有关信息。

2. 收集信用信息的内容

信用信息资料一般包括以下三方面内容：

（1）基本信息　主要是承租人的基本资料，包括姓名、年龄、职业、贷款历史、居住地址、收入、婚姻情况和联系方式等方面的个人信息或法人工商注册及实际经营的信息，如单位名称、经营地点、法人代表名称、联系方式等。

（2）既往信用信息　主要是承租人的银行信用，包括各商业银行提供的个人信用记录、信用卡使用情况，尤其是未偿还的债务情况和信用卡透支情况以及法人单位的经营状况、银行账目情况、银行贷款证等信息；承租人的社会信用和特别记录，包括曾经发生的金融诈骗等不良记录，司法、纳税等方面的信息，恶意透支、赊账不还、偷逃税或者受到公安、工商、税务、行业管理机关处罚等不良行为等。

（3）合同期间信用情况　主要是承租人在当前汽车租赁合同期间的信用情况，如是否按时缴纳租金、有无变更并隐瞒基本信息情况等。

（二）信息核实

首先核实各类证件的信息与持有人是否一致，其次核实证件的真伪和有效性。对于户口簿、身份证、营业执照、房产证等证件类资料的核实，一般通过对关键标志的鉴别进行，也可通过互联网的一些查询服务，如身份证网等进行。身份证、信用卡的核实也可以通过身份证识别仪、POS 机等完成；对于收入证明、银行资产证明、经营或居住地址等的核实，应采取实地核实或向相应机构电话核实的办法。信息的核实最好以多种方式进行。

（三）信用评估

承租人信用评估是指通过使用科学严谨的分析方法，综合考察影响其信用状况的主客观因素，并对其履行债务的意愿和能力进行全面的判断和评估。

承租人信用评估的内容主要包括三个方面：①对承租人信用的综合性、全方位的考察，不但有反映其外在客观经济环境的指标，如个人的资产状况、收入水平、社会职务与地位以及该人所生活经济环境的宏观经济状况等，还包括能反映其内在道德诚信水平的指标，如历史的信用行为记录、信用透支、发生不良信用时所受处罚与诉讼情况、犯罪记录等；②承租人信用评估应使用科学的分析方法，得到定量化的评估结果；③承租人信用评估应包括对该人履行各种经济承诺的评价，对不同的征信机构分别给出相应的评估结果。

汽车租赁企业应当建立完善的承租人信用评估管理信息系统，全面和集中地掌握承租人的资信水平、经营财务状况和偿债能力等信息，以风险量化评估的方法和模型为基础，开发和运用统一的承租人信用评级体系，作为承租人选择的依据，并为承租人信用风险识别、监测以及制定差别化的授信政策提供基础。

金融信贷机构信用评估系统的评估方法分为三类：定性评估法、定量评估法和综合评估法。对于汽车租赁行业，一般使用定性评估法，该方法是指评估人员根据其自身的知识、经验和综合分析判断能力，在对评价对象进行深入调查、了解的基础上，对照评价参考标准，对各项评价指标的内容进行分析判断，形成定性评价结论。这种方法的评估结果依赖于评估人员的经验和能力，主观性较强，结果的客观、公正性难以保证。

定性评估可以使用信用分级表格或规范的核对程序更好地构建判断，以全面地考虑信用申请的各个方面。通过使用信用分级表格做出信用决策经常会变得比较容易。信用分级表格是一种预先准备的表格，用以记录业务人员对信用申请中各种信用资质做出评估。业务人员完成了信用调查并分析了申请中的项目后，列出的信用资质会逐个地评价为优秀、良好、一般或差四个等级，这四个等级的具体划分定义如下：

优秀：上等，资质很高或很好。

良好：一般以上，有较满意的资质，仅次于上等。

一般：资质一般，不好也不坏。

差：总的来说不满意，一般以下或资质有问题。

（四）信用信息管理

信用评估主要是为风险控制服务，即风险控制根据信用评估结果，对信用等级一般的加强风险监控，对于信用等级差的及时采取收回租赁车辆、进入司法程序、向公安部门报案等措施。

信用信息的收集、评估都是一个动态过程，业务人员应及时补充承租人在租赁期间的信用信息，并进行信用等级分析。

三、证件审核的具体技能和注意事项

对各类证件的核实首先确认是否在有效期内，其次核对证件照片、姓名（拼音）、号码是否与本人和其他证明相符。

（一）身份证

身份证长85.6mm、宽54mm、厚1mm，在性别位置有定向光变色的“长城”图案，在相片下有光变存储的“中国CHINA”字样，用放大镜可以看到在彩虹印刷的底纹中有缩微字符串“JMSFZ”，如果将证件正面放在紫外线灯光下，可以发现荧光印刷的“长城”图案。身份证号码由18位数字组成，有些第18位可能是字母“X”，前6位为地址码，第7～14位为出生日期码，第15～17位为顺序码，表示在同一地址码所标识的区域范围内，对同年、同月、同日出生的人编定的顺序号，顺序码的奇数分配给男性，偶数分配给女性。第18位为校验码。其他验证方法如下：

1）使用身份证阅读机具读取的存储在证件芯片内的机读信息，应与证件反面登记的视读信息是一致的。

2）登录全国公民身份证号码查询服务中心网站，系统核查结果为“一致”且有照片显示，则通过身份审核，如图5-1所示。

有时会出现系统信息与客户本人、证件对比一致，但无照片的情况，视为通过身份审核。系统核查结果为“库中无此号”或“不一致”，视为未通过身份审核，如图5-2所示。

图5-1　通过网站身份审核

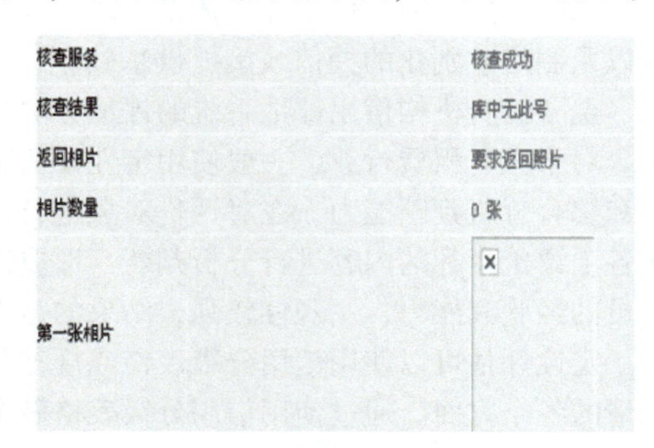

图5-2　未通过网站身份审核

其他身份证网站也可提供身份证核查服务。

（二）营业执照副本

要审查客户的营业执照副本的原件，查对单位名称、性质、注册资金，是否在有效期内（营业执照上当年年检的防伪标志），发证机关（国家市场监督管理总局或地方机构）印章是否清晰，必要时打电话问其单位法定代表人姓名及被委托人姓名及职务。登录国家市场监督管理总局及各地方机构网站、各类信用信息网站，也可查询到企业的在市场监督管理登记的基本信息。

（三）非大陆居民身份证件

1）非大陆居民身份证件是指护照、外国人居留许可证、港澳居民来往内地通行证（回乡证）、台湾居民来往大陆通行证（台胞证）。

① 港澳居民来往内地通行证（回乡证）图样如图 5-3 所示。

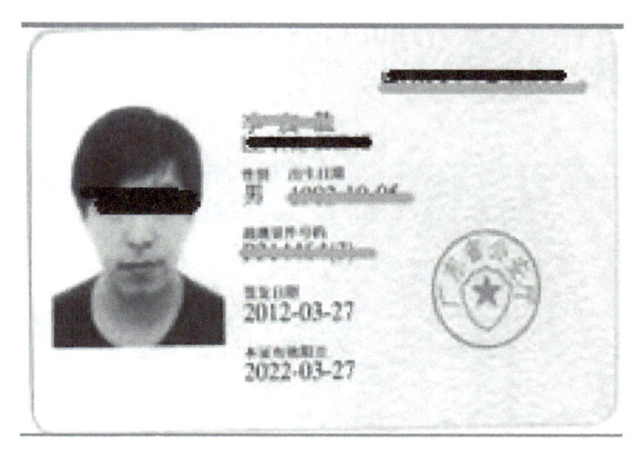

a) 港澳居民来往内地通行证（回乡证）正面

港澳居民来往内地
通行证
8210058M2203274H09371930016123

b) 港澳居民来往内地通行证（回乡证）背面

图 5-3　港澳居民来往内地通行证（回乡证）图样

② 台湾居民来往大陆通行证（台胞证）图样如图 5-4 所示。

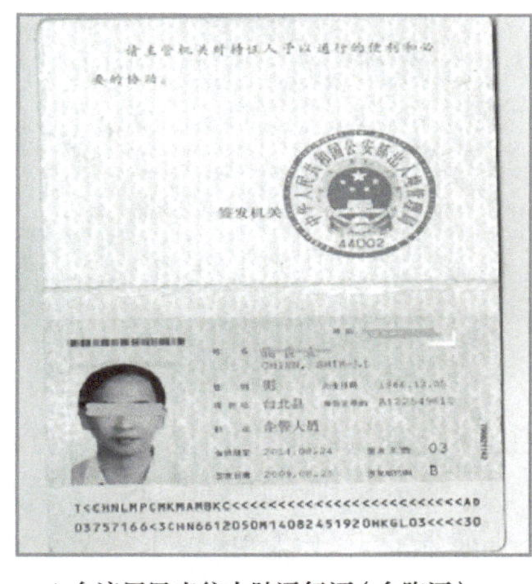

a) 台湾居民来往大陆通行证（台胞证）

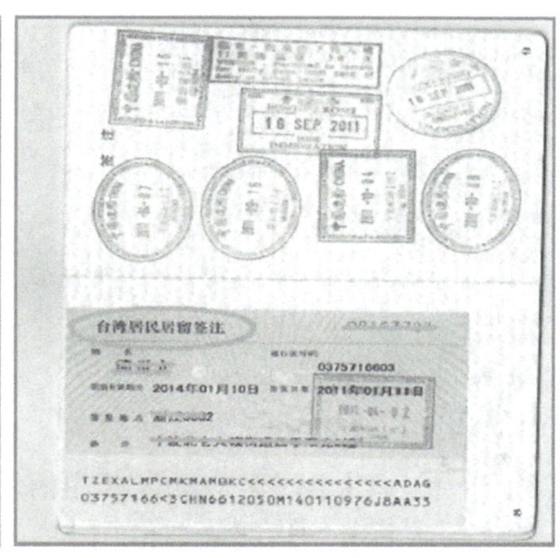

b) 台湾居民来往大陆通行证（台胞证）内页

图 5-4　台湾居民来往大陆通行证（台胞证）图样

③ 外国人护照图样如图 5-5 所示。

④ 外国人居留许可证图样如图 5-6 所示。

⑤ 居留许可证签证页如图 5-7 所示。

2）非大陆居民身份证件的验证需要专门渠道，客户可能要等待一定时间。证件有效期应当超过当次租期两个月。

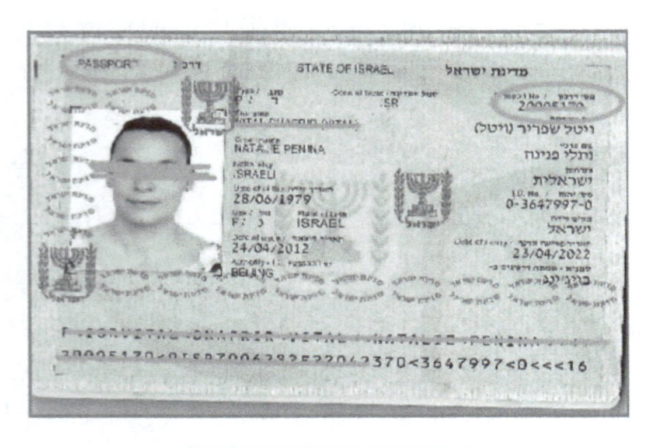

图 5-5　外国人护照图样

（四）驾驶证

1）有效驾驶证件指的是地方驾驶证，军人驾驶证、外籍驾驶证无效。

2）驾驶证号码必须与身份证号码一致，有附页，驾驶证距离有效期不少于一个月。

3）注意不同规格驾驶证持有人驾驶车辆的资格：C1 驾驶证能驾驶 7 座（含）以下手动/自动档车辆，C2 驾驶证仅能驾驶自动档车辆，驾驶证 A、B1 本可驾驶小客车、中型客车。

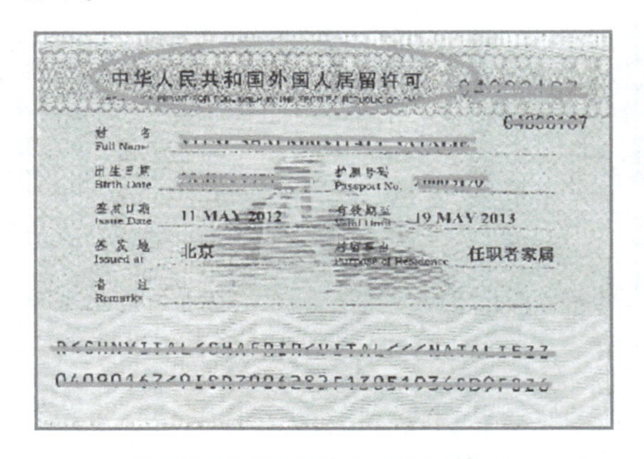

图 5-6　外国人居留许可证图样

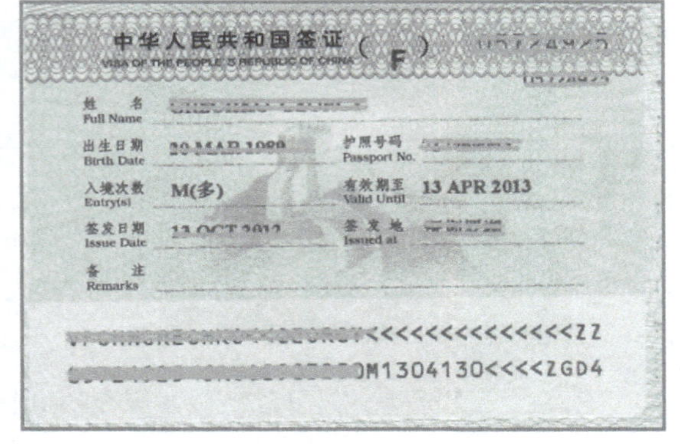

图 5-7　居留许可证签证页

4）由于驾驶证 A、B 本不是每年年检，无法从附页查看年检信息，因此除查验驾驶证的有效期及与身份证明的吻合性外，可要求客户携带有效的《身体条件证明》回执（用来验证驾驶证已经通过当年年审）。

（五）信用卡、借记卡

对于信用卡、借记卡，首先要识别其真伪，检查持卡人姓名是否与客户的其他证件一致，其次要检查卡面有效期和卡片的完整性。

1. 信用卡和借记卡的区分

借记卡用于信用担保有更为严格的限制，相比押金退款信用卡预授权更为方便并且抗风险系数高，业务人员应当建议客户优先使用信用卡。区分信用卡和借记卡的方法如下：

（1）卡号　除运通卡、运通联名信用卡、个别竖版信用卡为 15 位卡号外，横版信用卡一般为 16 位凸印卡号；而借记卡为 13 ~ 19 位不等卡号，且不一定凸印。

（2）有效期　信用卡有有效期（月份在前，年份在后），而借记卡不一定有。

（3）激光防伪　信用卡有“银联”“VISA”“MasterCard”等标志及激光防伪标志，而借记卡不一定有激光防伪标志。

（4）持卡人姓名　信用卡卡面有持卡人名字，而借记卡不一定有。

如不能区分，可致电银行卡背面发卡行确认。

信用卡、借记卡图样如图 5-8 所示。

2. 信用卡真伪识别

一般情况下，可以通过以下方法简单判断信用卡是否是伪造卡：

1）检查卡面凸印卡号的前四位数字与上方或下方平面印刷的微型四位数字是否一致，若不一致则可判断为假卡或伪造卡，如图 5-9 所示。

2）使用 POS 机刷卡，检查 POS 屏幕显示的卡号与卡面凸印的卡号是否一致，若不一致则可判断为假卡或伪造卡。

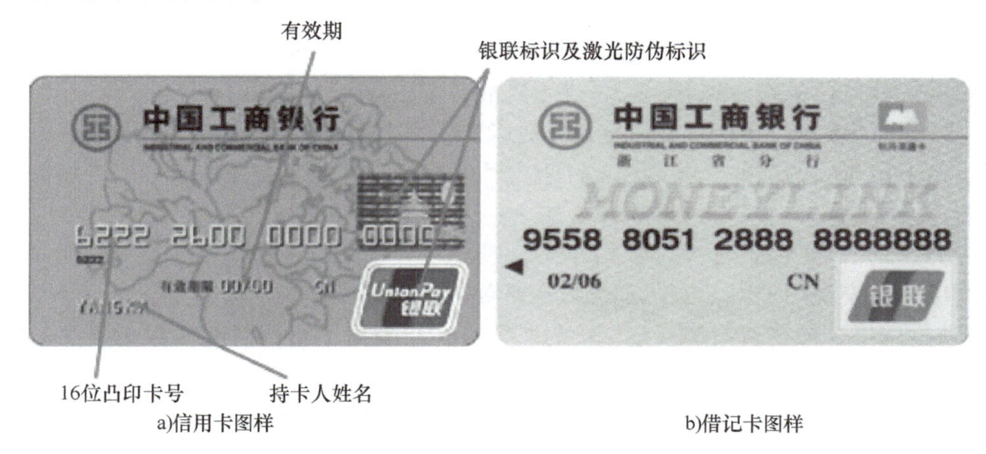

图 5-8　信用卡、借记卡图样

3）致电收单行，并将卡片 BIN 号（卡号的前六位数字）报给授权人员，请其尽快查询该 BIN 号所属的发卡行是否与卡面显示的发卡行一致，若不一致则可判断为假卡或伪造卡。

图 5-9　假信用卡

4）其他信用卡查验要点如下：

① 卡片完好性检查：卡片正反面完整无缺且无涂改或刮伤，也没有剪角、损毁现象，卡面凸印卡号无涂改痕迹。

② 卡背签名栏：信用卡无涂改痕迹，也无样卡、测试卡或 VOID（无效卡）字样。

③ 信用卡持有人与签名检查：卡片背面有签名，并与卡面凸印的持卡人汉语拼音名相符，与身份证件姓名一致。

④ 卡面有效期的检查：检查卡面有效期，过期的或背面有“VOID”标志的，均为失效卡，应拒绝受理，有效期在当次租期结束后不足一个月的，也不能受理。

3. 其他注意事项

1）客户使用借记卡刷取租车押金时，借记卡可以不是承租人本人的。

2）大陆客户不可以使用外卡租车，只能持国内有效卡租车。

3）外卡不能作为担保卡使用。

4）港澳台、外籍客户的外卡必须要有磁条。

通常支票真伪的核实由财务负责，业务人员可通过114查到付款方开户行的电话，然后报上付款方名称和支票号，以此方式初步确定支票的真伪。

四、必须时时提高警惕的问题

1）有疑问时要与其他同事讨论商定，必要时请安保部门审核手续后再定夺。

2）单独一人在工作现场出现疑问，而身边无人可以商量时，要积极与客户交谈，察言观色，要等待其他业务人员到场，切忌过于自信，切忌心急。

3）要尽可能多地收集租车人信息，一般应让租车人留下2~3人的姓名及联系电话并当场核对，留下租车人的证件、电话，要注意电话号码与其住所、公司的区号是否相符。必要时要进行电话查询。

4）对租车人产生怀疑时（符合租车条件的情况下），门店有权拒绝客户的租车要求，在拒绝时应向客户说明理由，注意言辞，不要激化矛盾。

5）通过网络、市场营销部预订车辆的非会员客户来提车时，当对其租车条件产生怀疑时，门店有权拒绝客户的租车要求，但应说明原因，书面报市场营销部备查。

6）对于在网上已经被列入黑名单的客户，门店有权拒绝其租车要求。

7）通过摄像头拍摄承租人照片并存放于计算机中。

学习小结

随着信用体系的不断完善，汽车租赁企业可以通过更多途径获得承租人的信用信息，通过身份证件当场审验的信用审核手段逐步退到次要地位。表5-1所示为目前信用审核所需的主要证件资料清单。

表5-1　目前信用审核所需的主要证件资料清单

承租人类型	驾驶证	身份证明证件	费用支付凭证
自然人	承租人与所租车型相符的有效国内驾驶证	第二代居民身份证、台湾居民来往大陆通行证（台胞证）、港澳居民来往内地通行证（回乡证）、外国人居留许可证	有一定信用额度或余额的信用卡或借记卡
法人	承租方指定驾驶人与所租车型相符的有效国内驾驶证	营业执照副本	开户行、开户名称、账号等，支票入账或各种网上支付到账凭证

思考题

1. 请在互联网上查找有自然人、法人信用查询功能的网站。
2. 信用审核的主要程序是什么？

单元二　汽车租赁风险控制

学习目标

1. 了解形成汽车租赁形成风险的主要原因。
2. 掌握汽车租赁风险防范措施的原则。
3. 能在汽车租赁各业务环节运用相关风险防范措施。

学习指导

汽车租赁风险主要是车辆失控和租金流失，本单元从风险控制的重要性和策略性、形成风险的主要原因、风险的种类、风险防范措施和内部风险控制五个方面介绍汽车租赁风险控制工作的内容。

相关知识

一、风险控制工作的重要性和策略性

汽车租赁行业有如下两个特点：一是所有权与使用权分离，二是租赁物具有高移动性和变现性，这两大特性决定了汽车租赁是一个高风险行业。在正常情况下，汽车租赁企业通过坏账准备、向保险机构投保等措施分散经营风险，可以保证企业经营的正常进行。但当这种风险无法预测和制约时，汽车租赁企业的经营将陷于困境。据统计，全国汽车租赁行业最终没有被追回的被骗车辆约占车辆总数的1%左右。汽车租赁企业为各类经营风险承担了巨大的经济损失，并消耗了大量精力，严重地影响了汽车租赁企业的健康发展。

汽车租赁特别是长期租赁的风险控制工作具有很强的策略性和决断性，比如一方面承租人可能因为非主观原因而偶尔拖欠租金，另一方面承租人可能因为财务问题从偶尔拖欠演变成长期拖欠租金甚至人车失控，那么如何对这两种情况进行正确判断，即不因贸然采取措施丢失客户，也不因犹豫不决而错失良机造成资产损失，需要相当丰富的经验和高超的技巧。

二、形成汽车租赁风险的主要原因

（一）维护出租人权益的法律环境不健全

在我国，虽然各项法规对机动车辆产权的转移、抵押和典当等都有相关规定，但关于租赁企业租赁物的权益，没有专项规定，执法机构普遍地对所谓“善意取得”过于宽松，在执法过程中，对于一些明显的买赃行为，不严格依法处理，未能有效维护受害方的利益，客观地纵容了骗车销赃的行为，形成了汽车租赁高风险的氛围。

在欧美国家，出租人也可通过简易法律程序，向法官提供租赁合同、承租人3个月以上不交租金的证明，法庭当即可颁布执行令，相关部门有责任协助收回租赁物。在英美法系国家，如美国、英国、加拿大，法律上允许租赁企业在承租人违反合同时，以非暴力和合法手段自助取回租赁物。

（二）信用体系缺失

目前我国的信用体系还很不完善，控制汽车租赁风险最有效的信用体系还不健全。由中国人民银行组织各商业银行组建的全国统一的个人信用信息基础数据库已实行全国联网，该系统是一个全国统一的企业和个人的信用信息的基础数据库，在个人数据方面，该数据库的信息包括借款人和信用卡持有人的基本信息和信贷信息，此外还将采集公安部门、社会保障部门、公积金管理部门的相关信息。但该系统有非常严格的使用限制，在相当一段时期内汽车租赁企业无法利用其信息资源作为风险防范的手段。

美国有许多专门从事征信、信用评级、商账追收、信用管理等业务的信用中介服务机构，如全美有1000多家当地或地区的信用局（Credit Bureau），这些信用局构成覆盖全国的信用服务体系和数据库，甚至任何一笔消费及信用卡信息都通过刷卡系统联网会自动进入信用系统的信息库。美国的信用系统周密而有效，就连轻微的违法行为，如乘车逃票都有可能被记录到信用信息库中，并且影响到包括退休金在内的个人生活。在这样的信用体系下，车辆被骗的风险自然较低。

三、汽车租赁风险种类

汽车租赁的主要风险有车辆在租赁中失控、车辆被盗、拖欠租金。

（一）车辆在租赁中失控

车辆在租赁中失控是汽车租赁经营过程中给企业造成损失最大的风险，也是最难以防范的风险，主要有以下两种情况：

（1）承租人使用真实身份租车　由于经营情况或个人经济情况恶化或有赌博、吸毒恶习，将车辆抵押或转租给第三方，或者因与第三方发生纠纷，车辆被第三方扣留。还有一种情况，就是承租人拖欠租金，租赁企业未能及时收回车辆，终止合同，造成承租人应付租金数额巨大，导致承租人一躲了之，租赁车辆仍在承租人手中。

（2）承租人恶意租车　承租人恶意租车的目的就是骗取租赁车辆后非法倒卖、抵押牟利。这些犯罪分子有时使用虚假、伪造的身份证明。随着身份信息核实手段的完善和汽车租赁业务人员对证件识别能力的提高，犯罪分子开始利用真的营业执照等法人身份证明，但这些企业或法人单位实际已不存在。随着人户分离情况的增多，按户口簿地址寻找承租人的困难越来越大，加上以真实身份租车给诈骗定罪增加相当大的难度，导致以个人真实身份租车进行诈骗的现象有上升的趋势。

（二）车辆被盗

租赁车辆在承租人租用期间，由于疏于管理（多数情况下无法获得相关证据），车辆在使用或停放时丢失。有时也存在承租人监守自盗的情况，如某租赁公司对承租人交回的丢失车辆车钥匙进行痕迹鉴定，发现该车钥匙有被复制过的痕迹，但这一证据无法给承租人定罪。虽然如此，对汽车租赁企业而言，这是可以规避的经营风险，方法就是投保车辆盗抢险或安装车辆防盗装置。目前租赁车辆盗抢险保险费率为车辆价值的1%，对于桑塔纳等易盗车型，保险公司可能会提高保费或拒绝承保。除机械式防盗锁外，GPS、GSM等电子防盗装置的防盗功能已很强大，其安装和使用费用与盗抢险费用相当。

（三）拖欠租金

拖欠租金属于汽车租赁企业可以控制的风险。处理这类风险并防止损失扩大的有效措施就是当承租人出现拖欠租金的频率越来越多、拖欠时间越来越长的趋势时，立即终止合同、收回车辆。一般而言，承租人拖欠租金超过 2 个月将十分危险，如不采取措施，可能会由拖欠租金转为车辆失控。

四、汽车风险防范措施

（一）签订合同前的风险防范措施

1. 会员管理

签订合同前的风险防范措施就是预先在以下几个方面对客户进行信用审核和评估：

1）客户租赁车辆的目的是否合理，是否有能力支付租金。

2）客户是否有稳固的社会和经济地位，一般从客户的职业、供职的单位、居住条件、年龄及婚育状况进行判断。

3）客户是否可提供信用破产时的担保，如财产担保或第三方担保等。

审核的方法主要是对客户提供的各类资料进行审核以及对资料真实性进行复核，包括上门核实。对一些信用特征比较清晰的客户，如知名人士，在政府、大型金融机构、公检法机关供职的人员可以适当精简审核过程和手续。

汽车租赁企业一般设立专门部门，以发展会员的方式，对客户进行信用审核。这样可以避免在签订合同时进行信用审核容易造成疏漏，增加客户办理租赁手续时间等弊端。通过信用审核的客户填写记录会员信息、双方在会员服务方面的权利义务条款等内容的“会员申请表”并签字后获得会员资格卡，会员租车时凭会员卡就可以免除信用审核的程序。会员的有效期为一年，到期后应对会员资格进行重新审核，但对会员信用状况的期间复核也很重要，定期组织会员活动是复核会员信用状况的很好手段。

会员管理除是一种有效的风险控制手段外，还是汽车租赁企业营销手段，在提高汽车租赁利润的“收益管理”理论中，会员制是建立“价格藩篱”的措施之一。

2. 利用相对完善的信用体系

汽车租赁企业的信用体系毕竟有很多局限性，随着我国信用体系的发展、完善，利用社会信用体系、银行信用体系，可以降低汽车租赁企业信用管理的成本，提高信用管理的功效。现阶段，汽车租赁企业与银行进行联名卡形式的合作，能够较好地解决信用管理问题。民航、宾馆行业在营销中建立了庞大的会员体系，其会员的信用标准和消费领域与汽车租赁行业有很大的重叠性，与这两个行业合作，共享其信用等级比较高的会员，有很大的可操作性和发展空间。

（二）签订合同时的风险防范措施

签订合同时的风险防范措施比较薄弱，主要依据客户提供的有关证件等有限资料，在有限的时间内按照业务程序对客户的信用情况进行审核，其判断的准确性常依赖负责客户资格审核的业务人员的工作能力。业务人员应加强对证件识别能力的训练。在与客户接触时，尽可能地与客户交谈，以获得对方更多的信息，通过对这些信息的综合分析，对客户信用情况及其资料的真伪做出判断，因此，业务人员有较丰富的社会知识和宽阔的知识视野是十分重要的。

1）业务人员应严格、细致地审核客户提供的资料。住址，包括注册地、经营地址、经办人的居住地址等是核实的重点。对资料之间的相互比对是检查其真实性的重要办法。例如，某犯罪分子使用真实的营业执照，但签订合同所用公章的名称与营业执照的名称有一字之差：公章中为“冷”字，营业执照为“泠”字，业务人员在办理租赁手续时未能发现这一纰漏，使其得逞。而营业执照的单位也以这一字之差否认是租车合同的合法主体。

2）应婉拒个人同时租用多辆车或长租，业务人员应注意观察同来租车人相互之间的关系。通常个人用户基本只在节假日租车，如在其他时间或同时、先后租用多辆汽车或长期租用汽车，违背一般规律，应特别注意。

有时犯罪分子以招收驾驶人为名，让受害人到租赁公司租车，然后人车消失，租车人既拿不到工资，又要承担赔偿责任。多数情况下受害人经济状况不佳，无法履行赔偿义务，最终还是汽车租赁企业受害。

3）对于注册资金少于100万的公司应加强审核和监控。这类企业多从事装修、广告、科技、咨询和餐饮等行业，竞争激烈、淘汰率高，对具有这些特点的承租人，一定要谨慎。如某装饰有限责任公司，注册资金为50万元，主要从事装修业务。起初租金缴纳情况尚可，半年后拖欠租金并失去联系。到公司注册、营业地址查找无结果，到其法人代表身份证地址查找也无所获，后经了解该公司经营失败已经倒闭。

4）长期租赁业务，如果承租人的信用评估等级较低，可采用提高首付款比例，委托代理商采购、维护、管理和回购租赁车辆，使用网银支付租金、首付款，租赁车辆保险受益人为汽车租赁企业，将租赁车辆进行抵押登记和公证等措施控制风险。

针对汽车租赁企业的信用审核规律和措施，诈骗分子采取了反审核措施并且越来越专业化。例如，某诈骗团伙利用租赁企业周六、周日工作人员少、业务繁忙，容易产生疏漏，租赁企业对有固定场所的客户审核容易麻痹的情况，租用办公室，然后通知租赁公司送车上门，结果两天内数家租赁公司上当，近10辆租赁车被骗。但一家租赁公司没有上当，因为他们发现犯罪分子租用的宾馆位置根本不适宜从事营业执照上的业务。虽然营业执照是真的，但只是注册资金为50万元的咨询公司，而且犯罪分子的言谈举止有很多做戏的成分。后来查明，犯罪分子从工商注册代理机构买来的营业执照。因此，在进行信用审核时，不能仅仅机械地执行业务程序，查看证件、地址、电话，而是要察言观色，尽可能多地获得客户信息，对这些信息进行综合分析，做出正确判断。

（三）合同履行中

车辆失控、车辆被盗、拖欠租金等风险多是在车辆租赁过程中发生的，采取如下措施，可以减少风险：

1. 定期与承租方接触

对于长租客户，除定期收取租金外，应设法采取各种方式定期与承租人接触，如上门服务、征求意见等，形成汽车租赁企业随时重视和关注承租人的印象。反之，承租人可能觉得汽车租赁企业对车辆疏于管理，继而对租赁车辆产生不良企图。特别是对于将租赁车辆开往外地的承租人，应严格审核，避免租赁车辆长期在外地，处于无法控制的状况。如租赁车辆必须长期在外地行驶，可委托当地汽车租赁企业代为管理，降低风险。

2. 定期检查和更换防盗装置

租赁车辆的防盗装置应定期检查或更换，GPS等电子防盗装置应保持运行可靠，对突然失去踪迹的车辆及怀疑车辆应注意发生时间、地点和规律。

3. 随时注意交款情况

随时注意承租人的交款情况，如多次出现迟交租金的情况，应考虑终止合同，以免损失扩大。当出现交款异常时，应采取恰当方式，到承租人处了解情况，及时掌握对方行踪。在催收应付租金时，应向承租人下发书面通知书，作为日后起诉承租人违约的证据之一，收取支票时，应注意是否有证鉴模糊等违反银行票证管理规定的地方，防止承租人借机拖延支付。

一般的汽车租赁合同都在承租人违约责任中有这类规定：“承租人有下列行为的，出租人有权解除合同并收回租赁车辆：提供虚假信息；租赁车辆被转卖、抵押、质押、转借、转租或确有证据证明存在上述危险；拖欠租金或其他费用”。这为汽车租赁企业在面临风险时，采取相应措施保护自身利益提供了法律依据。在采取措施之前，应首先向承租人发出合同终止通知书。

如果承租人合同期满后仍未退还车辆，汽车租赁企业应向承租人发出合同终止通知书，以防止承租人利用《中华人民共和国合同法》第二百三十六条规定“租赁期间届满，承租人继续使用租赁物，出租人没有提出异议的，原租赁合同继续有效，但租赁期限为不定期”。推脱违法责任。

（四）善后处理

1. 车辆失控

确认车辆失控后应尽快寻找承租人及相关人员和车辆的下落，整理、收集租赁合同、收款通知书等证据，如汽车租赁企业自行收回车辆和欠款失败，承租人行为属于刑事犯罪的，可向公安机关报案，寻求协助。不属于刑事案件的，可向法院起诉，除合同规定的租金外，可追加车辆失控期间租金的赔偿。

2. 车辆被盗

应立即协同承租人到当地派出所报案，汽车租赁企业同时通知保险公司。公安部门立案后进入侦察程序，如果 3 个月后未能破案，公安机关向汽车租赁企业发出《车辆被盗证明》，企业凭此证明向保险公司办理索赔手续。注意必须向承租人收回被盗车辆的车钥匙，交给保险公司。

3. 拖欠租金

通常情况下，汽车租赁企业应在合同履行期间根据承租人拖欠租金情况，随时终止合同，以及早收回租赁车辆为首要目标，降低由拖欠租金转为车辆失控，遭受更大损失的风险。如承租人确有可执行的价值，可向法院起诉承租人支付拖欠租金和利息。

如发现承租人有其他违法犯罪行为，应及时向公安部门报告。

五、内部风险控制

内部风险是指个别业务员利用业务程序和管理制度的漏洞，在工作中谋取不法利益致使企业面临的风险。这类风险主要是侵吞营业款、私用租赁车辆，由于是内部员工所为，所以手段隐蔽，比较难察觉。

（一）常见的非法侵害企业利益的方式

（1）现金交易中侵吞钱款　现金交易中侵吞钱款的机会比较多，常见的有以下情况：

① 业务员给客户开具收款凭证后销毁记账联，然后私吞钱款；

② 业务员不开收款凭证，直接收取客户钱款并私吞；

③ 业务员多收钱款而在收款凭证上少写，私吞差额。

（2）信用卡交易中侵吞钱款　虽然信用卡业务中不接触现金，但业务员仍有机会侵吞钱款。主要有以下两种方法：

① 在客户信用卡上多加数额，然后把刷卡单据入账联的金额涂改为应收租金的数额，并从现金库中将多收部分的现金拿走；

② 重复刷卡，即趁客户不备，重复刷信用卡，然后从现金库中拿走重复刷卡金额的现金，并用信用卡凭证抵账。

（3）租车不入账　与客户勾结，将不是待租状况的车辆低价出租，因为车辆没有进入待租业务程序，系统对该车不计价收费，业务员可将租金装入自己腰包而不被察觉。

（4）私自使用租赁车辆　业务员解除车辆的监控，私自使用租赁车辆。

（二）主要防范措施

（1）管理制度　制定严格、完善的管理制度，特别是现金收付、登记等财务管理制度，如营业结束后应当两人以上共同清点现金、对账。

（2）结算方式　尽量使用信用卡结算，不接受现金支付租车费用，减少现金流通环节。

（3）审核异常情况　出现现金不符、调整账务等问题，很可能是员工舞弊的征兆或机会，因此应加强对异常情况的审核。对于现金与记账不符的情况，无论是短缺或溢出，都应找出现金与记账不符的原因；尽可能减少调账，避免因客户原因或企业原因取消订单而退还已付租金产生的调账，更应杜绝因业务员错误造成的调账。

（4）严格执行车辆监控制度　多数汽车租赁业务软件具有租赁车辆状态与GPS绑定的功能，即待租车辆被锁定，如果移动范围超出所属营业门店，GPS监控则会发出位置异常报警。对于报警车辆，相关人员应核实是否被非法出租或业务员私用。

学习小结

风险控制是汽车租赁企业资产保全的最后屏障，风险控制相关知识和技能是汽车租赁从业人员所必须掌握的。图5-10所示为汽车租赁法律风险的种类，同学们应当掌握针对汽车租赁不同类型风险的各种防范措施。

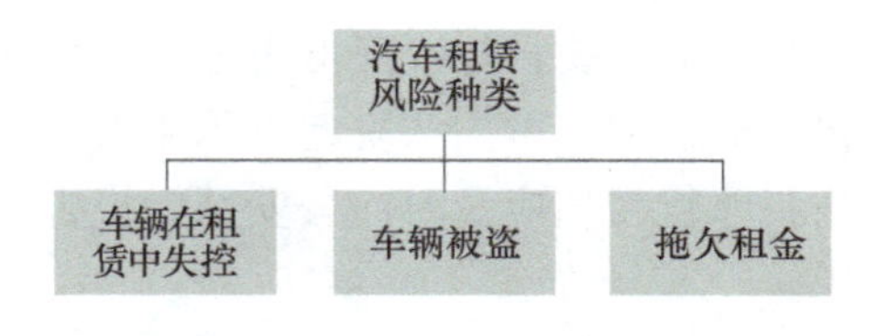

图5-10　汽车租赁法律风险的种类

思考题

1. 如何针对形成汽车租赁风险的主要原因开展风险防范工作？
2. 汽车租赁风险种类有哪些？所针对的风险防范措施有何不同？
3. 汽车租赁主要的风险防范措施有哪些？

单元三　汽车租赁法律事务

学习目标

1. 了解汽车租赁存在的主要法律问题。
2. 熟悉涉及汽车租赁的相关法规和法律措施。
3. 掌握处理汽车租赁法律问题的司法程序和流程。

学习指导

汽车租赁风险控制的最后一道防线就是如何通过法律措施重新恢复对租赁车辆的控制权。本单元通过汽车租赁主要法律问题、相关法律措施的运用、案例分析三部分的学习，让同学对汽车租赁法律事务初步了解，能够协助专业人士处理相关事务。

相关知识

一、汽车租赁的主要法律问题

（一）“善意取得”被利用

物权的转移有以下两个基本规则：

1）动产物权的设立和转让自交付时产生效力，但法律另有规定的除外（如机动车没有变更登记，善意取得无效）。

2）无处分权人将动产转让给受让人的，符合特定情形的（如以合理价格取得、办理了车辆变更登记），受让人取得该动产的所有权。

上述两个基本规则为不法分子侵占租赁车辆创造了机会，使承租人因占有租赁车辆，得以主动或被动地处置租赁车辆的物权，侵害汽车租赁企业合法权益。而获得租赁车辆的第三方则可以善意取得为由，逃脱返回租赁车辆的法律责任。

物权转移的基本规则是经济社会正常运转的保障，但也确实是租赁车辆被第三方非法占有的重要诱因。因此，汽车租赁的首要法律问题，是如何堵塞第三方利用“善意取得”逃避法律责任的漏洞，维护汽车租赁企业的合法权益。

此外，租赁车辆因涉及刑事案件、经济纠纷和行政处理等问题，被公安机关、法院、行业管理部门扣押，也是汽车租赁企业可能面临的、可能需要通过法律途径解决的问题。

【拓展阅读】

善意取得

善意取得是指动产占有人向第三人移转动产所有权或为第三人设定其他物权，

即使动产占有人无处分动产的权利，如受让人在取得该动产时系出于善意，则受让人取得该物的所有权，原权利人丧失所有权。善意取得需符合以下条件：

① 出让人无权处分。

② 受让人受让该不动产或者动产时是善意的。

③ 以合理的价格转让。

④ 转让的动产依照法律规定应当登记的已经登记，不需要登记的已经交付给受让人。

（二）未办理车辆登记不属于善意取得

根据有关法律规定，受让方未办理车辆变更手续不属于善意取得。机动车、飞机、船舶登记制度是唯一由法律确定的动产登记制度，而其他动产物权的变更，并不需要进行登记。这主要是针对在动产中，交通工具价值相对高而制定的。相关规定明确办理车辆转移、抵押登记的必须是机动车所有人，办理转移、抵押的程序详尽、复杂，因此第三方很难在汽车租赁企业不知晓的情况下办理车辆物权变更手续。

有关车辆买卖、抵押办理登记手续的法规如下：

1. 《中华人民共和国担保法》

《中华人民共和国担保法》第四十一条规定，当事人以本法第四十二条规定的财产抵押的，应当办理抵押物登记。第四十二条规定，以航空器、船舶、车辆抵押的，办理抵押物登记的部门为运输工具的登记部门。

2. 《机动车登记规定》（公安部令第102号）

关于车辆买卖，《机动车登记规定》第十八条规定，已注册登记的机动车所有权发生转移的，现机动车所有人应当自机动车交付之日起30日内向登记地车辆管理所申请转移登记。第十九条规定，办理转移登记必须提供现机动车所有人的身份证明、机动车所有权转移的证明和凭证、机动车登记证书、机动车行驶证等六类证件或证明。

关于车辆抵押，《机动车登记规定》第二章登记第四节“抵押登记”共有五条内容，规定办理抵押及解除抵押的手续、所需文件。

应当说，如果严格执行这些规定，未经所有权人同意，办理车辆物权变更手续几乎无可能，车辆登记制度是保护汽车租赁企业的重要法律制度。

二、相关法律措施的运用

多数情况下，执行法律程序所需的时间比较长，恰当地运用相关法律措施或知识，可以避免因法律措施滞后扩大经济损失。

1. 财产保全

当汽车租赁企业发现失控车辆的具体下落时，可向法院要求财产保全，查封租赁车辆，避免车辆再次失去下落。为了降低车辆被转移的风险，应提出诉前保全。

财产保全是指遇有有关财产可能被转移、隐藏等情形，可能对利害关系人权益造成损害或可能使法院将来生效的判决难以执行时，人民法院根据利害关系人或当事人的申请，或依职权对一定财产采取的特殊保护措施。

财产保全分为诉前财产保全和诉讼中的财产保全。诉前财产保全是指在诉讼发生前，人民法院根据利害关系人的申请，对有关财产采取保护措施的制度。诉前财产保全要求较严格，一般适用于较为紧急且申请人应当提供担保的情况。诉讼中的财产保全，则是当事人已经起诉，人民法院已经受理案件后才采取的财产保全。诉讼中的财产保全可以由当事人申请，也可以由人民法院依职权做出决定。

财产保全限于诉讼请求的范围或与案件有关的财物。所谓诉讼请求范围，是指保全的财产价值与诉讼请求的价值相当；与案件有关的财物主要是指案件的标的物，即可供将来执行法院判决的财物。财产保全的措施有查封、扣押、冻结财产以及法律规定的其他方法。

2. 先予执行

先予执行是指人民法院在审理民事案件后，做出终审判决前，根据当事人的申请，裁定另一方当事人给付申请人一定数额的钱财，或者裁定另一方当事人立即实施或停止某一行为的法律制度，是使权利人在判决生效前实现部分权利的一种救济方式，又称为先行给付、假执行。

多数情况下第三方通过交易获得租赁车辆，与承租方存在经济关系，虽然根据相关法规他们之间的交易不受法律保护，但为了避免不必要的纠纷，在出租方对租赁物所有权关系明确的情况下，可要求法院在承租方与第三方的民事诉讼尚未完结前，将处于第三方控制之下的租赁车辆归还汽车租赁企业。

《中华人民共和国民事诉讼法》规定，人民法院对下列案件，必要时可以书面裁定先予执行：追索赡养费、扶养费、抚育费、抚恤金、医疗费用的，追索劳动报酬的，因情况紧急需要先予执行的。采取先予执行必须具备一定条件：

1）原告提起的诉讼必须是给付性质的，即要求被告给付一定金钱或财物。

2）作为给付所根据的必须明确权利义务关系。

3）如不采取先予执行措施，将严重影响申请人的生活或者生产经营。

4）被申请人有履行能力。

汽车租赁为第三方占据，要求先予执行完全符合上述条件。

无论是财产保全还是先予执行，申请人都应向法院提供担保，如果申请人败诉，应当赔偿被申请人因财产查封或先予执行遭受的损失。胜诉后担保全额退还申请人。因租赁车辆被第三方占据的法律事实清楚，汽车租赁企业败诉的概率极小，所以汽车租赁企业可向法院交付现金担保，担保金额为被保全或先予执行的标的物价值。汽车租赁企业可以降低诉讼标的物价值的办法减少担保数额，降低标的物价值并不影响汽车租赁企业的诉讼利益。

3. 先刑事后民事

如到法院起诉，法院可能会以“先刑事后民事”为由不予立案。但实际上，只有在下列情况下，才执行“先刑事后民事”的原则：

1）刑事附带民事诉讼的，民事的处理涉及刑事审判结果或者要以刑事审判结果为依据时。

2）民事赔偿责任需要民事刑事一起审理，民事可能导致刑事过分迟延时。

租赁车辆被第三方占有的案件多是民事、刑事各自单独立案，且两个案件没有相互影响关系，所以不必依据“先刑事后民事”的原则。有关法规参见《最高人民法院关于在审理经济纠纷案件中涉及经济犯罪嫌疑若干问题的规定》《关于及时查处在经济纠纷案件中发现的经济犯罪的通知》。

4. 自力取回权

当租赁车辆被第三方非法占有时，部分租赁企业自己或雇用他人采取“偷窃”或“非暴力”措施自行取回租赁车辆。如果租赁车辆顺利回到汽车租赁企业的控制下，一般而言，第三方就失去了重新占有租赁车辆的机会，司法部门对于租赁物物权回归这个既成事实，也是无从介入的。但如果在取回过程中与第三方发生冲突，通常，汽车租赁企业并不处于有利地位，有时执行人员甚至被公安部门当作盗窃或抢夺疑犯拘押。

在法理上，汽车租赁企业的上述行为称为“物权自助行为”，即运用“所有权人的自力取回权”而不是司法程序恢复对租赁物的权利。我国《物权法》的配套法规还不健全，尚无自力取回权的具体规定。而英美法系国家有专门的法律条款，保障所有权人自力取回行为，如《英国民法汇编》第一百七十七条规定：“动产之权利人，于必要时，得用暴力攫取之”。美国“收回租借权”和“取回动产权”条款允许出租方在符合一定条件的情况下，不经法院首先确认其所有权，使用一定限度的强制行为，自力取回租赁物。基于这些法律，美国有受雇于银行和零售商的“抵押收回执行人”，在不扰乱社会治安和威胁到他人人身安全的前提下采取秘密手段取回贷款抵押物。再如美国法律规定，有条件销售（Conditional Sale）合同中可以约定购买方有特定的违约行为，损害销售方合法权益时，销售方依法有权从购买方处取回销售物。

在我国《物权法》中确立所有权人的自力取回权，是我国法律体系完善之必然。此前，可在合理而不违法的前提下，适度行使“所有权人的自力取回权”并参考英美法系国家关于“所有权人的自力取回权”的条件：

1）所有权自力取回权的客体应为动产。

2）所有权人取回动产应遵循瞬时取回原则，除非情况急迫，不及时取回日后将很难实现权利。

3）所有权自力取回权的对象为动产非法侵夺人或恶意占有人本人，如果动产被第三人占有，所有权人则不得对其行使自力取回权，除非有证据表明第三人明知其占有的动产源于他人的非法侵夺或恶意占有。

4）所有权人在行使自力取回权之前应采取必要的手段敦促相对人返还动产。

5）如果动产是基于所有权人自己的意思由他人直接占有，所有权人不得行使自力取回权，当事人另有约定或法律另有规定的除外。

6）所有权人取回动产时不得采取不必要或致命性武力。

三、汽车租赁相关法律案例分析

（一）车辆被第三方占据

这类案件涉及出租人、承租人、受让车辆的第三方，存在租赁合同纠纷、非法转让车辆等不同关系，刑事案件与经济纠纷并存，如图5-11所示。

在如此复杂的关系中，应争取问题简单化，以便及早解决问题，减少出租人的损失。

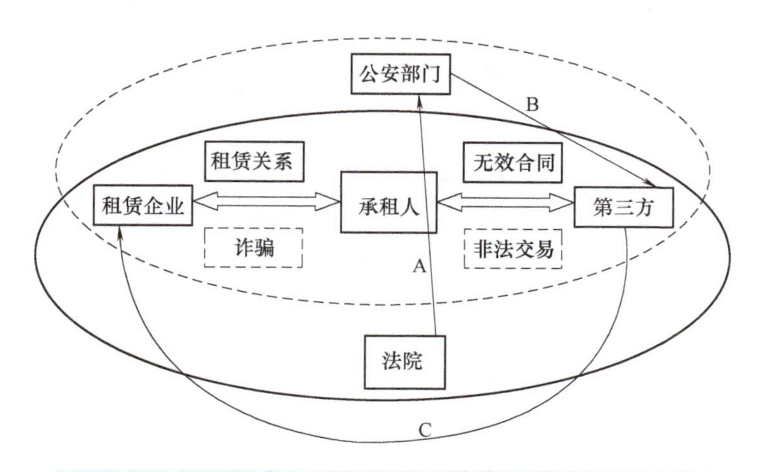

图 5-11　租赁车辆被第三方占有的法律关系及处理程序示意图

图 5-11 的虚线部分属于公安部门处理范围，涉及诈骗、非法买卖等问题，关系复杂。实线部分属于法院处理范围，为出租人与承租人的经济纠纷，以双方合同为基础，关系清晰。通常解决此类问题的原则是向法院起诉，承租方履行租赁合同，返还租赁车辆。但由于具体情况不同，也可采取起诉第三方和直接要求公安部门返还车辆的办法。

1. 起诉承租人

起诉承租人方案适合承租人可以到案应诉，承租人具有赔偿能力，且车辆因涉及刑事案件等原因被公安部门扣留的情况。

（1）法律程序

1）起诉承租方，要求终止租赁合同、返还车辆或给予赔偿。

2）提出诉前财产保全，要求法院出具“司法协助函”，协助公安部门查封租赁车辆（A、B）。

3）要求“先予执行”，协助公安部门将租赁车辆返还汽车租赁企业（C）。

（2）诉讼原则　不必纠缠承租人与占据租赁车辆第三方的法律关系，只要求法官根据出租人与承租人汽车租赁合同的事实以及承租人转卖、抵押等处置租赁物的非法性，依法确认出租人对租赁车辆的所有权，并主张所有权人对租赁车辆的权利。

（3）举证

1）“汽车租赁合同”证明出租人、承租人在租赁车辆上的法律关系，即承租人无权处理租赁车辆。

2）租赁车辆的各种产权证明、登记证书，证明承租人事实上没有办理车辆产权变更的登记手续。

（4）法律依据

1）《中华人民共和国担保法》。

2）《中华人民共和国机动车登记办法》。

2. 起诉第三方

起诉第三方方案适用于承租人无法到案应诉或没有赔偿能力，且第三方和租赁车辆下落明确的情况。

（1）诉讼请求 起诉第三方购买承租人所租用的出租人所有的车辆交易无效，将车辆返还。

（2）举证

1）“汽车租赁合同”证明出租人、承租人在租赁车辆上的法律关系，即承租人无权处理租赁车辆。

2）租赁车辆的各种产权证明、登记证书，证明承租人事实上没有办理车辆产权变更的登记手续。

3）法律依据 《中华人民共和国物权法》第一百零六条规定，如果第三方为典当行，可追加典当行为被告，法律依据是《典当管理办法》第二十七条。

【实例分析】 起诉第三方返还所购买的租赁车辆

天津市民石某将自己的车辆委托给某汽车租赁公司出租，2005年7月，犯罪嫌疑人张某某从租赁公司租走石某的车后，伪造石某的全套手续，将车辆卖给了第三方王某某，但未办理车辆过户手续犯罪嫌疑人就消失了。后来犯罪嫌疑人落网，2006年6月30日因合同诈骗罪和诈骗罪，数罪并罚，被判处执行有期徒刑4年。由于张某某服刑且没有偿还能力，王某某无法追回被骗钱款，因此拒绝返还车辆，认为自己是善意第三方，是合法获得车辆，出租人应当补偿其被骗损失后才能取回自己的车辆。于是石某起诉王某某，要求法院判令被告返还车辆。

2007年3月28日，天津市东丽区人民法院对此案依法做出了判决。法院认为，根据《中华人民共和国物权法》第一百零六条规定，被告未办理车辆过户登记，不属于善意取得范围，被告应返还原告石某所拥有的车辆。

我国汽车租赁行业主要问题之一是大量租赁车辆被骗，其根源是犯罪分子（无处分权人）将诈骗来的租赁车辆非法转卖给第三方（受让人）后，第三方以“善意取得”为由，对抗汽车租赁企业（所有权人）对租赁车辆主张权利。由于“善意取得”的滥用，客观上助长了诈骗租赁车辆的犯罪行为。天津市东丽区人民法院对此案的判决，有效地阻断了“诈骗租赁车辆—非法转卖租赁车辆—获得非法收益”环节，削弱了租赁车辆诈骗问题存在的基础，这个判决是一个令汽车租赁行业振奋的好消息。另外，2007年5月11日起施行的《最高人民法院、最高人民检察院关于办理与盗窃、抢劫、诈骗、抢夺机动车相关刑事案件具体应用法律若干问题的解释》，对“明知是盗窃、抢劫、诈骗、抢夺的机动车，买卖、介绍买卖、典当、拍卖、抵押或者用其抵债的”等四种严重危害汽车租赁企业利益的犯罪行为的具体认定和处罚，做出了明确的解释。这也为消除租赁车辆被骗问题打下了良好基础。

3. 直接向公安部门索要车辆

如租赁车辆确为公安部门扣留，可依据有关法规，直接要求公安部门返还租赁车辆。

（二）租赁车辆被公安部门扣押

当租赁车辆被承租人或第三方用于犯罪活动或处于犯罪分子占有状况时，公安部门在侦查阶段可将租赁车辆作为赃物、作案工具、物证暂时扣押。但公安部门以租赁车辆移交检察院、法院，案件侦查中为由长期不予返还时，会给汽车租赁企业造成经济损失。对于这种情况，汽车租赁企业应首先向公安部门提供租赁车辆产权证证据和汽车租赁合同，证明汽车租赁企业是租赁车辆物权受到侵害的受害者。

1. 租赁车辆不必移交法院判决

租赁车辆与所涉案件关系清楚时，公安部门没有必要将租赁车辆移交检察院或法院起诉或判决。《广东省高级人民法院关于刑事案件赃款赃物适用法律问题的若干指导意见》明确指出："需要继续追缴或者责令退赔的赃款赃物，不属于财产刑和刑事附带民事赔偿的范围，属于侦查、控诉工作的延续。对于赃款赃物没有查扣随案的刑事案件，人民法院原则上不对赃款赃物做出判决"。

2. 作为证据的租赁车辆不必等到结案时才返还

根据公安部颁发的办理刑事案件的程序类规定，如收集、调取的物证依法应当返还被害人的，可以拍摄足以反映原物外形或者内容的照片、录像作为物证。所以在证据充足的情况下，公安机关应先行返还车辆而不得以物证为由扣押。此外，在公安机构以证据扣押租赁车辆时，汽车租赁企业有权根据相关法规要求警方提供《调取证据通知书》。

3. 从犯罪分子处追缴的被骗租赁车辆应首先返回汽车租赁企业

根据《关于依法查处盗窃、抢劫机动车案件的规定》，对直接从犯罪分子处追缴的被盗窃、抢劫的机动车辆，经检验鉴定、查证属实后，可依法先行返还失主。在返还失主前，按照赃物管理规定管理，任何单位和个人都不得挪用、损毁或者自行处理。该规定同时说明机动车诈骗案件也适用该规定，故此，对于机动车诈骗案件，公安部门应首先将作为赃物扣押的租赁车辆返回汽车租赁企业，而不必等待案件审结。只要租赁车辆的产权清晰，公安部门都应遵循此原则。

《中华人民共和国刑事诉讼法》《公安机关组织管理条例》等对暂扣手续和暂扣物品的保管、移交都有严格规定，属于被害人的应尽快返还。"犯罪工具""赃物""物证"等可在侦察阶段即予以了结，不必移交法院裁定。

（三）租赁车辆被法院没收

通常没收作案工具是一种由公安部门做出的行政处分而不是由法院做出的财产刑罚判决，但确有法院以没收作案工具为名做出没收租赁车辆判决的情况。

2009 年 9 月甲地法院对一起贩毒案做出判决，判决内容包括"没收扣于公安局作案工具浙××××××（车牌号）本田小轿车一辆，由暂扣单位××市公安分局上缴国库"。于是甲地公安局即携判决书及办理车辆过户手续的"协助执行通知书"，驾驶该车到乙地办理将车辆过户到甲地公安局的手续。但由于有人报案该车为被骗车辆，在乙地公安部门的干预下甲地公安局没能办理车辆过户手续并将车辆开回。原来租车人已将此车非法倒卖，经多次转手，犯罪分子用 6 万元（该车现价 15 万元）购得此车用于贩毒被警方扣押。

1. "犯罪工具""赃物"不能作为处分对象

在法院判决书上，出现以"作案工具""赃物"的名义没收涉案财物的判决是错误的。《中华人民共和国刑法》中关于财产处分的条款主要有两点，一是以"没收财产"对犯罪分子进行刑罚，处分对象必须是犯罪分子的个人财产，所以《中华人民共和国刑法》第五十九条规定："没收财产是没收犯罪分子个人所有财产的一部或者全部"。二是从维护被害人利益和消除危害的角度，《中华人民共和国刑法》第六十四条规定："犯罪分子违法所得的一切财物，应当予以追缴或者责令退赔；对被害人的合法财产，应当及时返还；违禁品和供犯罪所用的本人财物，应当予以没收"。而"作案工具"既可能是"犯罪分子个人所有财产"或"供犯罪所用的本人财物"，也可能不是；"赃物"还包括应当退还被害人的合法财产。

该案的车辆应当属于《中华人民共和国刑法》第六十四条所规定应向被害人返还的合法财产。

2. 国库及车辆没收国库的基本程序

《中华人民共和国刑法》规定"没收的财物和罚金，一律上缴国库"，似乎国库是一个大仓库，堆放各类没收的物品，还有保险箱存放罚款，其实不然。《中华人民共和国国家金库条例》第二条"国家金库（以下简称国库）负责办理国家预算资金的收入和支出"。所以国库只是一个抽象的概念，一般是账由各级政府的财政部门做，钱存在银行，功能相当于企业的财务部门，负责各级政府的包括公、检、法在内的机构收入和支出。和企业的财务一样，政府的财务也有管理制度，其中最重要的管理原则是"收支两条线"，即政府按照财务预算下拨各机构包括工资、办公费在内的各种维持机构正常运作的经费；各机构上缴包括罚没、税收、事业收费在内的各种收入；严禁自收自支。

具体到被法院罚没的机动车上缴国库的程序大致是这样的：法院向罪犯收缴机动车及其车辆登记证件，如行驶证、登记证等，将机动车送往产权交易中心或拍卖行，售出机动车的资金上缴国库，购买人凭法院判决、交费凭据、原车登记证件到车辆登记部门办理过户手续。

3. 几点建议

在该案例中，可以肯定车辆所有人能够收回被第三方占有的车辆，但其遭受的损失十分惨重。遇到类似情况时，车辆所有人可以采取以下措施来减少自己的损失：首先在车和租车人失踪后立即报案，这样车辆被盗、被骗信息就会进入公安部门的相关数据库，减少了车辆成为"犯罪工具""赃物"的可能；其次车辆所有人可以要求租车人赔偿从车辆失踪到车辆收回期间的租金损失。

（四）在租车辆被运输管理部门扣押

1. 汽车租赁作为道路运输相关业务纳入道路运输管理

汽车租赁不是道路运输，但作为道路运输相关业务纳入道路运输管理，汽车租赁企业应遵守道路运输管理的有关规定。各地道路运输管理的基本内容是：从事道路运输以及相关业务经营活动应依法取得道路运输许可，按照核定的期限、范围、种类、项目、区域和场所等许可事项从事经营活动。有些地方也制定了汽车租赁的具体管理政策，且不尽相同，比如有地方规定租赁汽车不必办理道路运输证，对租赁汽车座位限制从7座、9座到12座不等。

2. 汽车租赁的经营和服务模式与道路运输管理发生冲突

由于汽车租赁与道路运输有很大差异，以道路运输模式进行管理会产生一些问题，如承租人驾驶的租赁车辆被道路运输管理部门扣押的情况时有发生，比较典型的是2012年4—6月期间，某汽车租赁企业在租的五辆租赁车在公司注册地之外的同一地区被该地道路运输管理部门扣押，理由包括没有在当地办理运营手续、没有携带道路运输证、不符合规定的经营条件等。无辜的是：该汽车租赁企业在注册地完全符合道路运输管理要求，而承租人驾驶租赁车辆进入其他地区，则可能不符合当地规定；承租人依法获得的租赁车辆的用益物权被剥夺，并蒙受损失。

3. 几个法律问题

（1）道路运输管理条例对汽车租赁的管理范畴　汽车租赁企业的经营活动，除救援外，仅限于其经营场所范围，经营内容主要是置备符合规定的租赁车辆、办理租车手续。而承租人获得租赁车辆用益物权，租赁车辆已与汽车租赁企业没有关系，已不属于汽车租赁企业的管辖范畴。道路运输管理部门的管理对象是汽车租赁企业，区域限于汽车租赁的经营场所，管理内容是汽车租赁的经营行为，如对承租人行使租赁车辆用益物权的过程进行管理，则管理对象、管理区域、管理内容错误。其实《中华人民共和国道路运输条例》释义已对道路运输管理条例的适用范围有很明确的诠释："合同法对如何规范、调整道路运输活动中发生的民事法律关系已经做了专门规定，因此，条例作为一部规范道路运输活动中行政管理的行政法规，其立法目的应当围绕着道路运输活动中，需要通过行政权力来规范和解决的问题"。

（2）道路运输条例对汽车租赁管理的法律效力　运输管理部门因承租人未带道路运输证等原因而扣押租赁车辆，除行政范畴不恰当外，还涉嫌违法。根据《中华人民共和国立法》法律的效力高于行政法规、地方性法规、规章。各地道路运输条例属于地方性法规，其法律效力低于《中华人民共和国合同法》。显然，道路运输管理部门依据道路运输条例而终止承租人与汽车租赁企业依据《中华人民共和国合同法》签订的租赁合同，有被承租人起诉的风险。

（五）租赁车辆物权登记

1. 因机动车物权登记制度不完善留下隐患

2009—2011 年两家融资租赁公司分别与淄博某公司签订融资租赁合同，将 3 台起重机租给淄博某公司，租赁期限分别为 48 个月和 41 个月。

由于我国机动车登记制度没有用益物权登记内容，即车辆登记证和行驶证上没有承租人信息登记项目，为了便于承租人淄博某公司的日常运营，两家租赁公司同意起重机登记在承租人名下。同时为防范租赁物的所有权遭受侵犯，作为权宜之计，两家租赁公司又分别与淄博某公司签订了"抵押合同"，将租赁物抵押给租赁公司（这也是机动车融资租赁行业的惯例），其中一家公司在车辆登记部门办理了车辆抵押登记。

2. 承租人非法解除抵押登记窃取租赁物所有权

两台起重机的抵押登记被淄博某公司以伪造抵押权人（即融资租赁公司）同意解除抵押的文件方式解除。淄博某公司还将其中一台起重机抵押给了某信用社，并在工商管理部门办理了动产抵押登记。另一台起重机被抵押给某支行并在车辆登记部门办理了抵押登记。

至此，3 台起重机的所有权从融资租赁公司变成了淄博某公司。

3. 租赁企业的资产被法院执行

2012 年 5 月，淄博某公司因债务纠纷被起诉至山东省淄博市中级人民法院（以下简称淄博中院），淄博中院将淄博某公司以融资租赁方式从两家融资租赁公司租来的且只支付了部分租金的 3 台总价值为 8000 万元全路面起重机作为诉讼标的进行财产保全。2013 年 8 月，淄博中院对淄博某公司系列贷款纠纷案陆续做出判决，认定债权人对起重机享有抵押权，有权以起重机拍卖、变卖或折价所得价款优先受偿。租赁公司对租赁物的所有权被无端剥夺。

4. 经验教训

2013 年 9 月，两家融资租赁公司分别向淄博中院递交了"查封异议申请书""财产保全和执行异议书”。由于其中一家融资租赁公司办理了起重机的抵押登记，因此向车辆登记部门提起行政诉讼，请求恢复被非法解除的、设定在租赁物上的抵押权。

本案的主因是承租人非法占有他人财产，但机动车登记制度的不完善也是该案的重要成因。如果车辆登记系统能参照飞机与船舶的登记制度，列明所有权人、承租人、抵押权人，相关交易方在交易之前，先行在车辆管理部门的车辆登记系统中查询标的物的权属关系，可避免租赁物被非法抵押或买卖。但在相关法规完善前，租赁企业一定要办理租赁物的登记手续，充分利用《中华人民共和国物权法》有关善意取得的限制条款，堵塞他人非法占有租赁物的渠道。

【相关链接】

我国车辆登记制度的缺陷

由于种种原因，机动车的物权登记仅包括所有权、担保权的登记，而不包括用益物权的登记。船舶、飞机的物权登记则包括所有权、用益物权、担保权的登记。具体表现为车辆登记中没有承租人相关信息的登记项目。

比如因为没有车辆用益物权的登记，承租方无法获得车辆在税收、养路费等方面的优惠政策，而出租方因不是特定对象，也无法获得优惠；因道路交通安全有关法规规定，出租方不得不承担承租方使用租赁车辆而引发的损害赔偿。

近年来我国法律体系逐步完善，汽车租赁经营的法律环境不断改善：2007年实施的《中华人民共和国物权法》，是租赁包括汽车租赁的法律基石；2010年实施的《中华人民共和国侵权责任法》，免除了汽车租赁企业的交通事故无过错连带责任；2011年实施的《中华人民共和国道路交通安全法》，为汽车租赁企业摆脱交通违章罚款烦扰提供了法律依据。可以预期，随着我国法制体系的逐步完善，汽车租赁的法律环境将进一步改善。

四、法规效力层级的知识

法规泛指法律、行政法规、地方性法规和部门规章等，它们具有不同的法律效力，了解相关知识，有利于维护企业的合法权益。《中华人民共和国立法法》是关于法规制定、修改和废止及它们效力层级的法律，根据《中华人民共和国立法法》，法律的效力高于行政法规、地方性法规、规章；行政法规的效力高于地方性法规、规章；地方性法规的效力高于本级和下级地方政府规章；省、自治区的人民政府制定的规章的效力高于本行政区域内的较大的市的人民政府制定的规章。下面是法规的分类及其层级。

1. 第一层

（1）法律　全国人民代表大会和全国人民代表大会常务委员会行使国家立法权。法律由国家主席签署主席令予以公布，如《中华人民共和国合同法》。

（2）法律解释　法律解释权属于全国人民代表大会常务委员会。法律解释和法律具有同等效力。

2. 第二层：行政法规

国务院根据宪法和法律，制定行政法规。行政法规由总理签署国务院令公布，如《中华人民共和国道路运输条例》。

3. 第三层

（1）地方性法规　省、自治区、直辖市的人民代表大会及其常务委员会制定地方性法规。

（2）部门规章　国务院各部委、中国人民银行、审计署和具有行政管理职能的直属机构制定部门规章。部门规章由部门首长签署命令予以公布，如《汽车租赁业管理暂行规定》（已废止）。

4. 第四层：地方政府规章

省、自治区、直辖市和较大市的人民政府制定地方政府规章。地方政府规章由省长或自治区主席或市长签署命令予以公布，如《重庆市汽车租赁管理办法》。

此外就是比较常见的红头文件，即行政规范性文件，是指行政机关制定的除行政法规、政府规章之外的对不特定人和事进行规范的文件，严格意义上行政规范性文件不是法规，它是某项法规落实、执行的程序性文件。

学习小结

汽车租赁所有权与使用权分离的特点，比较容易造成法律纠纷，因此法律事务是每个汽车租赁企业不可少的业务。法律事务工作的最终形式是法律 诉讼，通过本单元的学习，同学们能够根据汽车租赁风险问题的性质和类型，做好法律诉讼的各项准备工作。

思考题

1. 汽车租赁诈骗问题比较突出的原因是什么？

2. 如果租赁车辆被与汽车租赁没有直接关系的第三方占有，汽车租赁企业如何运用法律和其他合法手段维护权益？

[模块六] 汽车租赁实操及案例

概述

本模块选择汽车租赁业务中的重要技能和案例，如汽车租赁业务中常用装置身份证阅读器使用方法、POS 机的使用方法、GPS 的安装使用管理，处理日常业务的汽车租赁业务系统的使用方法，汽车租赁投资分析的主要步骤和内容等。本模块重点在于通过实操，检验学习的知识是否能应用于实际业务中。如果同学们能够完成本模块实操并理解汽车租赁投资分析的原理，恭喜，你已成为一个可以胜任汽车租赁工作的初级专业人士。

情景导入

小张在业务一线已经工作一年了，已成为一个合格的业务人员，领导决定将一个新入职的大学毕业生交给小张，要求小张在半年内将他培养成储备部门经理。小张认真梳理了自己的工作体会，结合新入职员工有比较扎实理论基础的情况，决定从实操和案例入手，由浅入深让新员工首先掌握必须的职业技能，然后尽快沿着业务线，熟悉各岗位、各业务流程，边干边学，以干促学，尽快形成对公司整体业务的宏观认识。于是，小张归纳了汽车租赁业务操作中主要的技能培训内容和案例。

单元一 汽车租赁业务常用装置设备的使用

学习目标

1. 了解汽车租赁业务常用装置设备的工作原理。
2. 熟悉汽车租赁常用装置设备在汽车租赁业务中的功能和作用。
3. 掌握汽车租赁业务常用装置设备的使用方法。

学习指导

风险控制是汽车租赁业务正常进行的保障，但风险控制可能是汽车租赁客户服务体验的一个短板，如客户来租车时对其过于烦琐的审核、给客户打电话询问其车辆位置等。身份证识别仪和北斗、GPS 定位和监控系统可以高效率、不降低用户体验的前提下保障汽车租赁的资产安全，是汽车租赁主要风险控制装置设备。虽然微信、支付宝等移动支付已广泛应用，但仍有一定比例的支付使用银行卡，POS 机仍是汽车租赁费用结算的重要工具。通过本单元的学习，大家可以掌握这些汽车租赁业务常用装置和设备的使用方法。

相关知识

一、身份证识别仪

身份证识别仪是一种能判断身份证是否伪造的设备，像验钞机一样，能对身份证真伪进行有效识别，第二代居民身份证（以下简称二代身份证）内含有 RFID 芯片，身份证识别仪与计算机连接后，身份证芯片内所存储信息，包括姓名、地址、照片等将一一显示，二代身份证芯片采用智能卡技术，其芯片无法复制，高度防伪，配合身份证识别仪。图 6-1 所示为常用身份证识别仪。

图 6-1　常用身份证识别仪

（一）安装

1. 连接方式

身份证识别仪具有 RS232 串口通信方式和 USB 通信方式（选配），其通信线缆具有明显差别。RS232 通信方式是将计算机一侧的 RS232 插头与 USB 插头安插稳妥后，再将 Mini USB 插头插入验证机具的通信接口。USB 通信方式则是直接将数据线的 USB 插头连接到计算机，再将 Mini USB 插头插入身份证识别仪。

2. 软件安装

身份证识别仪随机附带光盘，只需双击安装软件文件夹里的 . exe 文件，按照安装提示操作即可。

（二）使用

安全控件安装完成后，连接身份证识别仪，在计算机桌面上找到并双击“身份证识别仪”图标，出现图 6-2 所示的身份证识别仪系统界面。

然后在身份证识别仪上放一个身份证，如果图 6-2 中画圈部分正确识别出身份证的信息，说明身份证识别仪正常，没有问题。

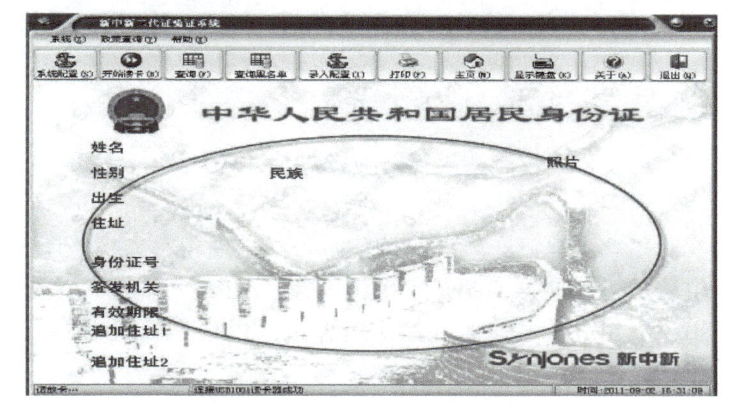

图 6-2　身份证识别系统界面

二、全球卫星定位和监控系统

(一) 北斗 GPS 定位和监控系统基本原理

全球卫星定位和监控系统由GPS、GIS、通信系统共同组成，其中，GPS（Global Positioning System，全球卫星定位系统）的功能是找到地球上的任何一个安装GPS接收机的物体，确定其经度、纬度、高度、时间、速度和航向等运动状态。GIS（Geographic Information System，地理信息系统），俗称为电子地图，其作用相当于将被监控物在GPS系统中的经度、纬度物理位置转换为在地图上的地理位置，图6-3中的两行数字是不同计量单位的经纬度，每行数字的第一组数字是经度，第二组数字是纬度，如果没有GIS，得到的地理位置只是抽象的数字。通信系统的功能是为GPS监测卫星、被监控目标、监控终端提供数据通信连接，在监控系统中起着至关重要的作用。其主要工作特点是通信次数十分频繁，但每次的通信传输量很小，考虑到成本、可靠性和覆盖面等因素，目前均采用GSM、CDMA、GPRS等手机通信网络。虽然GPS最初的功能是定位，但目前已具备了遥测和遥控功能，如通过传感器获得车内视频、音频信息以及车辆的行驶速度变化、油耗信息，通过停电或停油控制车辆的行驶等。

北斗是我国开发的全球卫星定位系统，目前已广泛应用于包括汽车租赁的各行业。

图6-3 GPS定位和监控系统管理界面

(二) GPS 定位和监控系统在汽车租赁行业中的应用

1. 实时定位

租赁公司可以实时了解到自己车辆的具体位置。在出现租车人拒绝还车或者拒绝继续缴纳租车费用时，租赁公司可以根据GPS提供的车辆位置在最短的时间内收回租赁车辆，减少损失。同样，在出现骗租或者其他意外情况时，也可以根据GPS提供的车辆位置在最短的时间内收回租赁车辆，减少损失。

2. 远程控制断油电

租赁公司在无法控制租赁车辆或者租车人不履行其义务时可以通过 GPS 管理平台软件对车辆发送远程控制指令，使车辆熄火，无法起动，以便租赁公司在最短时间内做出判断收回车辆。

3. 轨迹回放

可以利用 GPS 管理平台软件通过轨迹回放调出具体租赁车辆在某个时间段内的行驶轨迹及车速。

4. 里程统计

可以通过 GPS 管理平台软件统计在一定时间段内车辆的行驶公里数。因为租赁车辆每天都有额定的公里数，超出额定范围会按照每公里收相应的费用，有些租车人会在里程表上面动手脚，使租赁公司遭受损失，但 GPS 就算在车辆里程表遭到破坏的情况下一样会统计出非常精确的行驶里程数据，为租赁公司挽回损失。

5. 防破坏报警

当 GPS 设备被拆卸时，GPS 内的光感装置或姿态感应装置就会因为 GPS 暴露在光线下姿态变化而报警。

当 GPS 设备电源遭到破坏或者汽车电源遭到破坏（偷盗蓄电池）时，GPS 管理平台软件会在第一时间接收到断电报警或者蓄电池拆除报警，租赁公司可以在第一时间对自己的车辆进行核实或者检查，避免损失。

6. 区域报警

租赁公司可以通过 GPS 管理平台软件对其公司的车辆设置行驶区域，可以随时掌握车辆的行驶范围，如果车辆超出行驶区域，在 GPS 管理平台软件上就会收到偏离区域报警，租赁公司可以第一时间掌握自己车辆驶入的区域，或者什么时候驶出的管理区域。

7. 超速报警

租赁公司可以通过 GPS 管理平台软件对其公司的车辆行驶速度进行最高速度设定并监控，在车辆行驶速度超过最高值时就会收到车辆超速报警，可以在很大范围内有效控制并减少事故的发生。

（三）GPS 的安装

GPS 分为有线和无线两类，有线 GPS 需要连接电源，无线 GPS 内置有可以维持 GPS 间断性工作两年的电池。GPS 安装的首要规则是隐蔽，其次是不被屏蔽。大、中型汽车租赁企业的 GPS 定位和监控使用比较多时，一般都是委托安装专业公司进行安装并负责车辆的监控。在此仅介绍没有专业公司的情况下，自行安装、使用 GPS 监控时需要注意的事项。

1. 安装

1）有线设备安装：有线设备里面有一个备用电池开关，建议先接好线，查询上线正常后，再打开备用电池开关，这样可以检测出接线是否正常。无线设备安装：安装时打开光感封条，平台上面有短暂光感报警，位置情况符合安装地址，即为正常安装。

2）主机安装应尽量隐蔽，防止被不法者拆除。

3）避免与倒车雷达、其他车载通信设备等无线信号发射源放在一起，避开高温、高湿的环境。

4）使用捆扎带或双面胶贴固定，以免影响振动检测的效果。

5）若GPS天线为内置，则主机安装时务必保证正面朝上，且上方无金属物遮挡。如GPS为外接天线，安装时应保证接收面（黑色的一面）朝向天空，且上方无金属物遮挡，周围金属物尽量少。

2. 激活

主机激活后才能执行监控的有关指令，激活的程序是首先接通车辆电源，设备将会自动开机，若无法自动开机，请按开关机键手动开机。然后使用手机APP或网上进行相关设置。

（四）GPS使用

打开手机APP或计算机界面后即可进入相关操作，使用者登录提供GPS监控服务的网站后，输入账号名、密码，按照界面提示操作，即可对车辆进行位置查询、轨迹回放和参数设置等。

三、POS机

（一）POS机的概述

POS（Point of Sale）的中文意思为销售点管理系统，POS机是一种配有条形码或OCR码（光学字符识别码）的终端阅读器，与交易平台的结算系统相连，其主要任务是对商品与服务交易提供数据服务和管理功能，并进行非现金结算。POS机的种类有有线、无线和有无线兼用三种。

（二）POS机的工作原理

POS机是通过读卡器读取银行卡上的持卡人磁条信息，由POS机操作人员输入交易金额，持卡人输入个人识别信息（即密码），POS机把这些信息通过银联中心，上送发卡银行系统，完成联机交易，给出成功与否的信息，并打印相应的票据。POS机的应用实现了信用卡、借记卡等银行卡的联机消费，保证了交易的安全、快捷和准确，避免了手工查询黑名单和压单等繁杂劳动，提高了工作效率。

（三）POS机的功能

1. 消费

在交易完成时，从交易银行卡内“扣除”租金及其他应付金额。

2. 预授权

预授权是指汽车租赁企业向发卡机构取得持卡人30天内在不超过预授权金额一定比例范围的付款承诺，并在持卡人接受服务后向发卡机构进行承兑的业务。具体是指持卡人在租车时，业务人员按预先估计的消费金额，向发卡机构申请预授权，发卡机构根据客户账户情况给出应答，对批准的申请将暂时冻结持卡人银行卡内的信用额度（信用卡）或存款金额（借记卡）作为押金，一般而言，冻结金额不能超过预授权交易金额的115%。待持卡人消费正式完成后，汽车租赁企业按实际消费金额，向发卡机构请求正式进行清算。

3. 预授权撤销

相对“预授权”交易，在30天解冻期限内，提前为客户解除冻结额度，此交易可无卡操作。

4. 预授权完成

相对“预授权”交易，在30天解冻期限内，“扣除”“预授权交易额度”范围内金额，此交易可无卡操作。“预授权完成”等同于“消费”，比如某客户租车时租金为1000元，保证金为3000元，则办理租车手续时预授权额度为4000元，还车时核算的租车费用仍为1000元，没有其他费用，则预授权完成为1000元，3000元冻结额度解冻。

“预授权完成”可以多扣除15%的“预授权”金额，如1000元“预授权”，可以操作1150元“预授权完成”。

(四) 汽车租赁专用POS机的使用方法

汽车租赁业务中的第一次预授权（冻结租金和保证金额度）、租金结算和第二次预授权（冻结交通违章保证金额度）、交通违章保证金的抵扣或退还三个环节需要使用POS机。随着汽车租赁业务的普及，汽车租赁业务专用POS机已在一些大型汽车租赁企业应用。汽车租赁业务专用POS机除具有一般POS机功能外，还具有扫描、触摸彩屏及电子签名等功能，图6-4所示为汽车租赁业务专用POS机。

1. 开机

开机按照以下步骤操作：①轻按键盘底部区域椭圆红色按键；②待POS机正常开机，自动签到；③根据业务程序，分别进入六类操作界面：取车、还车、支付、充值、重打印、管理。界面情况如图6-5所示。

图6-4　汽车租赁业务专用POS机

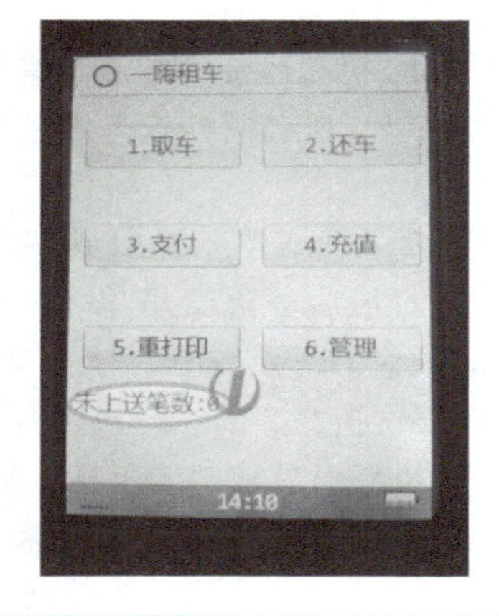

图6-5　汽车租赁业务专用POS机操作界面

2. 输入业务参数

按照租车业务流程，按以下步骤录入取、还车数据：

1）单击“1. 取车”或者“2. 还车”，进入相应工作状态。

2）单击“扫描”或者“菜单”键，扫描订单号（或者手动输入），POS机确定某一租车业务的结算程序。

3）选取“油量”，根据实际情况录入，确定取车或还车时的油量数据。

4）选取“里程”，根据实际情况录入，确定取车或还车时的里程数据。

5）根据实际时间，输入取、还车时间。

6）确认所有输入信息无误后，单击“提交”或者绿色“确认”键，上传数据。

3. 刷卡交易

1）单击“3. 支付”，进入支付工作状态。

2）单击“扫描”或者“菜单”键，扫描订单号（或者手动输入）。

3）输入支付或预授权金额。

4）选取交易类型（支付或预授权）。

注意事项如下：①在信号良好的情况下，验证订单号后，会提示当前“订单总价、保证金和违章押金”，如交易时，发现 POS 机提示信息和纸质订单价格有差异，请核实后，再进行操作；②“交易类型”中，预授权完成分为“请求和通知”，等同于老版本“联机和离线”，门店操作时，请统一使用“预授权完成请求”。

5）确认金额、交易类型无误后，单击“确认刷卡”或者绿色“确认”键。

6）刷取银行卡或者手动输入卡号信息。

7）将 POS 机交由客户输入密码并确认，如需电子签名，请客户使用触控笔，在指定签名框内进行签字授权，确认无误后，单击绿色“确认”键。如需重签，请单击橙色“清除”键。此时，POS 机与银行联机，对持卡账户进行结算。

8）完成交易后，会打印一式两联的 POS 机签购单，业务人员保留商户存根，持卡人存根交给客户。

至此，租车业务 POS 机的使用过程全部完结。POS 机每完成一笔刷卡交易，会返回至查询界面，免去重复动作。

（五）POS 机正确使用方法及常见问题处理方案

1）使用 POS 机前需检查电源是否接通、打印机与主机是否连接正常、POS 机打印纸是否安装好。

2）交易成功后，客户会收到扣款短信，但 POS 机未打印签购单时，可使用功能“5. 重打印”，重打最后一笔交易单。如打印出的是前一笔交易单或未打印出，则此次交易失败，客户的发卡银行会在隔天撤销交易。因此务必要求客户再次刷取费用，可以向客户保证，如后续发现重复交易，提供银行对账单后会安排退还重复款项。

3）POS 机界面显示“未上送笔数”时（图 6-5 左下角），使用功能“6. 管理”的下级菜单“2. 补送”，补送成功后，“未上送笔数”会显示数值“0”。如存在“未上送笔数”，请务必操作“补送”，确保系统数据的准确性。

4）进行交易时若刷卡失败，则需要重新按所需交易代码键，以免将其他交易错作为“消费”，造成重复扣款。

5）为了保证交易的安全，公用 POS 机在交易时，持卡人需输入正确的银行卡密码，若持卡人银行卡无预留密码，操作员直接按 POS 机“确认”键进行交易，交易成功。

6）切勿忘记让持卡人在签购单上签字，若持卡人签名与卡背面预留姓名或卡正面姓名字母不一致，可向发卡行查询。

7）对打印出签购单上的交易类型需认真审查，以免将“消费”作为“预授权”造成错账。

8）不要随便拔插通信线。POS 机的通信接口为专用接口（Line 口），不可相互混淆。

9）对借记卡和未签订手工压单协议的成员行的卡，压卡交易无效，发卡行不予承认，因此，切勿压单受理。

10）不要将 POS 机放在潮湿的地方，不要用液体或喷雾剂直接对 POS 机进行清洗。

11）使用 POS 机进行交易处理期间，请勿将 POS 机断电或动用与 POS 机相连的电话。

12）不要在易燃易爆环境下使用移动无线 POS 机或更换电池。拆卸电池组时，要确保电池的金属触点不接触其他金属物。

（六）通用 POS 机的使用程序

POS 机作为结算工具在商业、服务业中广泛应用，很多中小汽车租赁企业也在使用 POS 机。通用 POS 机的使用基本参照表 6-1 中的步骤即可。

表 6-1　通用 POS 机操作步骤和注意事项

步骤	标准要求	要点提示
安装打印纸/开机	1）安装打印纸：打开打印机盒盖—放入打印纸 2）开机/关机：按住开关键 2s	
操作员签到	操作员签到：输入操作员号—输入密码	初始操作员：001，初始密码：123456
信用卡刷预授权	主菜单选择 4 预授权—二级菜单选择 1 预授权—刷卡—核对卡号并确认—输入金额—输入密码—交易处理—打印小票	没有密码的直接在 POS 机上按“确认”键
信用卡预授权完成	主菜单选择 4 预授权—二级菜单选择 2 预授权完成—刷卡—核对卡号—输入授权码—提示输入金额—输入密码—交易处理—打印小票	授权码在预授权交易成功的 POS 单上，为 6 位数字
信用卡预授权撤销	主菜单选择 4 预授权—二级菜单选择 3 预授权撤销—输入主管密码（一般为 000000）—刷卡—核对卡号并确认—输入参考号—输入授权码—输入金额—输入密码—交易成功—打印小票	参考号在预授权交易成功打印出来的 POS 机单上，为 12 位数字，预授权撤销可以跨终端进行
信用卡预授权完成撤销	主菜单选择 4 预授权—二级菜单选择 4 预授权完成撤销—输入主管密码（一般为 000000）—输入原始凭证号—显示原交易—刷卡—核对卡号并确认—输入密码—交易处理—打印小票	原始凭证号在预授权完成交易成功后打印出来的 POS 单上，为 6 位数字
手动预授权完成	主菜单选择 4 预授权—二级菜单界面下按 F2—选择 1 手工预授权完成—输入授权码—输入参考号—提示输入金额—输入密码—交易处理—打印小票	
手动预授权撤销	主菜单选择 4 预授权—二级菜单界面下按 F2—选择 2 手工预授权撤销—输入主管密码—输入参考号—输入授权码—提示输入金额—输入密码—交易处理—打印小票	
手动预授权完成撤销	主菜单选择 4 预授权—二级菜单界面下按 F2—选择 3 手工预授权完成撤销—输入主管密码—输入原始凭证号—显示原交易—输入密码—交易处理—打印小票	
消费	主菜单选择 1 消费—刷卡—卡号确认—提示输入金额—输入密码—交易处理—成功后打印小票	
撤销	主菜单选择 3 撤销—输入主管密码—输入凭证号—显示原交易信息—提示刷卡—核对卡号—输入密码	
查询	主菜单选择 2 查询—提示刷卡—确认卡号—输入密码—查询成功、显示余额	

单元二 汽车租赁业务管理系统的使用

学习目标

1. 了解汽车租赁业务管理系统的整个架构和实际业务流程与管理系统的关系。
2. 熟悉汽车租赁业务各流程汽车租赁业务管理系统处理。
3. 掌握汽车租赁业务管理系统的使用方法和各板块的功能。

学习指导

汽车租赁业务管理系统是基于互联网（包括移动互联）、ERP、北斗或GPS、GIS、OBD及数据库技术开发的针对汽车租赁业务和管理的计算机系统，集保障租赁车辆安全、方便租赁业务运营、规范企业管理于一身，实现了汽车租赁行业全业务流程的信息化管理。除计算机端外，还有手机应用程序APP方便业务人员移动办公。

小张在办公室的时候，通过公司OA系统（办公自动化系统，Office Automation）处理他所经手的所有业务，并按照系统提示，及时提交相关业务程序。汽车租赁业务管理系统是汽车租赁企业OA最核心的内容，每个业务人员必须掌握。以下介绍汽车租赁业务管理系统的主要功能。

相关知识

一、登录管理系统和合同管理

第一步：打开浏览器，在地址栏输入系统地址，即进入系统登录界面。

第二步：输入登录账号和密码，单击“登录”，进入系统主功能界面。管理系统通常包括企业管理、合同管理、租车业务管理、财务管理、客户管理、车务管理、保险管理、报表管理和车辆监控等功能模块。

以下仅以合同管理板块为例介绍系统使用方式。

（一）新建合同

任何一单业务，无论是否预订，都需要签订合同，对业务信息，包括承租方、车辆和租用金额等做详细的记录。

1. 确定车辆

取车环节输入客户姓名、证件号信息后，管理系统进入车辆查询界面并显示已预订车辆的相关信息。业务人员核实无误后，单击“下一步”确定车辆。如车辆信息有误，在该界面重新选择车辆并确定。具体功能和操作如图6-6所示。

2. 填写合同

在图6-7所示的界面填写相关信息并单击“提交”后，系统自动生成汽车租赁格式文本合同，打印一式两份后交汽车租赁双方签字、盖章。具体功能和操作如图6-7所示。

（二）还车

在图6-8所示的界面填写还车时间、还车里程、超时小时数和超驶公里数等信息，确认

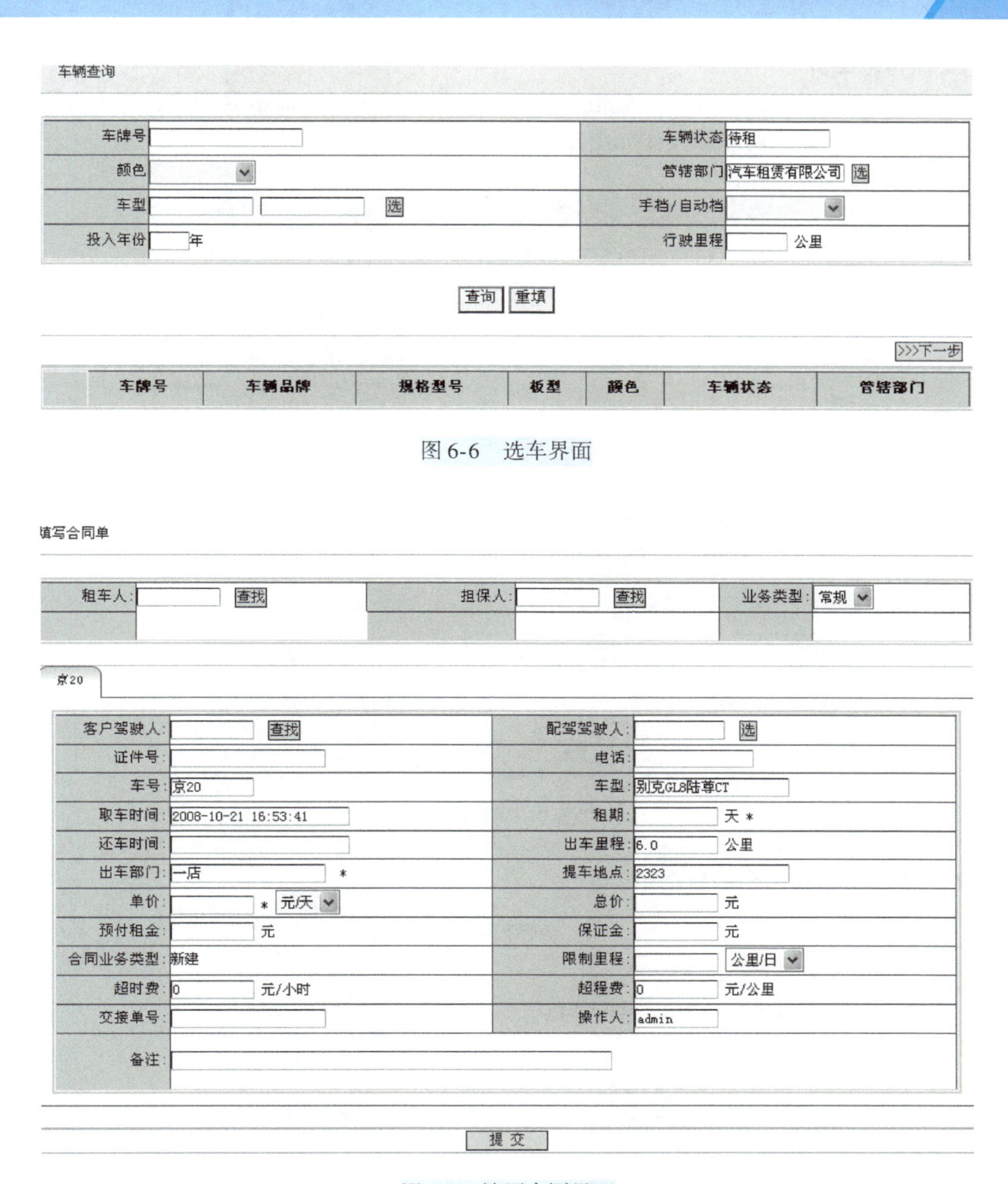

图 6-6　选车界面

图 6-7　填写合同界面

无误后单击“提交”。具体功能和操作如图 6-8 所示。

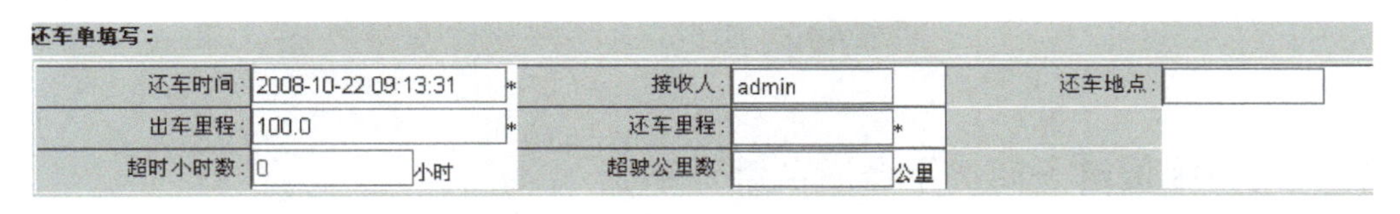

图 6-8　还车界面

（三）付款结算

系统进入付款界面，业务员填写相关数据并确认无误后，依提示逐步完成各个步骤，即可完成付款工作。具体功能和操作如图 6-9 所示。

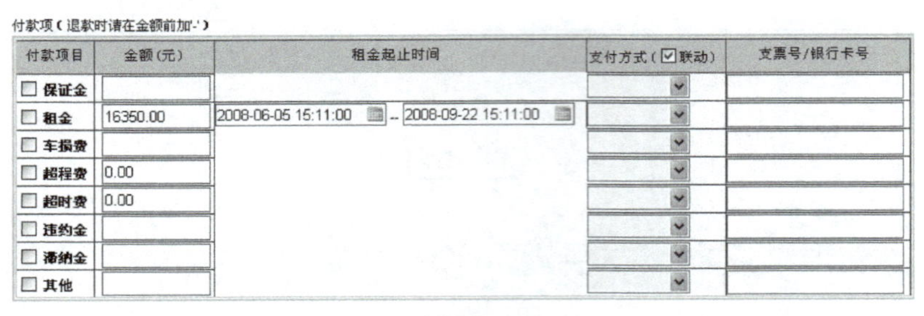

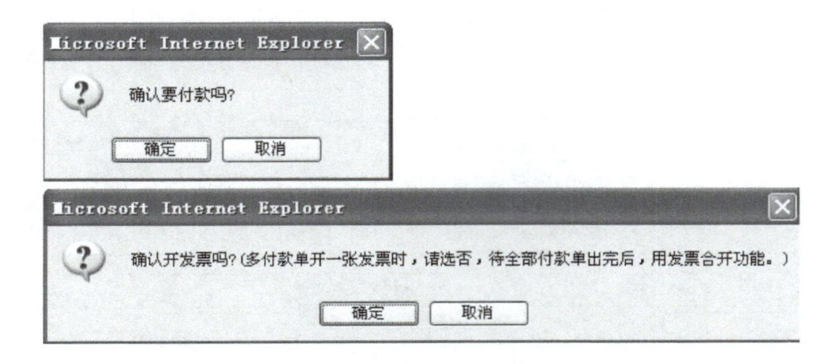

图 6-9　付款界面

图 6-10 所示为打印出的付款单。

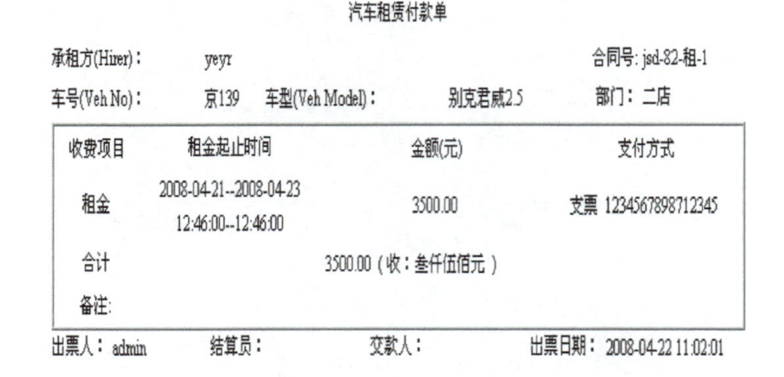

汽车租赁付款单

承租方(Hirer)：　yeyr　　合同号：jsd-82-租-1

车号(Veh No)：　京139　车型(Veh Model)：　别克君威2.5　　部门：二店

收费项目	租金起止时间	金额(元)	支付方式
租金	2008-04-21--2008-04-23 12:46:00--12:46:00	3500.00	支票 1234567898712345
合计		3500.00（收：叁仟伍佰元）	
备注:			

出票人：admin　结算员：　交款人：　出票日期：2008-04-22 11:02:01

图 6-10　打印出的付款单

二、汽车租赁电子商务平台后台管理系统

汽车租赁电子商务平台后台管理系统针对各加盟商和会员的管理，在最短的时间内完成订单的分配，起到对加盟商有效管理的作用。其主要功能包括呼叫中心、订单信息、公司信

息、门店信息、车辆信息、驾驶人信息和平台维护几个模块。其中，平台维护包括账号权限、品牌维护、车型维护、业务类型维护、客户信息维护、自驾价格维护和车型价格维护等，如图 6-11 所示。

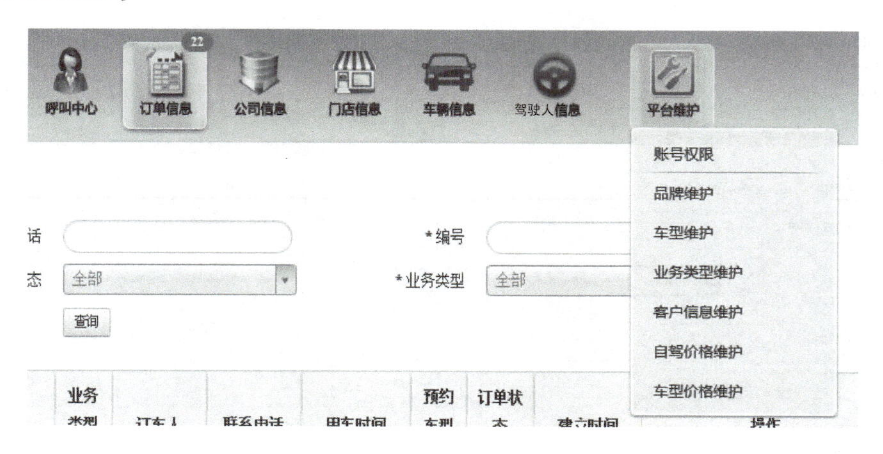

图 6-11　汽车租赁电子商务平台后台管理系统

（一）呼叫中心

呼叫中心模块的主要功能是对电话或者手机呼入的用户进行分类和识别。如果是系统内已存在客户信息呼入，则呼叫中心就会根据呼入的电话号码直接弹出客户的信息，提示操作人员。

（1）电话呼入　例如，呼入电话是 138918926××，此时系统有该客户的信息，呼叫中心就能够直接根据电话弹出客户信息以及客户历史订单信息，便于工作人员的下一步操作。操作界面如图 6-12 所示。

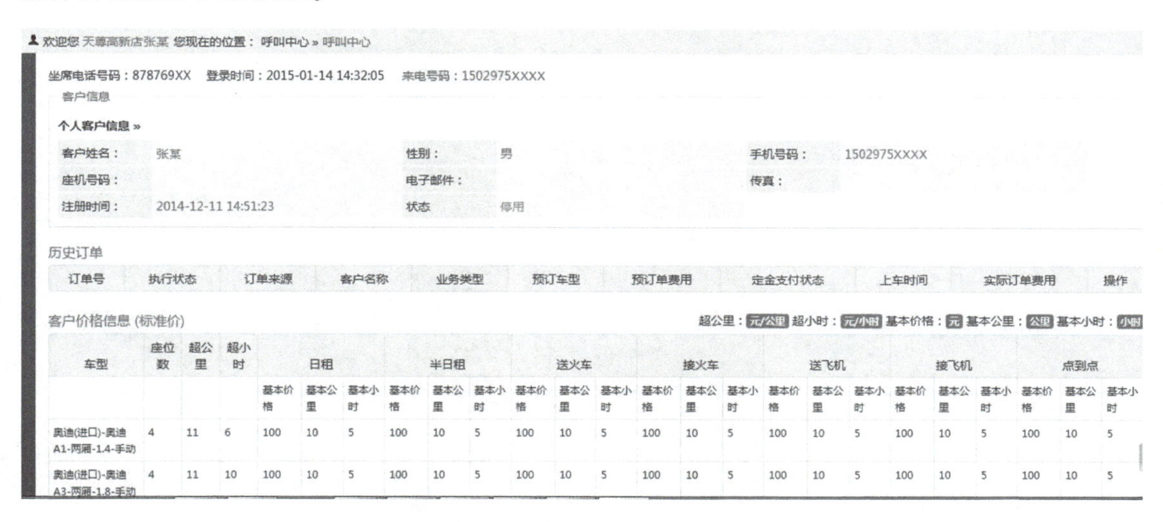

图 6-12　呼叫中心弹屏提示（已知）

如果呼入的电话是未知来电（即电话信息不在系统内），则呼叫中心就会弹出新建客户的窗口，操作人员可以根据电话信息新创建一个法人客户或个人客户，以完成客户的订单。

（2）创建订单　操作人员根据来电信息的要求，创建自驾或代驾订单。操作界面如图 6-13 所示。

您现在的位置：订单管理 » 订单信息维护 » 自驾订单

订单来源

订单来源　呼叫中心

订车人、客户信息

客户类型 ○法人客户 ◉个人客户　　*客户名称 dd

*订车人姓名 dd　　*订车人手机 138918926xx

驾驶人信息

同订车人 □

*驾驶人姓名　　*驾驶证号

*手机号码

订单信息

*业务类型 自驾

*取车门店　第三分公司　　*还车门店　第三分公司

图 6-13　创建自驾订单

（二）订单信息

订单信息模块主要是对所有渠道收到的订单信息进行管理和维护，主要包括订单编号、业务类型、订车人、联系电话、用车时间、预约车系、订单状态、建立时间和操作几个内容。通过编号等基础信息，可以看到订单的具体信息；通过订单状态，可以看到订单的执行情况，并通过操作来管理订单，如图 6-14 所示。

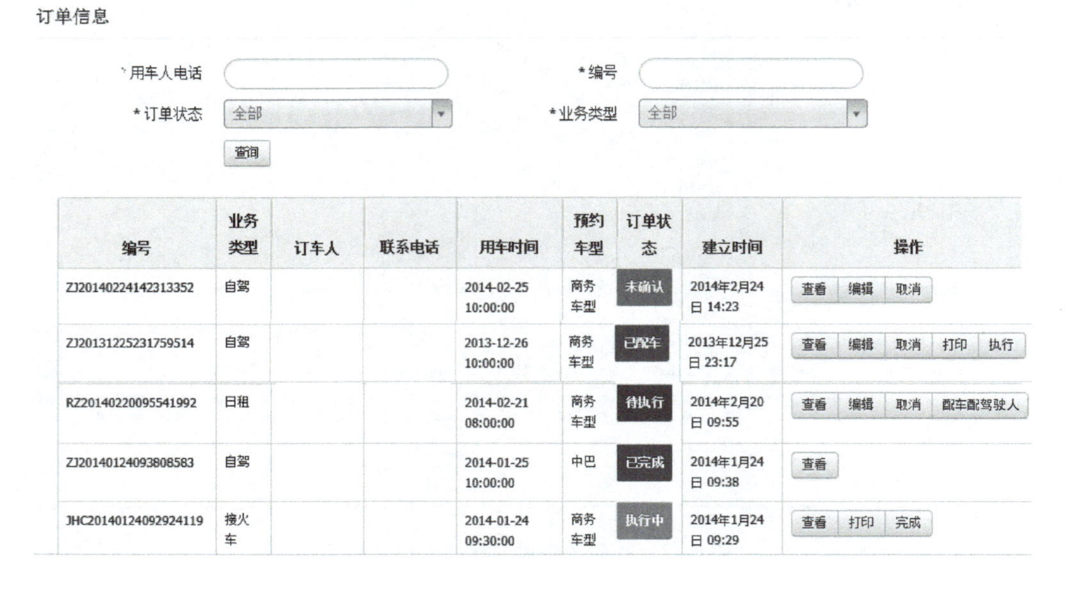

订单信息

*用车人电话　　*编号

*订单状态 全部　　*业务类型 全部

查询

编号	业务类型	订车人	联系电话	用车时间	预约车型	订单状态	建立时间	操作
ZJ20140224142313352	自驾			2014-02-25 10:00:00	商务车型	未确认	2014年2月24日 14:23	查看 编辑 取消
ZJ20131225231759514	自驾			2013-12-26 10:00:00	商务车型	已配车	2013年12月25日 23:17	查看 编辑 取消 打印 执行
RZ20140220095541992	日租			2014-02-21 08:00:00	商务车型	待执行	2014年2月20日 09:55	查看 编辑 取消 配车配驾驶人
ZJ20140124093808583	自驾			2014-01-25 10:00:00	中巴	已完成	2014年1月24日 09:38	查看
JHC20140124092924119	接火车			2014-01-24 09:30:00	商务车型	执行中	2014年1月24日 09:29	查看 打印 完成

图 6-14　订单信息

其中，订单状态分为未确认、待执行、执行中、已执行、已配车、已完成、已取消几种，分别以不同颜色显示。而操作根据订单的状态分为查看、编辑、取消、打印、执行、配车配驾驶人、完成等。

（三）公司信息

公司信息模块主要包括现有公司信息和新增公司两个子模块，现有公司信息包括所属账号、公司简称、注册资金、联系人、联系电话、状态和操作。这些信息也是为了确保公司的真实性。新增公司模块主要是用来添加新公司的信息，如图 6-15 所示。

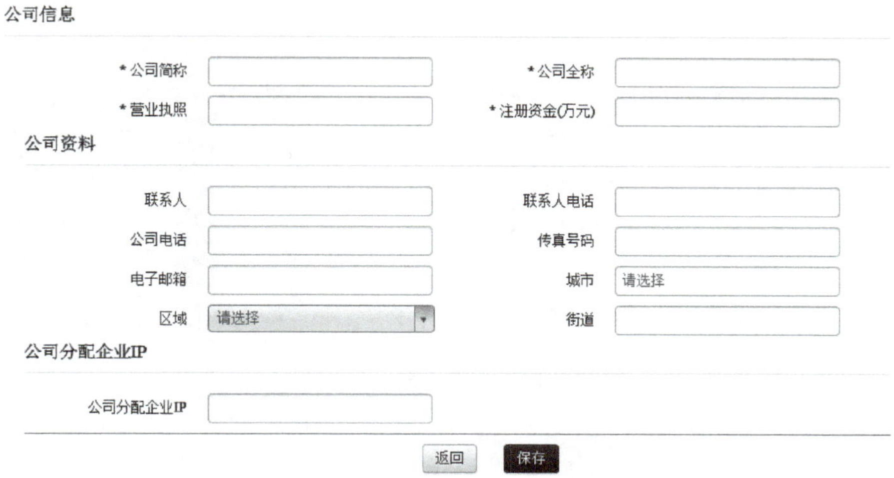

公司信息
*公司简称
*公司全称
*营业执照
*注册资金(万元)
公司资料
联系人
联系人电话
公司电话
传真号码
电子邮箱
城市
请选择
区域
请选择
街道
公司分配企业IP
公司分配企业IP
返回
保存

图 6-15　新增公司

（四）门店信息

门店信息模块主要包括新增门店和现有门店信息两个子模块。现有门店信息包括城市、区域、门店名称、地址、门店电话、负责人、所属公司、状态、操作。其中，门店状态包括营业中和暂停营业两类，操作包括查看、修改、删除门店，如图 6-16 所示。

门店信息
*门店名称
*手机号码
所属公司
请选择所属公司
*城市
请选择
*区域
请选择
街道
负责人信息
*负责人
*负责人电话
营业信息
营业时间
08
30
至
17
30
24小时营业
*状态
营业中
返回
保存

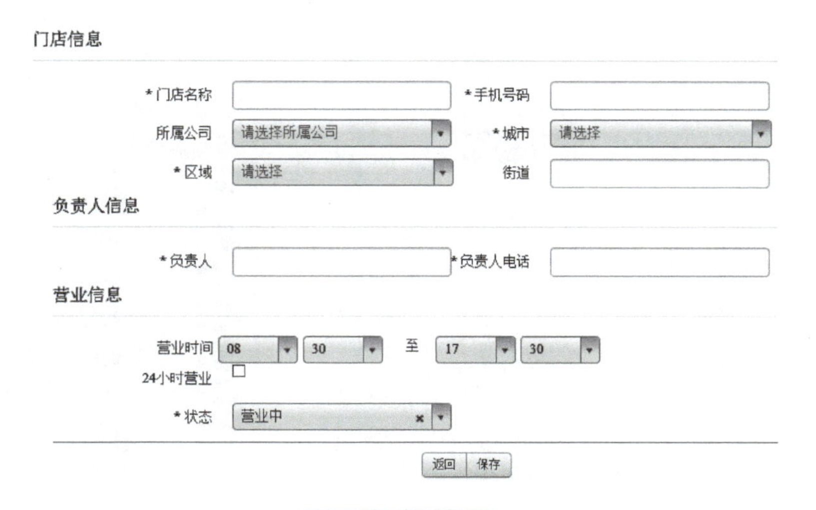

图 6-16　新增门店

（五）车辆信息

车辆信息主要显示各个加盟商车辆的具体信息，包括车辆所属的公司、门店、车型品牌、状态和操作。其中，状态包括在租和待租两种，分别由黄色和绿色表示。操作包括查看、修改和在租三种，单击“在租”或“待租”可以改变车辆状态，如图6-17所示。

图6-17　车辆信息

（六）驾驶人信息

驾驶人信息主要是各个公司提供代驾服务的驾驶人详细信息，包括姓名、电话、所属公司、所属门店、状态、操作。其中，状态包括在租和待租两种，分别由黄色和绿色表示。操作包括查看、修改和在租三种，单击“在租”或“待租”可以改变驾驶人状态，如图6-18所示。

图6-18　驾驶人信息

学习小结

每个公司都会有适合本公司业务特点的业务管理系统，但功能板块和使用方法都相似，通常每个员工使用自己账号登录后仅限于自己岗位功能的操作。每个岗位的业务数据提交后都会提交下一个业务流程，如果该岗位业务人员没有处理，就会造成该单业务的停滞，同时这种情况会在上一级管理人员的系统中反映出来，相关问题得以及时矫正。因此，每位业务人员上班后的第一件事是登录自己的OA账号，及时处理本岗位未处理业务。

思考题

1. 汽车租赁企业为何要使用业务管理系统？
2. 汽车租赁业务管理系统有哪些功能模块？

单元三　汽车租赁投资估算分析

学习目标

1. 了解汽车租赁投资估算的基本程序。
2. 熟悉汽车租赁投资估算各参数及关系。
3. 掌握使用现金流与资金池关系分析投资项目的原理。

学习指导

对一个新投资项目主要看是否有持久的现金流入、净现金流（现金流入与现金流出的差）变化趋势，即水池的水是否有溢出的趋势（图6-19）。因此，是否盈利已不是评价项目的唯一标准。图6-19基本演示了一个投资项目包括利润在内的各项财务指标的关系。池子里的水是投资方为获得利润对项目的投入，可以视为资产，它由投资、融资和收入三部分构成。现金流

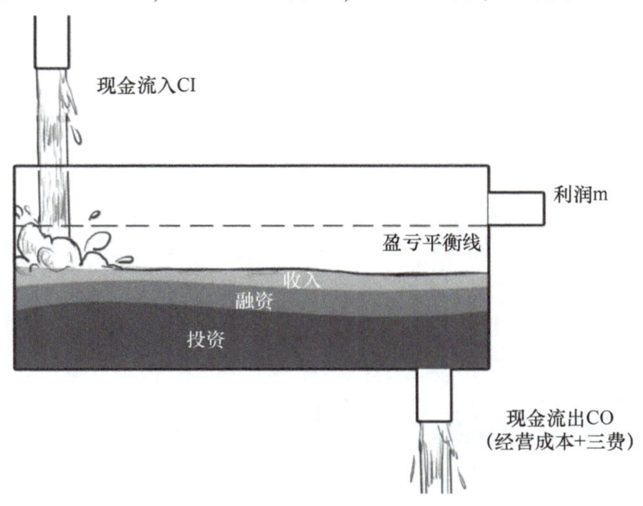

图6-19　现金流与资金池关系分析投资项目原理

入主要为经营收入，现金流出是支撑项目运营的所有费用，可分为两类：一是固定成本，也称为经营成本；二是流动成本，也称为经营费用，包括销售费用、管理费用和财务费用。

以下是对收购某汽车租赁投资项目的案例分析，参考图6-19可以比较好地在宏观上理解整个分析过程的逻辑结构和关系。该分析最后得到的表6-15“全部投资现金流量表”3. 净现金流量、4. 累计净现金流都在增加（负值减少也是增加），说明这个池子的水在增加，会在某一天超过盈亏平衡性，产生利润。表6-15中的4.、5. 是3.、4. 的现值（PV），用于财务对该项目的亏损耐受程度进行评估，即投资方是否能承受一个预期阶段持续亏损，未来才会盈利投资项目的风险。

相关知识

一、投资内容

1）收购现有资产，其数额为收购车辆的公允现值。目前该公司有中高档、普通车122辆。

2）支付所收购车辆在北京市备案的指标对价及收购后在租车辆合同期内和未来预期收入的合理对价，即资产溢价部分。这部分费用可作为营业外净支出，但对客观反映经营状况有极大影响，建议按照无形资产进行摊销。

据了解，部分有稳定业务收入的企业将租赁车辆指标、既有市场预期收入捆绑在一起报一个整体价格，而不是按每辆车报价。部分仅车辆备案而无稳定业务收益的企业按车辆指标交易，金额从1万元/辆～3万元/辆。

3）未来5年新增车辆。据初步预测，未来5年车辆增长可保持在20%～40%的速度。

二、投资车型比例

投资车型为中高档车和普通车，大致比例如下：奥迪系列、别克系列、帕萨特系列等中高档车占30%，现代系列、捷达系列、雪佛兰系列普通车占70%。

三、固定资产投资分项

1. 车辆购置费用

车辆购置费用见表6-2。

该公司总资产约为1900万元，基本都是车辆。新增、更新按平均车价20万元计算，预计2019年增加20辆、2020年增加30辆、2021年增加50辆、2022年增加50辆。更新比例按照每年25%进行。

2. 停车场费用

表6-2　车辆购置费用

年　份	2018	2019	2020	2021	2022
车数总数/辆	122	144	174	224	274
其中新增、更新数/辆	0	50	65	85	85
金额/万元	1880	1000	1300	1700	1700

停车场费用见表6-3。

表6-3 停车场费用

年 份	2018	2019	2020	2021	2022
金额/万元	0	3	5	6	6

目前出租率约为100%，停车费可忽略不计，考虑随着车辆增加，出租率可能下降而发生停车费，从2013年起增加停车费预算。

3. 办公用房费用

目前办公用房有满足业务量增加而产生新需求的潜力，因此可预计至2022年办公用房费用不变，为18万元/年。

4. 办公设备费用

办公设备费用为购置计算机、桌椅、文件柜等，具体费用见表6-4。

表6-4 办公设备费用

年 份	2018	2019	2020	2021	2022
金额/万元	1	1	0	0	0

5. 资产溢价

第一年摊销全部资产溢价款，其他年度为零，具体见表6-5。

表6-5 资产溢价摊销

年 份	2018	2019	2020	2021	2022
金额/万元	1000	0	0	0	0

四、资金筹措方案

(一) 资金筹措

收购后企业的注册资金拟从1000万元提高到3000万元，主要用于现有资产收购和支付指标、预期市场对价。经营资金除收入外，不足部分向集团拆借，年利率为10.32%。本项目共计拆借2992万元，资金筹措及各年度固定资产投资计划见表6-6。

表6-6 固定资产投资计划 （单位：万元）

年 份	2018	2019	2020	2021	2022
1. 购车费	1880	1000	1300	1700	1700
2. 场地费	0	3	5	6	6
3. 房租	18	18	18	18	18
4. 办公设备	1	1	0	0	0
5. 溢价	1000	0	0	0	0
总额	2899	1022	1323	1724	1724
1. 自筹	3000	101	0	0	0
2. 拆借	0	921	1323	1724	1724

（二）本息偿还办法

拆借贷款本金由营业收入按年度等额逐年偿还，每笔贷款的偿还期限为自拆借之日起5年。

五、经营成本分析

（一）运营成本

（1）人员工资　人员工资见表6-7。

表6-7　人员工资

年　份	2018	2019	2020	2021	2022
金额/万元	78	85.8	102.69	108.69	114.69

目前该公司管理人员有11人，工资总额为78万元/年。2019年工资增加10%，2020年工资增加5%，增加2人，假定一般工作人员工资为6万元/年。2021年增加1人，2022年增加2人。

（2）车辆运营费用　车辆运营费用见表6-8。

表6-8　车辆运营费用

年　份	2018	2019	2020	2021	2022
金额/万元	46.36	57.76	69.16	88.16	107.16

车辆运营费用包括：保险费2600元/车·年，维修维护费1000元/车·年，车辆检测及杂费200元/车·年。

（二）折旧

根据实际经营情况，本项目预计折旧期限为4年，年折旧率为10%，4年后车辆残值为60%。各年度折旧摊销见表6-9。

表6-9　各年度折旧摊销

年　份	2018	2019	2020	2021	2022
金额/万元	188.00	288.00	418.00	588.00	758.00

（三）财务费用

财务费用主要为拆借资金的利息，年利率为10.32%，根据偿还期限5年、本金等额偿还条件计算，各年度财务费用见表6-10。

表6-10　各年度财务费用

年　份	2018	2019	2020	2021	2022
金额/万元	0	95.05	212.57	344.17	440.19

运营总支出＝运营成本＋折旧＋财务费用，本项目各年度运营总支出见表6-11。

表 6-11 各年度运营总支出

年 份	2018	2019	2020	2021	2022
金额/万元	312.36	526.61	802.42	1129.02	1420.04

(四) 税金及营业外支出

1. 税金

由于新创企业前期收入少，支出大，预计在三年内处于亏损状态，虽后期有少量盈利，但结合对企业增值税抵扣政策，可以假设企业运营前五年无须缴纳增值税，为简便计算过程，也忽略其他纳税项目，则假设2018—2022年各年度税金为零。

2. 营业外支出

支付指标及未来市场对价即资产溢价可视为无形资产，根据无形资产摊销的有关会计准则，该对价无摊销期限，易采取提取无形资产减值准备金的方式处理。减值准备金按每年5%计提，计入营业外支出。预计本项目溢价为1000万元，各年度的营业外支出见表6-12。

表 6-12 各年度的营业外支出

年 份	2018	2019	2020	2021	2022
金额/万元	50.00	50.00	50.00	50.00	50.00

六、经济效益分析

(一) 损益表

损益是分析投资项目财务盈利能力的基本报表，其中营运收入、营业外净支出、营运税金等项目与财务现金流量表相同，见表6-13。

表 6-13 损益表 (单位：万元)

项 目	合计	2018	2019	2020	2021	2022
1. 营运收入	7450.35	969.60	1144.80	1383.12	1778.30	2174.52
2. 营运税金	409.77	53.33	62.96	76.07	97.81	119.60
3. 营运总支出	4190.45	312.36	526.61	802.42	1129.02	1420.04
3.1 人员工资	489.87	78.00	85.80	102.69	108.69	114.69
3.2 车辆运营费用	368.60	46.36	57.76	69.16	88.16	107.16
3.3 财务费用	1091.98	0	95.05	212.57	344.17	440.19
3.4 折旧	2240.00	188.00	288.00	418.00	588.00	758.00
4. 营业外净支出	250.00	50.00	50.00	50.00	50.00	50.00
5. 利润总额	2600.13	553.91	505.23	454.63	501.48	584.89
6. 累计利润		553.91	1059.14	1513.77	2015.24	2600.13
7. 投资利润率		14.21%	49.44%	34.36%	29.09%	33.93%
8. 资本利润率		18.46%	500.23%	—	—	—

1) 运营总支出 = 运营成本 + 折旧 + 财务费用，各年度数额见“五、经营成本分析”。

2) 利润总额 = 营业收入 + 非主营业务收入 − 营业外净支出 − 营运税金 − 运营总支出，

各年度利润总额见表6-14。

表6-14　各年度利润总额

年　　份	2018	2019	2020	2021	2022
金额/万元	553.91	505.23	454.63	501.48	584.89

（二）全部投资现金流量表

表6-15以全部投资为计算基础，反映各年度现金流入、现金流出和净现金流量情况，以分析全部投资的盈利能力。

表6-15　全部投资现金流量表　（单位：万元）

项　　目	合计	2018	2019	2020	2021	2022
1. 现金流入CI	9070.35	969.60	1504.80	1803.12	2198.30	2594.52
1.1 营运收入	7450.35	969.60	1144.80	1383.12	1778.30	2174.52
1.2 残值销售	1620.00	0	360.00	420.00	420.00	420.00
1.3 回收流动资金	0	0	0	0	0	0
2. 现金流出CO	11210.24	4126.69	1278.52	1620.92	2068.66	2115.45
2.1 固定资产投资	9692.00	3899.00	1022.00	1323.00	1724.00	1724.00
2.2 流动资金	0	0	0	0	0	0
2.3 营运成本	858.47	124.36	143.56	171.85	196.85	221.85
2.4 营运税金	0	0	0	0	0	0
3. 净现金流量（CI－CO）		－2086.56	289.24	258.27	227.46	598.68
4. 累计净现金流量		－2086.56	－1797.32	－1539.05	－1311.59	－712.91
5. 现金流量现值		－1896.87	239.04	194.04	155.36	371.73
6. 累计现金流量现值		－1896.87	－1657.83	－1463.79	－1308.43	－936.70

注：折现系数按利率10%选用。

1. 现金流入CI

1）租金收入。本项目租金收入按运营周期内平均租金收入为6500元/月·辆，即7.8万元/年·辆计算，见表6-16。

表6-16　租金收入

年　　份	2018	2019	2020	2021	2022
车数总数/辆	122	144	174	224	274
金额/万元	951.60	1123.20	1357.20	1747.20	2137.20

2）回收车辆残值收入。从2019年开始每年约有车辆保有量20%的车辆按照购置价60%的价格出售的收入，见表6-17。

表6-17　车辆残值收入

年　　份	2018	2019	2020	2021	2022
销售数量/辆	0	30	35	35	35
金额/万元	0	360.00	420.00	420.00	420.00

3）非主营业务收入。除汽车租赁外，公司尚有保险代理、车辆托管、劳务输出等业务，2018 年收入预计为 18 万元，预计年增长率为 20%，表 6-18 所示为非主营业务收入。

表 6-18　非主营业务收入

年　份	2018	2019	2020	2021	2022
金额/万元	18.00	21.60	25.92	31.10	37.32

4）回收流动资金。本项目流动资金为零。

现金流入 CI = 租金收入 + 回收车辆残值收入 + 非主营业务收入 + 回收流动资金，各年度现金流入情况见表 6-19。

表 6-19　各年度现金流入情况

年　份	2018	2019	2020	2021	2022
金额/万元	969.60	1504.80	1803.12	2198.30	2594.52

2. 现金流出 CO

1）固定资产投资。具体项目及数额见“四、资金筹措方案”中的“（一）资金筹措”，具体数额见表 6-20。

表 6-20　固定资产投资

年　份	2018	2019	2020	2021	2022
总额/万元	2899	1022	1323	1724	1724

2）运营成本。运营成本 = 人员工资 + 车辆运营费用。各项数额见“五、经营成本分析”中的“（一）运营成本”，汇总数额见表 6-21。

表 6-21　运营成本

年　份	2018	2019	2020	2021	2022
总额/万元	124.36	143.56	171.85	196.85	221.85

3）营运税金，见“五、经营成本分析”——“（四）税金及营业外支出”——“1. 税金”。

4）营业外净支出，见“五、经营成本分析”——“（四）税金及营业外支出”——“2. 营业外支出”。

5）流动资金。本项目流动资金为零。

现金流出 CO = 固定资产投资 + 流动资金 + 运营成本 + 营业外净支出，各年度现金流出情况见表 6-22。

表 6-22　现金流出

年　份	2012	2013	2014	2015	2016
金额/万元	4126.69	1278.52	1620.92	2068.66	2115.45

七、结论与建议

由于北京传统长期租赁市场扩张有较大限制，需要一个比较长的过程，建议在开拓北京传统市场的同时，重点开拓新业务，如以北京为总部的企业的全国业务；与金融机构合作，为其提供后期服务；开展驾校教练车等经营用车的融资租赁业务等。

学习小结

投资估算分析对多数同学而言是一个挑战，但汽车租赁是一个涵盖汽车服务与技术、金融、财务、税收等多要素的行业，如果想成为一个合格的汽车租赁专业人员，需要掌握投资估算分析的基本原理和方法。本单元通过一个案例和现金流分析图，基本能够让具备初步金融、财税知识的同学掌握分析一项投资盈利水平的基本能力。

思考题

1. 汽车租赁投资估算分析的主要程序和内容是什么？
2. 经营成本由哪些部分构成？影响经营效益的主要因素是什么？
3. 在投资分析中，如何理解亏损和现金流变化趋势的关系？

单元四 汽车融资租赁案例分析

学习目标

1. 了解不同类型客户对融资租赁的不同需求。
2. 熟悉制订融资租赁方案的基本步骤。
3. 掌握计算融资租赁租金的 Excel 函数使用方法。

学习指导

本单元的主要目标是通过融资租赁案例分析，让同学们回顾已学过的有关融资租赁知识，能够熟练使用相关 Excel 公式，根据客户需求设计融资租赁方案。在学习以下案例时，同学们应当使用 Excel，按照案例分析步骤，在 Excel 表格中重建相关公式和计算过程。

相关知识

一、售后回租业务

（一）业务背景

2013 年，上海某汽车租赁公司为了获得发展业务所需现金，与一家金融租赁公司签订“融资租赁合同”，将所拥有的用于汽车租赁业务的 1042 辆在租汽车转让给某金融租赁公司，金融租赁公司再将汽车回租给汽车租赁公司用于经营。实际整个过程仅是财务层面的操作，并通过这种方式，汽车租赁公司得到了融资，未对汽车租赁公司的存续业务和收益产生影响。

（二）业务要素

本合同中租赁标的物为汽车 1042 辆，净值为 246238138.47 元，承租人将其转让给出租人，出租人为承租人提供总额为 2 亿元的融资。承租人在收到出租人提供的转让价款后两年（24 个月）内，每季度末缴纳一次租金。其他条件如下：

（1）租赁标的物处理　本租赁方案没有将融资租赁的车辆过户给出租人，需要在当地车管部门办理抵押登记，保证出租人对租赁车辆的权益。

（2）风险管控　承租人母公司为担保人，在租期内提供不可撤销的连带责任保证，租赁标的物限定在上海市使用。

（三）租金计算

出租人根据收益预期确定内部收益率，本合同内部收益率按基准贷款利率6.15%下浮12%计，在此基础上计算每期租金。

根据Excel中内置的PMT函数工具可以计算出每期租金为26545985.99元。

具体计算如下：

1）在选中单元格，如A1中插入PMT函数，出现函数参数框。

2）在PMT函数参数框（图6-20）中输入相应参数，本例中各数据如下：

Rate =0.01353

Nper =8

PV = －200000000

FV =0

Type =0

其中 Rate =6.15% ×(1 －12%)/4 =0.01353 为利率计算过程，可将该过程直接输入函数参数对话框中。

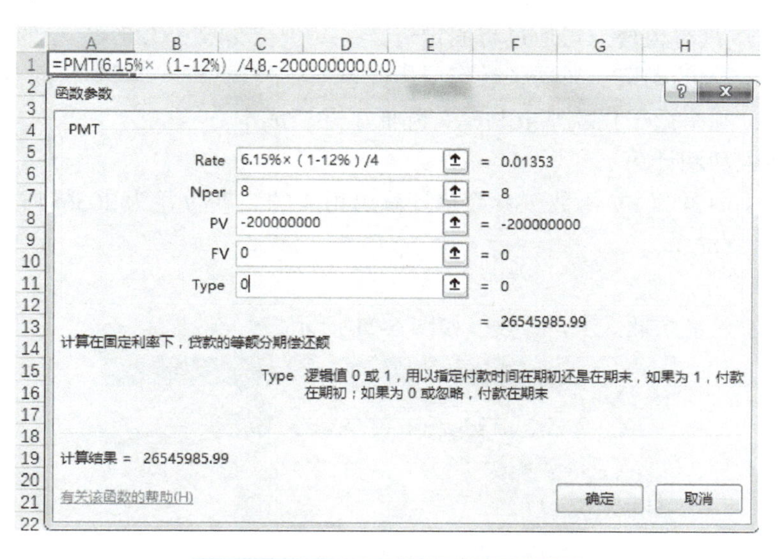

图6-20　PMT函数参数框及输入参数

3）单击“确定”，计算出

PMT =26545985.99元

租金总额 = 每期租金 × 期数 =26545985.99元 ×8
=212367887.92元

总利息 = 租金总额 － 融资总额 =212367887.92元 －200000000元
=12367887.92元

本业务中，该汽车租赁公司通过将固定资产——价值246238138.47元的1042辆汽车售后回租，得到2亿元的融资，拓展了融资渠道并盘活了公司资产，两年租期内总共支付利息12367887.92元，利率低于贷款基准利率，降低了融资成本。

具体计算如下：

1）在选中单元格中插入PMT函数。

2）在“函数参数”对话框中输入相应参数（图6-21），本例中各数据如下：

$$Rate = 6.15\% \times (1 - 12\%)/4$$

式中6.15%为当期1～3年贷款基准利率。

$$Nper = 8$$

$$PV = -200000000$$

$$FV = 0$$

$$Type = 0$$

3）单击“确定”，计算出

$$PMT = 26545985.99 \text{ 元}$$

$$\text{租金总额} = \text{每期租金} \times \text{期数} = 26545985.99 \text{ 元} \times 8 = 212367887.92 \text{ 元}$$

$$\text{总利息} = \text{租金总额} - \text{融资总额} = 212367887.92 \text{ 元} - 200000000 \text{ 元} = 12367887.92 \text{ 元}$$

本业务中，该汽车租赁公司通过将固定资产——价值246238138.47元的1042辆汽车售后回租，得到2亿元的融资，拓展了融资渠道并盘活了公司资产，两年租期内总共支付利息12367887.92元，利率低于贷款基准利率，降低了融资成本。

（四）出租人利润计算

运用Excel中内置的PV函数工具简单计算出租人的当期收益为203681535.82元，本次业务的利润率为1.84%。

具体计算如下：

1）在选中单元格中插入PV函数，如图6-21所示。

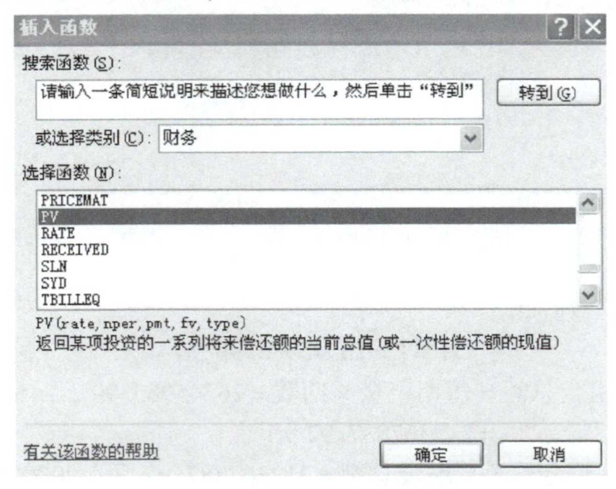

图6-21　选择PV函数

2）在“函数参数”对话框中填入相应数据，如图6-22所示。

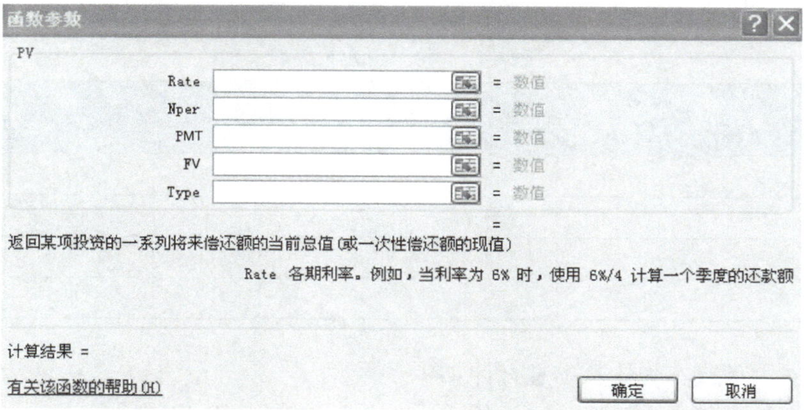

函数参数

PV

Rate = 数值

Nper = 数值

PMT = 数值

FV = 数值

Type = 数值

=

返回某项投资的一系列将来偿还额的当前总值(或一次性偿还额的现值)

Rate 各期利率。例如，当利率为 6% 时，使用 6%/4 计算一个季度的还款额

计算结果 =

有关该函数的帮助(H)

确定　取消

图6-22　在“函数参数”对话框中输入参数

本例中各数据如下：

$$Rate = 3.75\% / 4$$

为了便于计算，本案例参照银行两年期存款利率，假设出租人资金成本按3.75%计，则

$$Nper = 8$$

$$PMT = -26545985.99$$

$$FV = 0$$

$$Type = 0$$

3）单击图6-22右下角的“确定”，计算出PV = 203681535.82元。

4）利润 = 收入 - 成本 = 203681535.82元 - 200000000元 = 3681535.82元。

5）利润率 = 利润/成本 = 3681535.82/200000000 = 1.84%。

二、银行、租赁公司、客户双向融资租赁

（一）业务背景

甲机构进行公务车改革，经招标确定向乙租赁公司租用奥迪、索纳塔等车型共计20辆，租期为2年。预估该批车辆购车总款约为750万元。

（二）项目融资结构

乙租赁公司自筹300万元，占比40%，余款450万元由丙银行提供法人客户汽车按揭贷款，利率为基准利率上浮10%，期限两年，担保方式为以乙租赁公司所购买的20辆汽车及自有的10辆汽车进行抵押担保，同时甲机构承诺所付租金支付到丙银行指定账户。

（三）项目风险分析

实施公务车改革后很多地方的政府机关、大型国有企事业单位公车出售，采用租车方式解决用车问题。而这些客户支付能力较强，信誉较好，因此，租赁公司纷纷开拓这个市场。银行向租赁公司提供融资，这些客户有能力按时支付租金，银行的信贷资金安全有保证。

（四）收益分析

1）两年租金收入表见表6-23。

表6-23　两年租金收入表

车　型	数量/辆	租金标准/（万元/月）	租金收入/万元	车　型	数量/辆	租金标准/（万元/月）	租金收入/万元
奥迪A6L2.4	3	1.9	136.8	蒙迪欧	2	0.7	16.8
奥迪A6L2.0	10	1.6	38.1	高尔夫	1	0.6	14.4
索纳塔	3	0.6	14.4	合计			627.36
现代途胜	1	0.64	15.36				

2）成本：财务成本为还款本息合计479万元。

3）收益 = 租金收入 - 成本 = 627.36万元 - 479万元 = 148.36万元。

4）投资收益率 = 收益/投资/投资周期 = 148.36/300/2 = 24.7%。

（五）丙银行融资租赁条件

丙银行融资租赁业务基本条件见表6-24。

表6-24　丙银行融资租赁业务基本条件

授信方案						
额度类型	内部授信额度		授信方式	单笔单批额度		
授信额度/万元	450		授信期限/月	24		
授信品种	币种	金额/万元	保证金比例	期限/月	利/费率	是否循环
法人客户汽车按揭贷款	人民币	450	0	24	基准利率上浮10%	否
贷款性质	新增	本次授信敞口/万元		450	授信总敞口/万元	450
担保方式及内容	抵押物名称：索纳塔、蒙迪欧、奥迪、高尔夫等车辆					
授信前提条件或要求： 1. 追加乙租赁公司现有车辆10辆、价值共计164.8万元作为抵押，抵押率设置不超过50%； 2. 追加75万元保证金； 3. 放款后，双人落实车辆抵押登记； 4. 要求车辆上保险； 5. 要求甲机构出具书面承诺书，承诺支付租车租金，进入指定账户						

（六）业务流程

1. 签订融资租赁合同

甲机构和乙租赁公司签订“公务车融资租赁合同”，乙租赁公司在丙银行开设收款账户。

2. 签订车辆采购合同

根据乙租赁公司与甲机构签订的“公务车融资租赁合同”，乙租赁公司与汽车经销商签订“汽车购买合同”，汽车经销商在丙银行开设收款账户。丙银行向汽车经销商确认向乙租赁公司核定450万元封闭按揭贷款额度。

3. 支付购车款

乙租赁公司缴存300万元自有资金，丙银行发放450万元封闭贷款，资金全部划入某汽车经销商的收款账户。每月的贷款本息还款额应当与租金支付匹配。

4. 抵押所购车辆

汽车经销商出具购车人为乙租赁公司的发票并办理购车手续，向乙租赁公司交付车辆。同时乙租赁公司办理车辆抵押给丙银行的相关手续。丙银行控管发票、购车合同原件、保险凭证、租赁合同原件等。乙租赁公司对车辆投保，保险受益人为丙银行。

5. 向承租人交付租赁车辆

乙租赁公司收到汽车后，交付甲机构，甲机构收到汽车，提供“汽车车辆收到回执”。

6. 支付租金

甲机构按合同支付租金，丙银行扣收归还贷款本息。两年贷款到期后，丙银行贷款本息清偿完毕，余款退还乙租赁公司。

三、以厂商回购为基础的融资租赁

（一）业务背景

融资租赁公司以厂商回购为条件，按照优惠价格全款购买汽车后转租给汽车租赁企业。汽车租赁企业使用从融资租赁公司租来的车开展汽车租赁经营，并用营业收入支付租金。租期结束时将车辆归还融资租赁公司，汽车厂商回购车辆，翻新后以低于新车价格重新销售。

三方合作可分散投资风险，在各自专业领域获利，达到多赢：①汽车厂商开辟新的销售渠道，解决汽车销售疲软问题；②融资租赁公司以资金优势启动和完成整个业务链；③汽车租赁企业解决融资难问题，发挥服务和市场优势。

（二）业务要素

1）汽车销售价：10 万元。

2）租期：3 年。

3）销售条件：以汽车销售价格的 88% 向融资租赁企业出售汽车。

4）回购条件：3 年后按汽车销售价包牌价格（车价 + 购置附加费 + 上牌费）的 50% 回购销售车辆。其间提供当地 4S 店售后服务优惠和配件优惠。其中，购置附加费 =（车价/1.17）×10%，上牌费为 500 元。

5）租赁条件：汽车租赁公司按照汽车销售价包牌价格的 50% 分 3 年向融资租赁公司支付租金，另每年按租金的 12% 支付手续费。期满后将租赁车辆归还给融资租赁公司。

（三）收益分析

1. 汽车厂家

1）第一次销售汽车相当于汽车厂商以汽车为抵押获得 8.8 万元的 3 年期无息贷款。以年率 10% 计算，则利息收入 = 8.8 × 10% × 3 = 2.64（万元）。

2）3 年后回购汽车获得的实际销售收入 = 第一次销售收入 − 回购支出 = 10 × 88% − (10 + 10/1.17 × 10% + 0.05) × 50% = 8.8 − 5.45 = 3.35(万元)。

合计收入 = 2.64 + 3.35 = 5.99(万元)

3）若以 4.01 万元即销售价格的 40.1% 出售使用 3 年的二手车就可实现预期销售利润。

2. 融资租赁公司

(1) 收入

1）租金和手续费收入 = 租金 + 手续费 = (10 + 10/1.17 × 10% + 0.05) × 50% + (10 +

10/1.17×10%+0.05)×50%×12%×3=5.45+1.962=7.412(万元)。

2）回购收入=(10+10/1.17×10%+0.05)×50%=5.45(万元)。

合计收入=7.412+5.45=12.862(万元)

(2) 成本　购置车辆费用=10×88%+10×88%/1.17×10%+0.05=9.6021(万元)。

(3) 收益　收益=12.862-9.6021=3.26（万元)。

(4) 收益率　收益率=3.26/9.6021/3=11.32%。

3. 汽车租赁公司

(1) 收入　以10万元车型市场平均租金200元/天、平均出租率为70%计算，3年收入=200×70%×365×3=15.33（万元)。

(2) 成本　向融资租赁公司支付的费用=租金+手续费=(10+10/1.17×10%+0.05)×50%+(10+10/1.17×10%+0.05)×50%×12%×3=5.45+1.963=7.413(万元)。

(3) 收益　收益=15.33-7.413=7.917（万元)。

学习小结

和实操技能的培训一样，汽车融资租赁案例分析也需要动手，即在Excel表格中重建相关计算过程，这是本单元的核心内容。通过对本单元各案例融资租赁方案Excel表格的重建，有助于同学们掌握已学过的融资租赁相关知识。

思考题

1. 以厂商回购为基础的融资租赁与常规融资租赁相比有何不同?
2. 汽车融资租赁的业务流程是什么?

[附　录]

部分国外租赁行业协会简介

一、设备短期租赁协会

（一）欧盟短期租赁协会，European Rental Association（ERA），https：//erarental. org。

ERA 代表 5000 家租赁公司，其会员包括来自 15 个国家的协会。协会的口号是：来自设备短期租赁行业的声音。除汽车以外的非大型设备的短期租赁，如建筑设备、各种工具、软件及 IT 设备、可移动装备等。

（二）美国短期租赁协会，American Rental Association（ARA），http：//www. ararental. org/。

ARA 是设备租赁业务的国际非营利性贸易协会，也是租赁设备的制造商和供应商。目前的会员资格包括 10000 多个租赁业务和 1000 多家制造商和供应商。我们的会员遍布美国各州、加拿大每个省以及全球 30 多个国家。

ARA Show 是美国租赁协会为设备和活动租赁行业举办的年度会议和贸易展。它具有建筑/工业设备，通用工具/轻型建筑设备和派对/特殊活动设备。

二、设备长期租赁和金融协会

（一）美国设备租赁和金融协会，Equipment Leasing and Finance Association（ELFA），www. elfaonline. org。

ELFA 旨在为会员公司提供一个促进和倡导行业的平台，包括吸引和培养新的多元化人才，专业发展和培训论坛，以及开发有关该行业信息的资源。ELFA 颁发的认证租赁和融资专业人员（CLFP）是全球设备租赁和融资专业人士的杰出证书，融资租赁从业人员通过测试知识，继续教育以及对业务实践的承诺和对行业的奉献来证明自己的能力。参加 CLFP 认证完全是自愿的，对所有符合条件的个人开放。CLFP 认证由知名行业领导者于 1985 年制定，涵盖商业设备租赁和融资的主要方面。

（二）英国融资与租赁协会，Finance & Leasing Association（FLA），www. fla. org. uk。

FLA 成立于 1992 年，当时设备租赁协会和金融住宅协会合并，使其成为英国资产，消费者和汽车金融行业的领先贸易机构，也是欧洲同类最大的组织。FLA 成员包括银行及其子公司，领先零售商和制造公司的财务部门以及一系列独立公司，帮助提升英国产量，支持对英国商品和服务的需求，以及确保就业。

三、汽车短期租赁协会

（一）美国汽车短期租赁协会，American Car Rental Association（ACRA），www. acraorg. com。

1978 年，一些主要的汽车租赁公司和更大的独立汽车租赁业主组成了一个全国性协会，在立法听证会上代表汽车租赁行业发出统一的声音。该协会的目标是尽可能多地代表选民，因此他们欢迎较小的汽车租赁特许经营系统和公司加入 ACRA。美国汽车短期租赁协会通过以下方式代表美国汽车租赁业务开展业务：（a）在州和联邦层面进行游说，（b）分析和报告联邦、州和地方法律，（c）向其成员介绍最近的发展情况在公共政策和法院判决中，（d）根据需要提供适当的服务，以支持这些目标并组织和（e）参加年度汽车租赁展。

（二）日本汽车短期租赁协会，All Japan Rent－A－Car Association（JRCA），全国レンタカー協会，http：//www. rentacar. or. jp。

JRCA 1984 年获日本国土交通省大臣批准成立，与交通运输行业管理部门合作密切，主要职责：汽车租赁的研究及管理改进的指导、编制和公布汽车短期租赁统计数据、出版关于汽车短期租赁的意见和合作以及行政机关的提议、为汽车租赁业务的经理和员工举办研讨会并发布培训文本等。根据协会统计，2017 年日本共有短期租赁车辆 659737 辆，其中乘用车 348409 辆占总数 52%、商用车 267879 辆占总数 40%、大客车 5717 辆占总数 0.8%、其他 37732 辆占总数 5%。

四、汽车长期租赁协会

（一）日本汽车长租协会，Japan Automotive Leasing Association（JALA），日本自動車リース協会連合会，http：//www. jala. or. jp。

日本汽车长租出现于 1964 年，1987 年在全国各地已成立汽车租赁协会的基础上成立全国长租协会。根据协会统计，2018 年日本共有长期租赁车辆 3609635 辆，其中小客车 1779392 占总数 49%，大客车 27168 辆占总数 1%，厢式货车和货车 1584473 辆占总数 44%，其他 218602 辆占总数 6%。

（二）美国汽车长租协会，American Automotive Leasing Association（AALA），http://www. aalafleet. com/。

AALA 是一个由商业汽车租赁和管理公司组成的全国性行业协会。会员包括国内和国际公司以及家族企业。AALA 确保车队租赁行业的商业利益在国会，行政部门和监管机构中得到适当的代表。AALA 越来越多地在州和地方政府部门中发挥更积极的宣传作用，并积极与负责解释和执行法律的监管机构合作。

五、综合性协会

（一）英国汽车租赁协会，British Vehicle Rental & Leasing Association（BVRLA），https://www. bvrla. co. uk/。

BVRLA 成立于1967年，是为在英国从事汽车短期租赁（Vehicle Rental）、汽车长期租赁（Vehicle Leasing）和车队管理（Fleet Management）业务公司提供服务的经营实体。BVRLA代表其980多个成员组织，与政府、公共部门机构、行业协会、消费者团体和其他利益相关方合作，涉及广泛的公路运输、环境、税收、技术和金融相关问题。BVRLA成员拥有近500万辆汽车，占在英国道路上行驶小客车的1/8、厢式货车的1/5、货车的1/5。汽车短期租赁和汽车长期租赁的行业为英国提供了超过46.5万个工作岗位，每年为英国经济贡献490亿英镑增加值、76亿英镑税收收入。

（二）欧洲长租企业协会联盟，European Federation of Leasing Company Associations（Leaseurope），http：//www.leaseurope.org/。

Leaseurope 成立于1972年，由32个国家的45个会员协会组成。会员来自奥地利、比利时、保加利亚、捷克共和国、丹麦、爱沙尼亚、芬兰、法国、德国、希腊、匈牙利、爱尔兰、意大利、拉脱维亚、立陶宛、卢森堡、马耳他、摩洛哥、荷兰、挪威、波兰、葡萄牙、俄罗斯、斯洛伐克、斯洛文尼亚、西班牙、瑞典、瑞士、土耳其、突尼斯、乌克兰和英国。协会汇集会员数据生成Leaseurope指数，该指数反应成本/收入、盈利能力、风险成本、资产回报率和股本回报率。Leaseurope指数还是唯一一份在欧洲层面报告业务量和价值创造指标统计数据的调查。Leaseurope指数包括总经营收入（Total Operating Income）、总经营成本（Total Operating Expenses）、贷款坏账准备（Loan Loss Provision）、税前净利润（Net Profit Before Tax）、总风险加权资产（Total RWA）、总投资组合（Total Portfolio）和新增业务量（New Business Volumes）。

（三）美国卡车租赁协会，Truck Renting And Leasing Association（TRALA），www.trala.org。

TRALA 成立于1978年，为会员提供包括卡车、拖车、发动机、轮胎和车辆部件采购和通信、技术、金融、保险和法规服务。TRALA的会员有500多家公司，在美国、加拿大和墨西哥拥有超过4000个商业租赁和租赁地点以及超过18000个消费者（非运输企业）租赁地点。会员主要有大型企业，如莱德系统公司、潘世奇卡车租赁公司、LP、U-Haul国际、预算和企业商用卡车；也有中小型企业，通常作为四个集团系统的成员参与：Idealease、Mack租赁系统/沃尔沃卡车租赁系统、NationaLease和PacLease。会员拥有的2~8级卡车占全行业的25%，年营业额139.1亿美元，占卡车货运营业额的34.6%（2017年美国卡车货运营业额402.5亿美元），代表了美国绝大多数的卡车租赁和租赁业务。该行业共同购买了美国制造的3~8级所有新商用卡车的近40%并投入商业服务。TRALA会员每年为3.7万个生产经营企业和1587.9万个消费者提供各型货车的租赁、融资租赁服务。

美国商用卡车分类是根据车辆的总重量等级（GVWR）确定的。分类范围为1~8级，其中1~3级为轻型（2722~4536kg），4~6级为中型（4536~11793kg），7~8级为重型（11794~14969kg）。

参考文献

[1] 张一兵. 汽车租赁 [M]. 北京：人民交通出版社，2009.

[2] 交通运输部道路运输司. 汽车租赁概论 [M]. 北京：人民交通出版社，2012.

[3] 胡质健. 收益管理：有效实现饭店收入的最大化 [M]. 北京：旅游教育出版社，2009.

[4] 本尼卡. 基于 EXCEL 的金融学原理 [M]. 金永红，等译. 2 版. 北京：中国人民大学出版社，2014.

[5] NEVITT P K，FABOZZI F J. 设备租赁 [M]. 刘辉群，等译. 4 版. 北京：电子工业出版社，2016.